Juliette Tournand

La Stratégie de la bienveillance

ou l'intelligence de la coopération

2e édition revue et augmentée

Préfaces de Pierre Blanc-Sahnoun et de Martine Volle

InterEditions

Pour en savoir plus ou contacter l'auteur :

juliette@strategiedelabienveillance.fr

ISBN 978-2-7296-1067-8

TABLE DES MATIÈRES

Deuxième partie

LES CONDITIONS, LES PERSONNES, LE TERRAIN

Troisième partie

QUATRE FORCES : BIENVEILLANCE, RÉCIPROCITÉ, CLARTÉ ET LIBERTÉ D'INNOVER

À toi, lectrice
À toi, lecteur

Préface à la première édition

LA STRATÉGIE DE LA BIENVEILLANCE *est un ouvrage de salubrité publique. Un de ces livres rares qui peuvent changer votre vision du monde et que vous refermez en vous disant qu'il a subtilement fait de vous un manager plus compétent, mais surtout un meilleur humain. Car Juliette Tournand s'attaque à sa manière souriante et tranquille à l'une des vaches sacrées du pouvoir moderne : la croyance que dans toute situation il y a un gagnant et un perdant, que seuls s'en sortent les vainqueurs aux dents blanches et aux mâchoires d'acier. Juliette Tournand dynamite tranquillement ce mythe, démontrant que les rapports dans la nature sont essentiellement placés sous le signe de la coopération et que, seuls, le discours économique post-moderne et ses visées de profit à court terme ont su produire une culture où le mot « gentil » est considéré comme une insulte.*

Ce qui m'a le plus impressionné dans ce livre, au-delà de l'intelligence radicale de son propos, c'est combien il est simple d'appliquer la Stratégie de la bienveillance au bureau, mais également dans notre couple, avec nos enfants, dans le métro… En dehors de toute référence moralisatrice, parce que c'est, clairement, l'option la plus efficace. Car comme toutes les vraies grandes idées, c'est très simple. Simple et contagieux. J'espère à présent que vous allez attraper le virus et contaminer le plus de gens possible. Car à force, cela pourrait même finir par changer le monde…

Pierre Blanc-Sahnoun

Coach de dirigeants et d'équipes dirigeantes,
auteur de l'*Art de coacher*[1]

1. InterEditions, 2006.

Préface à la deuxième édition

QUAND S'ALLUME EN TITRE *le mot de bienveillance, à l'époque de la quête d'un bonheur que nous voulons durable, chacun rêve d'une recette pour le bonheur. Mais le bonheur, où est-il ?*

Coopération : le sous-titre nous donnerait-il un indice ? Notre mémoire collective garde la nostalgie des sociétés campagnardes où nos liens sociaux, liens de réciprocité, tenaient chaud pour affronter les difficultés de l'existence. Ils rassuraient mais à quel prix ? La vie des anciens était pétrie de « solidarités » obligatoires.

L'inconvénient du lien social fort, c'est le poids des obligations que le collectif impose aux individus, règles non négociables de protection, et aussi de domination du plus grand nombre : nous.

La liberté individuelle restait à conquérir, enjeu de ces 50 dernières années. Réchappés des guerres, entraînés dans l'abondance de nos pays riches, nous sommes passés dans des proportions jamais connues encore, à une généralisation de l'opulence. Nos repères ont changé. Nous avons opté pour des stratégies individuelles et, sollicitant l'intelligence personnelle, testé le choix de tracer notre chemin à notre guise : quitter un lieu, un emploi ou un conjoint, une épouse, dans l'espoir de « meilleur ». La course au bonheur individuel nous a offert une liberté personnelle précieuse, le droit de se sentir vivant, libre de façonner sa vie.

Il fallait connaître l'extrême de cette expérience pour en découvrir le prix à payer aussi. Prix de la solitude et de l'isolement, du doute, de la peur. Et, à plus grande échelle, la « rupture du lien social ». En enfreignant la réciprocité qui rassemble : « je te donne, tu me donneras », nous avons contacté des « dettes invisibles » inscrites dans un « grand livre des comptes » où nous voici obscurément redevables, confus, coupables.

Retour de balancier, nous revenons au collectif : nous avons déterré la notion de tribus, cherchons des semblables dans la jungle moderne, réelle ou virtuelle, créons des communautés.

Alors entre la « chaleur » du lien social qui entrave la liberté individuelle, et « l'ivresse » d'un individualisme qui engendre de la solitude, y a-t-il une troisième voie ?

Juliette Tournand nous propose la Stratégie de la bienveillance.

La Stratégie de la bienveillance nourrit l'esprit, lui donne la force de dégager les passages entre réussite individuelle et réussite collective sur les terrains toujours particuliers de la vie réelle.

Elle clarifie les bases de décisions qui affinent le discernement et tracent le chemin personnel « à l'initiative du microclimat de bienveillance réciproque qui donne les chances ».

À grande échelle, ces bases pourraient aider nos civilisations à profiter des merveilles de la planète tout en prenant soin d'elle, bienveillance réciproque.

Je recommande cette lecture à mes pairs les coaches, à mes clients, dirigeants et managers, qui ont tous vocation à créer de l'intelligence collective utile.

Et à tous ceux qui sont assez idéalistes et réalistes pour imaginer, au point de le créer, le monde où vivre une vie personnelle riche, forte d'un projet plus grand que soi, personnel ou professionnel, qui a besoin des autres.

Ce livre est en toile de fond un hymne à la vie, autorisation à vivre en regardant la réalité en face.

Et si nous commencions à vivre tout de suite ?

Martine Volle
Master coach certified International Coaching Federation,
Past président du chapter France ICF

Avant-propos

LES SOURCES D'UNE STRATÉGIE DE COOPÉRATION

SI J'AI OSÉ CROIRE À L'EXISTENCE d'une équation capable de conduire chacun à sa place au centre d'un monde bien fait, et y croire jusqu'à la trouver, c'est grâce à une femme pour qui le vent était semeur et poète dans les blés mûrs, les nuages porteurs d'eau herculéens et peintres des ciels, l'éclaircie un éclat de rire et le soleil une joie à partager.

Elle admirait dans l'orage une manifestation exceptionnelle de la nature. Tenue en respect devant le spectacle grandiose elle partageait, je crois, avec les Grecs l'impression d'être en présence d'un très grand dieu. Elle se promenait par tous les temps et admirait la patience délicate du crachin breton qui brumise la terre comme un visage de princesse, sans en déranger un cil ni un cheveu.

C'était une Parisienne fidèle au Jura de ses grandes vacances, qui aimait la haute montagne où l'un de ses aïeux épris d'horticulture avait entraîné à sa suite, avec longues jupes et échelles, les plus aventureuses des femmes de sa famille. Cela ne l'empêchait pas pourtant, de m'apprendre à choisir les mots pour dire la poésie d'un champ d'herbes rases un soir doré de novembre, tandis que s'endormait la plaine du Berry. Elle voyait dans les fourmis les ménagères de la nature, dans les araignées un signe que la maison est stable et des alliées contre les moustiques… qui eux-mêmes nourrissent l'alouette et la mésange. Elle dégageait ses dahlias des herbes vagabondes, qu'elle remerciait aussi de retenir la terre quand de fortes pluies s'étaient abattues sur son jardin en pente.

Et la maladie ? Je lui ai demandé son rôle, un après-midi d'été en Charente où je souffrais de ce qu'on a cru être une méningite. Quand elle ne savait pas elle avançait des hypothèses : peut-être pour être avertie que la vie peut faire mal, apprendre à résister et, par l'expérience de la guérison, savoir espérer.

Elle aimait le jeu pour la beauté du jeu et s'y tenait comme à la table des rois et des truands : claire dans ses gestes et maîtresse de ses nerfs. Elle évacuait la tension dans le rire et, en effet, jouait pour rire – et pour le plaisir de gagner. Elle tutoyait la chance sans crainte ni superstition, savait l'inviter, aller la chercher, espérer jusqu'à l'ultime instant, la partager quand elle se présentait, et faire bonne figure si elle déclinait. La chance l'a aimée : je n'ai vu personne perdre comme elle des objets de valeur ou d'importantes sommes d'argent que des inconnus, toujours, lui ont rapportés. Elle leur offrait alors la moitié du butin. Elle avait le plus grand respect pour les sciences qui élèvent l'humain et le plus grand amour pour le Dieu de la Bible et des Évangiles qui appelle l'humain à s'élever vers lui-même. Quand j'ai lu le *Journal* d'Anne Franck et que je lui ai demandé : « suis-je Juive ? », elle m'a répondu en souriant que le judaïsme était bien plus ancien que les origines connues de ma famille, et qu'il n'y avait pas de chrétienté sans judaïsme. Elle ne parlait pas des autres religions qu'elle ne connaissait pas, sinon pour rappeler que le Christ, quand il s'est dit berger de ses brebis, a précisé qu'il y avait d'autres bergeries. Elle concluait qu'il y avait plusieurs chemins vers le divin. La paysannerie, la bourgeoisie, le clergé et la noblesse de mes livres d'histoire avaient chacun pleine grandeur à ses yeux. Elle affirmait que les passages d'un « état » à un autre avaient toujours existé, même si ce n'est pas là-dessus que les cours d'histoire insistent. Elle savait décrire le processus de ce passage. Au présent, elle se réjouissait de la séparation entre l'Église et l'État, était incontestablement démocrate et républicaine, respectait l'artiste et l'artisan, l'intellectuel, l'industriel et le politique, les petites gens, les inconnus, les champions et les gens à la mode qu'elle disait « lancés ».

Elle aimait le proverbe : « Il n'y a pas de sot métier, il n'y a que de sottes gens », mais je ne l'entendais pas pour autant dire ou laisser dire de quiconque : « c'est un sot ». Elle distinguait plutôt la personne de ce qu'elle avait pu faire et concluait le plus souvent qu'on ne sait pas ce qui se passe dans l'esprit d'autrui pour en parler. Stigmatiser devant elle les excès des économes ou des flambeurs ne pouvait pas attirer ses bonnes grâces : « chacun fait ce qu'il veut de son argent ». Plus largement, elle souriait aux jugements qu'elle entendait tomber : « ne jugez pas et vous ne serez pas jugé ». Avant de me pousser hors du jardin d'Éden qu'elle m'avait laissé entrevoir et aimer, elle a mis dans mes bagages un antidote contre le plus vénéneux des poisons de la jungle, en me faisant remarquer que la jalousie est le seul des sept péchés capitaux qui ne procure à son auteur aucune forme de volupté, à aucun moment. Elle avait l'élégance de me faire admirer chez ses belles-sœurs, cousines, amies, des qualités qu'elle-même ne cultivait pas.

Elle n'a jamais cessé, sa vie durant, de s'attirer des amitiés et de donner la sienne, qui était de totale bienveillance envers chacun.

Elle aimait que l'autre soit différent d'elle-même.

Ma mère est morte un soir d'août 1986 sur la route des Alpes et dans la nuit qui a suivi, il m'a semblé recevoir en héritage le poids de son trésor. Dans nos moments d'intimité, elle m'avait laissé entrevoir sa vision d'un monde dont l'infinie diversité est prête à coopérer au bonheur humain : à l'élévation de l'humain à lui-même.

Elle m'avait fait goûter à la liberté d'esprit.

Elle avait versé dans mon cœur le sens de la bienveillance pour autrui.

Et elle m'avait appris à utiliser l'écriture :

« Pourquoi apprendre à écrire ?

– Pour pouvoir transmettre, un jour, si tu veux. »

Bienveillance, liberté et clarté : trois des lois de la coopération telle que je la propose dans ma Stratégie, m'ont été données par celle dont mon père aimait à dire que son intelligence « crevait le plafond ».

Elle a pourtant vécu dans une ombre dont je ne voulais pas pour moi : je n'ai pas eu l'impression qu'elle ait obtenu pour elle-même ce qui l'aurait conduite au sentiment de plénitude. Elle a, je crois, espéré jusqu'à l'ultime instant que sa générosité serait naturellement payée de retour, sans qu'elle s'en occupe.

À sa mort, ma vie est devenue très compliquée : sans la naturelle opposition de fille envers sa mère, je me suis laissée aspirer, sans la voir, par cette ombre que j'avais jusqu'ici cru à peu près tenir en respect. J'ai découvert ce que l'angélisme de ma mère lui avait et m'avait ainsi caché. Ce que j'avais à découvrir m'a fait tant de peine que, longtemps, j'ai préféré me réfugier dans le déni. Puis la vie m'a mise en demeure d'en sortir. Il m'a alors fallu passer par toutes les étapes du deuil. Pour chaque déni que j'avais entretenu m'attendait la colère, le marchandage avec le passé, la tristesse, la traversée de la vallée des larmes ou du tunnel de la souffrance. J'ai dénié, coléré, marchandé de tout mon cœur. Jusqu'à ce qu'épuisée, je tombe dans les bras de la tristesse. « J'ai perdu tout ce que j'aimais »... le murmure d'Alain Souchon chantait exactement le point où j'en étais. J'osais alors la douloureuse traversée avec l'espoir secret que ce chagrin trop grand pour moi servirait un jour. Je ne savais pas à quoi, j'espérais que ce serait soit artistique, soit utile.

Cet ensemble avait fait de moi un terrain exceptionnellement réceptif aux travaux de Marie Balmary, puis de Robert Axelrod.

« Lis *Le Sacrifice interdit* de Marie Balmary ». Je prenais une tasse de thé avec mon ami d'école, Antoine Beaussant, que je n'avais pas revu depuis quinze ans. Comment ai-je osé pleurer devant lui mon chagrin ? À partir de quelle force m'écoutait-il sans m'interrompre ? D'où lui venait la liberté de ce large sourire ? Et d'où a jailli en lui cet ordre unique, géniale combinaison d'autorité et d'exactitude : « Lis *Le Sacrifice interdit* » ?

Le Sacrifice interdit fut une terre neuve et solide surgie sous mes pas dans le marécage, un compagnon dont la douceur et la disponibilité, la richesse et la précision m'ont été remarquablement loyales sous le tunnel. J'ai revu le jour.

Et c'est au grand jour, sur le terrain professionnel, que j'ai quelques mois plus tard reçu avec *Donnant, donnant – Stratégie de la coopération* de Robert Axelrod, ce que je n'osais pas espérer : la preuve scientifique que la bienveillance est, d'un point de vue strictement stratégique, infiniment plus performante que toute approche maligne ou brutale. Les expériences stratégiques rapportées dans *Donnant, donnant* apportaient une caution scientifique (aussi bien statistique, stratégique que biologique) au rêve de ma mère. J'y ai aussi trouvé l'origine de la part d'ombre dans sa vie en découvrant la loi qu'elle avait négligée : la réciprocité.

Réciprocité qui invite à veiller personnellement à ce que la rencontre soit profitable à chacun : aussi l'autre, aussi soi-même.

La réciprocité est grande déesse. Exigeante, elle frappe qui la néglige.

Il me restait à reconsidérer toute ma vision de la relation. Et, lentement, réapprendre à choisir mon chemin dans la profusion des carrefours de la vie.

J'ai été au bon endroit au bon moment, quand une prestigieuse maison française de couture et parfums, reconnue comme la plus créative et la plus libre de sa destinée, a cherché à fournir à ses 750 cadres une pédagogie de la coopération. Il s'agissait de réunir dans une même vision du « travail ensemble » les métiers, les niveaux hiérarchiques, les sensibilités. Et de rendre cette vision opérationnelle aux créatifs comme aux scientifiques, aux gestionnaires comme aux gens d'industrie, de commerce et de marketing.

J'ai réuni tout ce que j'avais d'expériences anciennes et neuves, de connaissances très anciennes et très neuves.

J'ai conçu pendant l'été 2001 – et testé personnellement tout au long de sa conception – ce qui s'est avéré être une stratégie heureuse[1] accessible à chacun, au travail et en privé.

Je n'ai plus jamais, depuis, cessé de m'y fier.

Je l'ai appelée d'abord Stratégie Personnelle de Coopération.

Jusqu'à ce que Christian Havard, alors DRH chez Veolia Eau Ile-de-France-Centre, me dise : « Je me suis servi de ta Stratégie de la bienveillance, ça marche ! »

1. Dérivé de *heur*, « chance » : qui bénéficie d'un destin favorable », *Robert historique de la langue française.*

Partie

I

L'INSOLENTE RÉUSSITE STRATÉGIQUE DE LA BIENVEILLANCE

« Ne regardez pas les fossés.
Regardez la route. »

TOUTES LES ÉCOLES DE PILOTAGE

La question s'est posée pour moi de savoir comment j'allais m'adresser à vous. Vous dire : « C'est comme ça qu'il faut voir les choses, comme ça qu'il faut faire » ? Certainement pas !

Vous dire : « Voici ce que vous pouvez expérimenter » ? Plutôt.

Mais si le « il faut » impérieux est concis, le « vous pourriez expérimenter » risque de vous lasser, et moi aussi.

Vous dire alors : « Voici comme *on* fait » ? « On », sujet de l'usage général, est impropre dans un domaine aussi sensible, mouvant, thème de variations infinies que celui que je traite ici.

Vous dire comment je fais ? C'est ce que je vais faire parce que mes expériences, nullement exclusives, sont les seules que je puisse vous raconter de l'intérieur. Mais si je m'engage formellement dans mes prestations professionnelles à exercer en stratège de la bienveillance, je peux le reste du temps avoir des « sorties de route », certes balisées par une stratégie qui m'accueille dès que je veux revenir sous sa protection. Donc non. Je n'agis pas toujours comme je vous le propose ici, je m'en aperçois bien.

C'est « voici comment je fais quand je joue à fond la Stratégie de la bienveillance », que je vais vous raconter ici. « Voici le témoignage de mon expérience au centre de la Stratégie de la bienveillance. » Cela n'est pas très concis non plus.

Ce que je présente ici est le système humain structuré le plus proche que je connaisse, de la formule de la chance. Et je nous crois nombreux à chercher les clés de notre chance durable, individuelle, collective.

Alors j'ai souvent choisi de m'adresser à vous à l'impératif, merveille de concision. Pas celui, impérieux, qui exige : « Obéis, fais ce que je te dis. » Plutôt celui-ci : « Fais l'expérience, essaie puis choisis : va vers toi. »[1]

1. « Va vers toi de ta terre, de la maison de ton père, vers le pays que je te montrerai » : le dieu biblique à Abram stérile, qui se met en route vers lui-même et devient Abraham, père d'une multitude.

1

DES STRATÉGIES D'ATTAQUE À LA STRATÉGIE DE LA BIENVEILLANCE

LES STRATÉGIES D'ATTAQUE, les stratégies de guerre ont leurs auteurs et leurs héros, leurs modèles et divers schémas. Sun Tsu, Gengis Khân, César, Napoléon, Clausewitz… Et c'est à elles que vont les définitions des dictionnaires : « Stratégie : *gouvernement* militaire d'une province ; *commandement* d'une armée ; art de *faire évoluer* une armée sur un théâtre d'opérations jusqu'au moment où elle entre en contact avec l'ennemi ; partie de la science militaire qui concerne la *conduite générale* de la guerre et l'organisation de la défense d'un pays ; *ensemble d'actions coordonnées* ; *manière d'organiser* une action pour arriver à un résultat. »[1]

Mais quelle stratégie pour guider l'évolution de ceux qui veulent construire un résultat serein, durable et prospère, né de l'intelligence de la paix ?

Quelle stratégie pour les doux, les poètes, les purs, les gentils, les sensibles, les fatigués de la bagarre, les déçus du champ de bataille ou ceux qui ont tout gagné sauf la fluidité, cette qualité de sérénité qui procède d'un équilibre vivant et harmonieux avec son environnement ?

Une stratégie n'est peut-être pas nécessaire en temps de paix, mais la guerre attend chacun de nous au détour du premier

---

1. *Dictionnaire historique de la langue française*, Robert.

malentendu ou du premier désaccord. Or comment échapper au désaccord ? Il est le signe même de la liberté humaine !

Après une période de tension qu'il a vue ou pas vue venir, devenue crise, le doux le poète le sensible, s'il est dépourvu de stratégie pacifique, perd ses repères. Il ne lui reste que ceux de la guerre : éviction du doux du sensible, triomphe du brutal du malin en soi-même alors. À moins que, restant doux, je consente à m'abandonner au brutal de l'autre et que, désormais complice, je l'encourage à poursuivre sa course folle.

Alors que vaut-il mieux viser pour gagner, pour réaliser ses rêves : la guerre ou la paix ?

Le cœur répond la paix.

Et la raison hésite. Elle sait les ravages et les coûts de la guerre, mais est souvent prête à chercher la victoire dans le combat contre l'environnement.

La Stratégie de la bienveillance propose de chercher une victoire beaucoup plus certaine que celle qui peut surgir de la guerre. Elle propose de chercher plutôt la victoire qui procède de la coopération des talents, rejoignant en cela :

- Sun Tsu et la pensée chinoise : les plus belles victoires se gagnent facilement, sans livrer bataille ni verser de sang ;
- la pensée occidentale : les humains, tout imparfaits soient-ils, sont appelés à fraterniser ;
- l'expérience des champions sportifs : la victoire naît d'un subtil équilibre entre volonté et sérénité, concentration et disponibilité à l'environnement.

La guerre, s'il en est une, que la Stratégie de la bienveillance propose de gagner – et celle-là chacun peut la gagner – est intérieure à chacun. Chacun peut s'engager et se muscler pour le combat à livrer en soi pour garder, restaurer, conserver son unité. Grâce à elle, trouver la concentration et la disponibilité qui font avancer vers la réalisation d'un rêve accordé au monde.

Trouver en soi la paix permet de savoir où je veux aller *et* rester disponible aux sentiers qui y mènent, même différents de ceux que j'avais prévus ; autant d'opportunités surgies d'un environnement plein de surprises. Elle seule me permet de les saisir en générant le moins de résistances possible : en laissant ouvert pour l'environnement, le choix libre de contribuer à me faire avancer… parce que ma progression renforce la sienne.

Alors mes rendez-vous avec un environnement dont les qualités, objectifs et besoins sont différents des miens, deviennent des rendez-vous heureux.

De l'alliance de la raison et du cœur, démultipliée par les alliances avec un environnement concentriquement de plus en plus large et puissant, naît une efficacité à laquelle la guerre ne peut absolument pas prétendre : celle de la durée.

Une efficacité excitante et sereine qui n'exige pas de nous que nous choisissions entre l'énergie, la paix et la prospérité. Elle nous les offre toutes ensemble.

Encore faut-il qu'elle sache organiser sa défense face aux comportements prédateurs !

Elle reconnaît l'existence de ces comportements, conduits par ceux – que chacun de nous peut être – qui, ignorants de leurs propres talents ou de la façon de les faire reconnaître, ne se croient capables de survivre et s'élever que par le pillage et le saccage des richesses d'autrui.

Or il est à la portée de chacun – sans pour autant qu'il soit facile – de se situer au centre d'un environnement bienveillant où faire éclore son talent. Chacun peut initier, protéger, entretenir et développer autour de soi l'environnement qui coopère à sa réussite. Puis chacun peut, en recueillant les fruits, les partager de façon à initier un nouveau tour, plus vaste, à ce cercle vertueux.

La Stratégie de la bienveillance donne de la force au doux, de la fermeté au poète, du réalisme au pur, de la gentillesse pour soi au gentil pour les autres, des issues au prisonnier et de la paix à l'agité dans ces moments incontournables où il ne suffit pas de vouloir l'harmonie pour la réussir. Et ceci à la maison, dans la compétition économique ou sportive, dans les échanges de voisinage, amicaux, sentimentaux ou sociaux.

Elle propose des repères pour considérer une situation, l'aborder, choisir son mouvement, se préparer à le réussir et enfin le réussir de telle sorte qu'il découvre un horizon plus dégagé et riche de chances.

Héritière culturelle de l'Occident, elle a trouvé son chemin grâce à une drôle de rencontre, à la croisée d'un jeu stratégique balisé par la statistique et du prodigieux poème fondateur de notre civilisation : le mythe biblique, relu par une psychanalyste. Là, elle rencontre en paix les sciences, les arts, le commerce d'où émanent les métiers et, plus largement, les civilisations de l'Occident. Et aussi, m'a-t-il semblé, de l'Orient.

Elle laisse toute liberté à chacun de choisir sa manière : l'espace de coopération n'est qu'un quart des terrains possibles que dessine une rencontre[1], mais un quart qui s'étend à l'infini et accueille la singularité de chacun.

Elle m'a servi au-delà de ce que je pouvais imaginer.

Parce que j'ai une stratégie claire et forte qui se prête à toutes les situations que je rencontre, j'ai toujours la même. Parce que j'ai toujours la même, j'y suis de plus en plus entraînée. Donc de plus en plus performante. Même si j'y rencontre chaque jour mes limites, elle me permet aussi de les repousser. Depuis que je marche avec elle, j'ai chaussé des bottes de sept lieues dans ma quête de liberté et de sérénité professionnelle.

Si j'ai pu me sentir à la fois plus sereine et plus libre au travail, c'est bien sûr que mon action devenait clairement bénéfique à ceux auprès de qui j'exerçais, auprès de ceux qui s'alimentaient à l'énergie de ma stratégie.

Depuis neuf ans que je transmets ma stratégie par la parole en coaching, formation, médiation parfois, elle a reçu la compréhension et l'adhésion de centaines d'hommes et femmes dans des secteurs d'activité très divers. Elle a donné des résultats gratifiants pour celui ou celle qui l'exerçait, et pour son environnement. Ceci quel que soit, de l'actionnaire au salarié de terrain, le niveau hiérarchique du stratège.

> Aux **dirigeants et managers** d'entreprise avec qui je la mets en œuvre et à qui je la transmets en coaching, elle offre plus de liberté. Plus de liberté intérieure et, partant, plus de liberté extérieure : liberté de rester, liberté de partir, liberté d'agir en son âme et conscience, en harmonie avec un environnement toujours mouvant et qu'il est exclu de vouloir soumettre, tant en amont qu'en aval.
> Un **entrepreneur** empêché depuis 15 ans de s'augmenter a pu, après sa rencontre avec la stratégie, augmenter tout son personnel et enfin, s'augmenter lui-même de 50 %.

1. Voir la topographie, p. 94 et 95.

Un **dirigeant d'établissement** m'a confié en fin de coaching que sa structure avait dépassé des objectifs qu'il avait, en début d'année, jugés utopiques. Cette structure, initialement sous stress sévère suite à une succession de chocs, changements et traumatismes, avait retrouvé assez de goût au travail… qui est principalement relation les uns avec les autres, pour réussir l'improbable.

Un **coureur au large** auquel le milieu de la course donnait peu de chances de trouver un partenaire parce que ses qualités se situaient sur un autre plan que celles qui, d'habitude, gagnent ce genre de compétition a été, grâce à elle, choisi devant neuf autres grands marins par un groupe industriel heureux d'investir sur lui plusieurs millions d'euros. Marc Guillemot, grâce à un dossier innovant où il s'alliait avec VPLP, le meilleur cabinet d'architectes navals en multicoques de course, lui-même allié à l'architecte Guillaume Verdier expert en monocoques, alignait dans la compétition à terre la meilleure coopération d'experts en course au large. Il pouvait relever le défi de n'importe quel programme de compétition souhaité par l'entreprise. Et rencontrait Safran. Ensemble, ils ont conçu le bateau le plus rapide de la flotte, que Marc a conduit sur le podium dans le Vendée Globe 2009 et, avec Charles Caudrelier-Benac, à la victoire de la Transat Jacques Vabre 2009.

Un **membre de comité de direction** m'a affirmé avoir gagné 40 % de cette précieuse denrée : son temps, quelques mois après s'être engagé dans la stratégie et, quand je le rencontrais un an après, il m'assurait profiter toujours de ce résultat.

Un **cadre opérationnel** projeté dans un siège international et immédiatement rejeté par son nouveau patron (« ça n'ira pas »), ayant obtenu un moratoire de six semaines pour convaincre a, en se conduisant en stratège de la bienveillance, remporté en trois semaines la « confiance sans nuage » de ce nouveau patron qui, à la sixième semaine, lui confiait un dossier stratégique du service.

Quand la Stratégie de la bienveillance a été sollicitée pour intervenir dans des tensions dans l'entreprise, que ces tensions soient anciennes et pesantes ou soudaines et brûlantes, l'esprit de guerre a significativement reculé au bénéfice des parties comme de l'ensemble.

À moi, coach, elle permet d'intervenir au centre des crises. La Stratégie de la bienveillance permet de travailler individuellement avec des personnes qui ne s'apprécient pas, voire sont en conflit. Elle permet, laissant chacun parfaitement maître de la façon dont il se conduit et repositionne, d'aider chacun à trouver un terrain d'entente et un nouveau mode de fonctionnement.

Ce n'est *jamais* la guerre.

Enfin, ma stratégie m'est opposable : si je m'en écarte, un client peut me le faire remarquer. Elle permet à chacun de conserver sa totale liberté d'esprit et de jugement.

Ce que la Stratégie de la bienveillance apporte aux gens individuellement, c'est la sérénité qui leur donne accès à leur talent, puis de l'énergie. Elle permet alors d'élever son regard au-dessus du marais des malveillances et son ambition au-dessus de la mêlée des conflits. Elle offre ainsi le courage et l'intelligence dont l'ambition a besoin.

C'est que grâce au changement d'angle qu'autorise la stratégie, de difficultés récurrentes ou supposées inéluctables se lèvent d'elles-mêmes. Ou encore ne surgissent simplement plus : le stratège sort des tourbillons, puis des courants et des vents qui s'opposent à sa route. Il rencontre ceux qui le portent en avant parce que son regard, capable désormais de se lever au-dessus des difficultés, apprend à explorer le gisement des solutions saines. Et à trouver dans ce gisement la solution neuve, originale et favorable à sa route, que les circonstances présentent. Le vent et le courant s'allient alors pour le porter.

Chercher et trouver la contribution de l'environnement, trouver comment se conduire pour faire sa route avec moins d'efforts, plus de résultats : cela donne la pêche, la paix et la prospérité. Ça marche au travail et, beaucoup de mes interlocuteurs en entreprise l'ont soupçonné, aussi dans la vie privée.

Certes, la coopération parfaite reste un idéal instable, la Stratégie de la bienveillance ne change pas cet état de fait. Mais elle permet de savoir de mieux en mieux, donc de plus en plus vite, coopérer avec les difficultés. Elle les voit comme des obstacles toujours précédés d'un tremplin sur lequel s'appuyer pour avancer. Elle permet de trouver le tremplin et de s'en servir pour renforcer et développer ses points d'appui et ceux de l'environnement.

Au stratège alors de chercher, comme un jeu[1], une meilleure solution à une situation nouvelle ou qui s'annonce difficile, pour faire mieux : plus facile, plus doux et plus efficace ensemble. Plus élégant.

Ma Stratégie Personnelle de Coopération est « de la bienveillance » en ce qu'elle a pour finalité que chacun gagne la liberté de se réussir en faisant ce qu'il aime, personne instable dans un

1. Depuis qu'Éric Berne, fondateur de l'Analyse Transactionnelle, a travaillé sur les jeux pervers entre les humains, les professionnels de l'accompagnement ont tendance à sous-entendre « jeux pervers » à l'énoncé du mot « jeu ». Ce n'est pas mon cas. Dans cet essai notamment, je parle du jeu au sens mécanique et ludique, au sens propre. S'il y a des jeux pervers, c'est qu'il y a des jeux sains, du beau jeu. C'est le beau jeu qu'explore la Stratégie de la bienveillance.

environnement instable, où les autres se réussissent aussi en faisant ce qu'ils aiment.

Bienveillante aussi parce qu'elle permet au stratège de démarrer seul le jeu et donc, toujours situé en son centre, de l'emmener partout avec soi.

Chercheur de trésor
De brindilles et de phosphore
D'amours humaines et d'effort.

ALAIN SOUCHON
La Vie Théodore

2

VALEUR DE LA BIENVEILLANCE COMME BASE STRATÉGIQUE

POSTULATS

LA NATURE EST, SUR NOTRE PLANÈTE, mère d'une infinie diversité articulée en écosystèmes concentriquement cohérents, vivants, luxuriants et complémentaires qui travaillent à leur survie, vie et reproduction. Parmi lesquels l'humain.

L'humain, vertébré le plus démuni et ambitieux de la planète, a besoin pour survivre, vivre, se reproduire et s'accomplir de l'humain, vertébré le plus ingénieux et libre de la planète.

Le désaccord entre humains est une des manifestations de libertés individuelles beaucoup plus développées chez les humains que chez les autres vivants.

Savoir dépasser les désaccords, leur trouver une issue respectueuse de la liberté de chacun est un défi posé à l'humain. En qualité d'enfant de la nature, l'humain est doté de ce dont il a besoin pour relever les défis liés à son caractère propre.

La coopération des objectifs, besoins et qualités des personnes est globalement une stratégie plus agréable à vivre, ambitieuse et durable, que leur opposition dans la guerre ou la guérilla.

En matière de coopération comme dans beaucoup d'autres domaines, quiconque s'engage personnellement a beaucoup plus de chances de réussir que ceux qui comptent sur leur entourage.

S'engager personnellement dans la coopération, c'est se concentrer sur la seule question réellement efficace : « Que puis-je faire, qu'est-ce qui est en mon pouvoir ? »

Puisqu'un battement d'aile de papillon peut provoquer un ouragan à l'autre bout de la planète, il peut aussi provoquer un anticyclone, une brise légère et même un beau vent portant qui gonfle les voiles des navires.

À plus forte raison l'action d'un être humain : vous, moi, peut influencer le cours de son monde, au moins par actions concentriques. Et y déployer, pour son intérêt personnel comme pour celui de son environnement, une énergie bonne à vivre.

TRÊVE D'ANGÉLISME !

Objections du terrain ; des fautes, des hommes et des dieux

Est-il permis, individuellement, de miser sur la bienveillance ? Si la vision générale rencontre les désirs de la plupart d'entre nous, les choses changent quand le propos se resserre à l'échelle personnelle :

– puis-je vraiment me fier à la bienveillance comme base stratégique gagnante ?
– que faire quand les événements m'opposent à l'autre, parce que nos intérêts ou nos goûts divergent ou parce que nous convoitons la même chose ?
– que faire si l'autre, que j'ai rencontré dans un esprit de bienveillance, a choisi de m'extorquer par la force, l'intimidation ou la ruse, ce qui l'intéresse en moi : argent, travail, biens, compétences, idées, réussite, sécurité, compréhension, affection ou toute autre qualité que j'ai ?

Dans toutes mes conversations de lycéenne, d'étudiante et de salariée, j'ai entendu la même réplique : « Mais enfin regarde, Juliette, regarde autour de toi, ouvre les yeux et les journaux et rends-toi à l'évidence, c'est comme ça : avancer dans la vie, c'est marcher sur les autres. Manger ou être mangé, telle est la loi, la loi de la jungle. »

J'entendais et j'avais bien sûr éprouvé la réalité de rencontres régies par cet esprit-là. J'ai même entendu, bien plus tard, un président d'entreprise me dire droit dans les yeux à propos d'un directeur général avec qui je rencontrais des difficultés : « Tue-le ! Alors, je te soutiendrai. » Je n'ai pas hésité un instant avant de répondre « non ». Je ne me voyais pas tuer, je n'avais pas envie d'acquérir ce savoir-faire. Je croyais trop profondément que la prospérité, notre système économique et ses « personnes morales » que sont les entreprises, procèdent de la coopération. Certes la guerre y est présente, mais ce n'est pas elle qui fait la santé du système : plutôt ses limites et ses fragilités.

Lorsque j'ai quitté cette entreprise et son président-tueur, j'étais perplexe, riche de ma croyance et de très bons résultats offerts à mes clients et employeur, mais pauvre de reconnaissance et de réussite personnelle. Pour autant, je n'avais pas été mangée : j'avais seulement perdu une partie.

J'ai traversé un morceau de désert professionnel pendant lequel je me suis plongée dans l'étude minutieuse de l'*Orestie* d'Eschyle, la plus grande tragédie grecque, la seule trilogie arrivée entière entre nos mains et surtout l'unique tragédie grecque qui finisse bien !

J'y ai retrouvé l'essence de toutes les tragédies : comment une faute grave niée intoxique les vies sous la forme d'une malédiction transmissible le long des générations, la nécessité que quelqu'un un jour se lève pour dire une dérangeante vérité, et les troubles qui naissent de cette révélation.

J'y ai surtout découvert ce qui n'appartient qu'aux mythes heureux, salvateurs : l'existence, derrière le trouble, d'une solution bonne pour chacun ; l'importance vitale d'aller jusqu'au bout, de résister à l'enlisement fascinant auquel la révélation de la faute incite, de s'arrimer à une détermination fondamentale : faire route vers la solution. Et la solution, née de ce que chacun fait ce qu'il a à faire selon sa nature, qu'il s'agisse d'humains ou de divinités.

J'ai aussi, pendant cette période, étudié de très près les propos des sportifs et de leurs coachs. Peu m'importait le sport, c'étaient les ressorts de la performance sportive que je recherchais. Quelles paroles avant une épreuve, de quel état d'esprit témoignent-elles ? Quel résultat ? Quel débriefing et de quel état d'esprit témoigne-t-il ? Quel résultat dans l'épreuve suivante ?

Je dévorais la presse sportive, les livres des sportifs et des auteurs d'exploits en cherchant les lois, les constantes. Je m'en imprégnais.

Je suis sortie du désert grâce à ces travaux, à mes amitiés, à Béatrice de Montabert, mon tout premier coach, et aux ouvrages de Marie Balmary, psychanalyste lectrice de la Bible.

« Ne pas manger l'autre ni s'en laisser manger »

À la frontière entre la Bible, notre bain culturel, mère des civilisations judaïque, chrétienne et musulmane, et la psychanalyse, sa fille rebelle, Marie Balmary a trouvé des points d'entente. Mieux : le no man's land entre ces deux grandes directrices de conscience réputées incompatibles devenait, une fois que l'intelligence sensible et rigoureuse de Marie Balmary les avait décapées mutuellement l'une par l'autre, une voie reine pour l'humain.

Le mythe fondateur de notre civilisation n'a pas pour projet, comme il est convenu de le penser, d'inféoder l'humain à un Dieu tout puissant ou tout sachant.

Bien au contraire, le texte multimillénaire sur lequel nos cultures se sont construites invite chaque être humain à se réaliser lui-même dans la liberté de son unicité, chacun aussi unique que le dieu du mythe. Les règles de vie, de survie, de reproduction de chaque espèce sont tracées avec très peu de liberté pour l'exception. Mais pour l'humain du poème, la liberté est la règle : « Pour l'humain, il n'y a pas d'autre norme que lui-même ».

Or pour avancer dans cette révélation de soi à soi-même, trouver son identité et la réaliser, chacun a besoin de rencontrer l'autre… qui a le même besoin.

Pour réussir la rencontre, une loi peut suffire, la loi unique de l'Eden : « ne pas manger l'autre ni s'en laisser manger ».

Ne pas manger l'autre. Ce serait rester seul et ne jamais me révéler.

Ne pas s'en laisser manger. Je mourrais.

Dans cette rencontre-là il n'est donc absolument jamais question de renoncer à soi-même en suivant aveuglément les pas d'un autre, mais bien au contraire de créer sa propre route à côté de l'autre qui crée la sienne propre.

Marcher chacun son chemin original en compagnie, se rencontrer tant que notre route est commune et se réaliser un peu plus à chaque pas et à chaque rencontre : telle est, selon la psychanalyste qui lit le poète biblique avec la discipline qu'elle applique à l'écoute d'un patient, la voie proposée à l'humanité par le mythe fondateur d'une des civilisations les plus rayonnantes et attractives de la planète : la nôtre.

J'ai aimé et senti pour vraie, vivante et désirable cette vision. Je me suis aperçue que je craignais depuis l'enfance en la Bible une aïeule inquiétante qu'il fallait fanatiquement ici aimer et révérer et là, tout aussi fanatiquement, haïr et réfuter. Voici qu'elle reprenait des proportions plus gracieuses : un texte, un poème a été écrit il y a plus de 5000 ans. Un artiste, individuel ou collectif, a posé il y a plus de 5000 ans une vision de l'humain assez sage, simple et riche, assez intelligente pour m'aller aujourd'hui droit au cœur et à la raison. Cet artiste a été assez juste pour, pendant plus de 5000 ans et un peu partout sur la planète, rassembler des millions d'humains et fonder des civilisations. À présent que Marie Balmary avait décapé les passages les plus troublants de l'œuvre biblique de leurs moustaches et de leur faux nez, je comprenais enfin pourquoi et comment ce poème avait tant inspiré les humains. Il nous devenait consultable un jour, si besoin était, en tant que vérité artistique.

Pour l'heure, toutes les incitations explicites ou implicites à me conformer aux modèles ou projets que faisait pour moi l'un ou l'autre étaient soufflées comme de la poussière par cette évidence : « Qui mieux que moi peut être l'auteur de ma vie ? »

Rien de mieux à tenter, pas de meilleures chances à courir que faire de moi-même et de mes choix une œuvre originale à côté, en compagnie, d'autres œuvres originales.

Alors, en compagnies éphémères ou de longue durée, j'ai marché vers un nouveau rivage.

Mais sans modèle et sans carte, sujette à des émotions et des automatismes qui pouvaient m'entraîner ailleurs que là où je souhaitais aller, je ressentais le besoin d'une stratégie.

Une stratégie consultable en toutes circonstances, une stratégie cohérente, fiable, sur laquelle m'appuyer. Les règles d'un jeu que je pourrais jouer et proposer de partager. Qui seraient assez bien construites et accueillantes pour que mon environnement ait envie de jouer avec moi et d'être, plutôt qu'un adversaire, un partenaire.

Au-dessus des règles, pour les cas où je voudrais m'en libérer quand la réalité s'avérerait plus inventive que toutes les prévisions des règles, j'ai cherché des lois. Des lois sûres aux bras larges, qui baliseraient tout l'espace, et celui-là seul, dans lequel jouer ses chances.

C'est dans ces dispositions d'esprit que j'ai repris pied dans un cabinet de consultants en management et conduite du changement. C'est là que m'attendait, endormi au fond de la bibliothèque, *Donnant donnant – Théorie du comportement coopératif*, de Robert Axelrod[1].

L'auteur rappelle ce que savent tous les biologistes : la loi de la jungle, la vraie loi, c'est la coopération de milliers d'espèces différentes et, au sein de chaque espèce, la coopération des éléments qui la composent. La vie chimique, végétale, animale est échange permanent. C'est dans l'échange que les espèces et les individus des espèces trouvent à survivre, vivre et se reproduire. Certes tous se nourrissent les uns les autres, mais tuer n'est pas central, c'est seulement ce qui nous fascine. Pour un gros animal tué par un autre gros animal, toute une chaîne d'espèces trouve à se nourrir, jusqu'aux fourmis, jusqu'aux bactéries indispensables à la vie. Et pour un festin de cadavre, combien de coopérations dont chacun repart vivant !

Quant au thème central du livre, c'est le rapport minutieusement scientifique d'une expérience : un tournoi stratégique qui a fait date dans la théorie des jeux. Un tournoi qui pose la question cruciale de savoir quand coopérer dans les échanges humains. Expérience statistique et réelle, il donne une réponse stupéfiante au débat sur les chances comparées de la bienveillance et de la malveillance. De cette expérience menée avec rigueur scientifique sur un panel humain international, interconfessionnel, interculturel et dans des dimensions statistiquement fiables, émergeait l'armature d'une stratégie à la fois bienveillante et gagnante à coup sûr ! Une base parfaite.

L'auteur de cette géniale stratégie est Anatol Rapoport, un Juif né en Russie en 1911, arrivé aux USA à 10 ans, devenu citoyen américain à 16 ans, puis envoyé à Vienne pour devenir pianiste virtuose… tandis que monte le nazisme. Il oblique vers les mathématiques, devient cofondateur de la Théorie Générale des Systèmes et expert dans la théorie des jeux, puis professeur émérite en mathématiques et psychologie à l'université de

1. Aux éditions Odile Jacob.

Toronto. Fondateur enfin de l'ONG *Science for Peace*, il met pendant les années 1980 son expertise au service de la paix mondiale. L'inventeur de la championne du tournoi stratégique est un être exceptionnel.

Et si l'armature offerte par ce génie pluridisciplinaire et pluriculturel traçait une ligne permettant à chacun de se révéler exceptionnel à sa façon ? Référence dans la théorie des jeux, Donnant-donnant n'a pas été, à ma connaissance, extrapolée en stratégie de vie personnelle. Et si je partais de là, et si j'extrapolais ?

Après cinq ans de cette expérience dans la vie réelle, normale, mon témoignage est que ce qui devient exceptionnel, c'est la qualité du quotidien.

PUISSANCE DE LA BIENVEILLANCE COMME BASE STRATÉGIQUE

Le tournoi consistait à faire se rencontrer sur Internet des scientifiques experts en mathématiques, sciences politiques, économie, psychologie et sociologie, à travers un très grand nombre de « coups » dans un jeu[1] où chaque joueur choisit à chaque coup entre deux options : coopérer ou refuser de coopérer.

Comme dans la vie, il prend son parti à chaque « coup » sans savoir à l'avance ce que va jouer l'autre.

Comme dans la vie, il gagne plus au « coup » où il refuse de coopérer avec un joueur qui coopère : il a attaqué une personne sans défense donc il emporte le beurre et l'argent du beurre.

Comme dans la vie, si les deux joueurs ont refusé de coopérer, ils repartent « gros Jean comme devant », n'ayant rien ou presque rien gagné.

Comme dans la vie, si les deux joueurs jouent « coopérer », chacun gagne sur ce « coup », certes moins que beurre et argent du beurre, mais beaucoup plus que s'ils n'avaient pas coopéré.

Et comme dans la vie, le joueur qui coopère tandis que l'autre refuse, est plumé pour ce « coup » !

1. Le « jeu du prisonnier ».

Ainsi coopérer dans le jeu, extrapolé à la vie, signifie vraiment coopérer. Quant au refus de coopérer, il peut être dans la vie interprété comme la volonté de faire cavalier seul – ignorer l'autre, faire défection – ou comme une attaque.

Chaque joueur avait mis au point une stratégie pour gagner le plus grand nombre de points possible, sachant que toutes les stratégies seraient opposées à toutes les autres.

Comme dans la vie, chaque joueur pouvait infléchir sa stratégie au fil de la partie en fonction de ses observations sur le terrain.

Le gagnant serait celui qui totaliserait le plus de points sur l'ensemble des parties.

14 stratégies ont ainsi été chacune confrontées à toutes les autres, à elle-même et à un programme informatique aléatoire.

La première grande surprise a été de découvrir que la stratégie gagnante est bienveillante : elle n'attaque jamais la première !

Comment est-ce possible, alors que nous avons tous fait au moins une fois la cuisante expérience de nous être avancé les mains ouvertes devant quelqu'un qui nous a laissé amer et dépouillé, jurant mais un peu tard qu'on ne nous y reprendrait plus ?

Comment est-ce possible alors qu'il s'agit d'un jeu dont l'objectif est de gagner le plus de points possible et où ni une vision philosophique ou naturaliste, encore moins l'affectif ou la morale, n'entrent en considération ?

La deuxième grande surprise était que, confrontée à des stratégies souvent très compliquées, celle-ci était d'une déconcertante simplicité !

Anatol Rapoport, le Juif Russe, Américain, musicien, mathématicien et psychologue, gagnait avec la stratégie la plus simple de tout le tournoi.

Bienveillante, simplissime, elle s'offrait enfin le luxe d'être durable : elle était sur une trajectoire haute que la durée renforçait.

L'analyse de sa réussite est aussi simple que son fonctionnement. Le secret de sa force est qu'elle est clairement, systématiquement, bienveillante avec l'autre *et* avec son joueur.

Bienveillante avec l'autre, elle ouvre le jeu dans la coopération et joue la coopération tant que l'autre joueur en fait autant. Elle ne refuse jamais la coopération la première. Avec elle, il est possible de jouer « coopérer » en toute sécurité tout au long de la partie et de totaliser ainsi un très grand nombre de points de part et d'autre.

Bienveillante avec son joueur, elle le protège en refusant de coopérer avec l'attaque d'un autre joueur : si elle reçoit un refus de coopérer qui, dans le jeu, est une attaque, alors elle répond immédiatement par un refus de coopérer. Elle refuse ainsi nettement, clairement, immédiatement de contribuer à sa propre destruction.

Bienveillante avec l'un et l'autre, elle préfère gagner et faire gagner plutôt que punir ou se venger : elle revient à la coopération dès que l'autre joueur y revient et s'y tient tant que l'autre s'y tient, quel qu'ait été son comportement antérieur. Et cela même si l'autre joueur a, parce qu'il a attaqué le premier, un peu d'avance sur elle. Ce qui est presque toujours le cas.

Et elle est tellement claire que toute stratégie sensible en face d'elle comprend très vite comment, avec elle, gagner le plus de points possibles. Nombreux, les joueurs acharnés à gagner se sont vu près d'elle une place riche de sécurité et d'avenir ; alors tout naturellement, *avec elle* qui leur réussissait si bien et restait vigilante, il sont devenus des partenaires bienveillants.

Elle a convaincu tous les joueurs plus intelligents que malveillants de passer, avec elle, à la coopération.

Nommée Donnant-donnant à cause de sa générosité parfaitement équilibrée, elle ne gagne pas forcément dans les comptes à deux où elle est presque toujours un peu devancée.

Mais sur l'ensemble du tournoi, elle génère tellement de jeux de coopération (plus que n'importe quelle stratégie) qu'elle totalise de loin le plus grand nombre de totaux de « grosses parties » où les deux ont coopéré longtemps, donc gagné beaucoup l'un et l'autre. C'est ainsi qu'elle l'emporte au classement général, haut la main.

Les résultats ont été publiés et la stratégie gagnante exposée.

Lors d'une seconde manche tous les joueurs pouvaient au choix adopter cette stratégie, tenter de l'améliorer ou tenter de la battre en exploitant son fonctionnement. Cette fois Rapoport a joué face à 62 autres stratèges de disciplines encore plus variées que dans la première manche. Première surprise au dépouillement : lui seul joue sa stratégie et deuxième surprise : il gagne encore ! Sa stratégie n'a pas besoin du secret : elle gagne, même divulguée. Elle n'a besoin de l'autorisation de personne : elle fait gagner son joueur même s'il est seul à la jouer. Mais si d'autres joueurs l'avaient adoptée, chacun d'entre eux aurait gagné ex-aequo avec Anatol Rapoport encore beaucoup plus que ce qu'il a gagné seul. Jouer comme Rapoport c'est être assuré de gagner seul le plus gros score, ou avec d'autres un plus gros score encore...

Sa stratégie n'est pas seulement forte, elle est rayonnante ! Elle gagne parce qu'elle laisse vivre et prospérer les joueurs bienveillants, ceux qui coopèrent avec sa vie et sa prospérité : elle entretient l'environnement qui coopère à sa réussite. Et parce qu'elle ne laisse à ceux qui ne veulent pas coopérer aucune autre avance que leur premier coup d'attaque : celui où elle a coopéré tandis qu'ils refusaient de coopérer. S'ils s'enferment dans le refus, elle n'ouvre plus d'espace dans lequel l'autre prospérerait à ses dépens.

Ainsi, elle génère un environnement prospère et favorable à sa prospérité : elle initie l'écosystème dans lequel s'épanouir et elle contribue à son développement puisque cet écosystème prospère en sa compagnie. Elle indique la route de la bienveillance, une route de succès bordée de deux alliées indispensables : la réciprocité et la clarté.

> ***Bienveillante***, elle ouvre le jeu dans la coopération, s'y tient tant que l'autre coopère, y revient dès que l'autre recommence à coopérer : elle répond toujours coopération à la coopération.
>
> ***Réciproque***, elle n'a aucun état d'âme à refuser immédiatement et systématiquement son concours aux refus de coopérer.
>
> ***Claire***, elle réagit immédiatement et exclusivement aux refus de coopérer et offre un choix très clair à chaque échange : réussir ou échouer avec elle, que préférez-vous ?

Sa présence et ses résultats dans le tournoi me fournissaient la preuve par la raison, la preuve scientifique de l'intuition même malmenée dont j'avais hérité.

Oui, il existe une façon de réussir en se conduisant dans la bienveillance et cette façon est infiniment plus puissante, sûre et efficace que toutes les conduites malveillantes, même bien informées : elle est simplement imbattable.

Elle ne suppose pas que les autres joueurs soient coopérants : les joueurs auxquels elle a été confrontée ne cherchaient pas à coopérer. C'était un échantillon de gens dont les caractéristiques communes étaient l'usage d'Internet en 1984, une expertise scientifique, le désir de gagner. Des « battants ».

Elle ne suppose pas non plus que ses partenaires relèvent d'une culture, d'une idéologie ou d'une morale commune. Du fait d'Internet, les joueurs qui ont consacré la supériorité de Donnant-donnant étaient dispersés sur toute la planète dans une grande diversité de nationalités, de cultures, de croyances.

C'est là que cette stratégie est passionnante : elle s'exerce en toute autonomie et promet la réussite à une personne seule dans l'environnement humain planétaire d'aujourd'hui. Environnement qui, comme dans le jeu, est le cadre d'une très grande quantité de rencontres suivies avec une très grande quantité de personnes différentes.

Passionnante aussi en ce qu'elle guide les choix humains vers un fonctionnement qui les rapproche de la biologie, notre environnement au sens le plus large et le plus incontournable.

Passionnante enfin en ce qu'elle rompt avec la vieille idée qui oppose coopération et compétition. Révélée par un concours, cette gagnante superlative domine la compétition parce qu'en créant les conditions qui incitent à la coopération, elle génère et entretient dans la compétition tout le potentiel de coopération que ses concurrents sont prêts à lui consentir.

Ainsi, à plusieurs millénaires de distance, elle rejoint Sun Tsu, le maître chinois de l'art stratégique, dans l'idée qu'il est possible de se mettre en position de gagner à coup sûr et sans verser de sang.

Donnant-donnant est rien moins que l'armature mathématique du fameux « gagnant-gagnant ». Ce « gagnant-gagnant » que nous désirons, savons reconnaître *a posteriori*, peinons à construire.

Peut-elle nous en livrer les clés ?

Avant de bifurquer sur une autre exploitation du tournoi, Rob Axelrod dégage quelques pistes pour le joueur qui veut réussir comme Rapoport :

- ne pas être envieux ;
- ne pas être le premier à faire cavalier seul, ou défection. Ne pas être le premier à refuser la coopération
- pratiquer la réciprocité dans la défection comme dans la coopération
- ne pas être trop malin.

Mais seule la troisième est positive, donc opérationnelle.

Les trois autres, certes justes, disent que ne pas faire, où ne pas aller. Elles attirent l'attention sur les fossés sans indiquer le cap.

C'est le cap que je cherche ou du moins, une équation pour la route.

Comment s'y prendre dans la vie réelle qui comporte des ambiguïtés, des changements, du flou, des malentendus, des émotions et tout un héritage d'automatismes plus ou moins pertinents, adaptés ?

Comment s'y prendre sachant que dans chaque rencontre je suis comme le joueur, seul en face de l'autre ? Et que, contrairement au joueur, il ne me suffit pas de décider de coopérer ou de refuser de coopérer. Il faut aussi savoir le faire, être compris, avoir les moyens…

Comment s'y prendre enfin sachant que la vie, contrairement au jeu, offre un cadre infiniment mouvant où il est rare que les choses se présentent exactement comme je l'ai prévu ?

3

L'ÉPREUVE DU FEU

DANS LA VIE

JE TRAVAILLAIS SUR CETTE QUESTION : je construisais l'extrapolation de Donnant-donnant à la vie réelle. Cela me faisait rentrer tard à la maison depuis plusieurs semaines et je commençais à me sentir vaguement coupable vis-à-vis de Nicolas qui m'attendait.

> Ce soir-là je n'ai pas eu le temps de poser mon sac ni d'ôter ma veste que Nicolas m'assaillait de questions domestiques assez pressantes, auxquelles j'étais bien incapable de répondre… « Mais enfin, tu le fais exprès, il suffit que je rentre tard pour que tu… » Je me suis interrompue, consternée : encore dans mes pensées de stratégie pacifique, je pratiquais avec le plus grand naturel et une parfaite sincérité la vieille stratégie selon laquelle la meilleure défense, c'est l'attaque !
>
> D'ailleurs, l'effet a été immédiat : le temps de ces quelques mots, Nicolas, tendu comme une corde à piano, était prêt à bondir. C'était parti entre nous pour une de ces crises désespérantes où un travail déjà prenant empiète encore, de la façon la plus déplaisante, sur le temps de vie personnelle.
>
> Je me suis interrompue et reprise le plus vite et clairement que j'ai pu : « Attends, je retire ce que je viens de dire. Ce que je veux dire, c'est… » Je ne savais pas encore que dire à la place et il m'a fallu quelques secondes pour trouver les mots d'une parole bienveillante pour lui et pour moi.
>
> Ma première surprise dans cette toute première expérimentation de terrain de ma Stratégie, a été de constater que Nicolas affamé, prêt à s'énerver contre moi à cause de mon arrivée tardive et de mon agression initiale, me laissait ce temps !
>
> « En fait, quand je rentre tard comme ça, j'ai besoin de temps pour décompresser. Laisse-moi dix minutes et je réponds à tout ce que tu veux. » Je savais ce que je faisais mais j'ai tout de même été médusée par l'efficacité de ma réponse. Nicolas, au tempérament pourtant combatif, s'est détendu d'un coup et est retourné vaquer à ce qu'il faisait juste avant que j'arrive. Pas un

> mot, pas une onde de nervosité ne surnageait de ce qui avait failli être une banale mais épuisante querelle.
>
> Donc non, il ne faisait pas exprès de me poser plein de questions pour souligner le fait que je rentrais tard.
>
> Une culpabilité malveillante pour lui et pour moi m'avait soufflé qu'il voulait me faire payer mon retour tardif. Si j'avais suivi cette idée plus loin, nous l'aurions payé en effet tous les deux.
>
> Mon retour aurait alimenté, bien sûr, la querelle. La malveillance aurait pu dire : « Tu vois, j'avais raison, c'est là qu'il voulait en venir ! »
>
> Mais c'est la bienveillance qui a eu raison, et une raison beaucoup plus agréable pour chacun de nous deux : il avait vraiment des questions. Il les a posées plus tard, paisible, dès que j'ai été disponible pour « nous ».

C'est ma toute première et très importante vérification personnelle explicite, de la force de la Stratégie de la bienveillance dans la vie réelle.

Sur l'usage du sentiment de culpabilité

Nous sommes des êtres incomplets, qui désirent devenir ce qu'ils ne sont pas encore. C'est notre noblesse et probablement une de nos plus grandes différences avec les autres êtres vivants. Et là chacun a le choix.

Le choix malveillant de me haïr de n'être pas encore ce que je veux devenir : plus disponible, simple, légère, savante, généreuse, ponctuelle, spontanée, rapide, juste, claire ou bienveillante.

Ou le choix bienveillant de m'accueillir pas encore aussi disponible, calme, simple… que ce que je me souhaite, de me reconnaître au présent imparfait, vivante en somme, capable de projets d'améliorations.

Avec le choix malveillant, je fais de la culpabilité une harpie agrippée à mes basques, qui m'accuse sans fin et maintient mon nez dans mes insuffisances. Je sombre alors dans un état où je me sens de moins en moins bien… et fais souffrir mon entourage. Je peux tenter de me débarrasser de la harpie en l'envoyant sur mon entourage. Si j'y arrive, je me crée un entourage immédiat culpabilisé, démoralisé : pesant, difficile à vivre. Si j'échoue, c'est que l'autre se sera rebellé. Me voici alors dans un conflit où nous nous renvoyons la culpabilité à la figure, dans lequel je souffrirai, tu souffriras… C'est tout ce que nous aurons trouvé pour nous sentir vivants : nous faire la guerre.

Dans le choix bienveillant, j'entends le pincement et j'en fais un signal d'alarme : tu t'es trompée. Je peux rester amicale avec moi-même et m'offrir la sérénité dont j'ai besoin pour réagir sainement à l'alerte. Je peux alors concentrer mon énergie sur ces questions : que puis-je faire pour avancer, pour devenir ce que je voudrais être ? Puis-je réparer mon erreur ? Puis-je en adoucir les conséquences ? Et surtout : que puis-je faire aujourd'hui pour, la prochaine fois que cette difficulté se présentera devant moi, mieux la surmonter ?

Je peux aussi lever les yeux autour de moi et, en compagnie des autres, reconnaître celles de leurs qualités – au sens le plus large – qui me permettront de reprendre pied… et les miennes, qui leur donneront envie de me tendre la main.

Je peux, dans la bienveillance pour l'un et pour l'autre, chercher seule puis ensemble comment aider ceux dont j'espère la coopération à m'aider pour avancer vers ce que je voudrais devenir.

En faisant ce choix, je m'enrichis d'une bienveillance que je peux offrir à l'autre qu'ainsi j'accepte plus facilement, lui aussi, incomplet, en chemin, vivant en somme !

AU TRAVAIL

Rassurée par cette expérience personnelle, j'avais abouti à la mise au point de ma stratégie et trouvé comment la transmettre en une journée de formation dans l'entreprise qui l'avait commandée.

J'étais très heureuse de découvrir que ma Stratégie était comprise par tous dans l'entreprise et que tous y adhéraient. Depuis mon tout premier public : douze assistantes qui rêvaient de plus de bienveillance au travail, jusqu'à un directeur industriel qui m'avait prévenue : « La coopération oui, mais pas de consensus mou ! », la compréhension et l'adhésion étaient là et je quittais le soir des personnes qui, arrivées plus ou moins fatiguées le matin, avaient en fin de journée la pêche, envie de changer, et décidé par quoi commencer…. Qui s'exclamaient aussi avant de me quitter : « Il y a du travail ! », « Reste à voir ce que cela donne sur le terrain ! ». Sur leur terrain, le terrain de l'entreprise.

J'y ai été très vite confrontée lors d'un entretien de coaching qui a suivi mes premières formations à la Stratégie.

> Une grande entreprise qui sous-traite une importante partie de sa production crée un poste de directeur de la sous-traitance et le confie à **Serge**, l'homme qui a eu l'idée de ce poste. À lui de configurer les contours de son poste. Il attend de moi que je l'accompagne avec ma Stratégie pour fil rouge.
>
> Serge a conçu de nouveaux services pour répondre à des vrais besoins dans l'entreprise : ils seront bien accueillis. Il sent cependant monter un conflit : il estime que son poste doit centraliser les négociations avec les sous-traitants. D'ailleurs il adore ces négociations dont il se sort plutôt bien. Mais il sait qu'à l'annonce de la centralisation des négociations se lèvera Lefébure, le directeur des achats qui revendiquera de les prendre sous sa responsabilité.
>
> « Une transaction réalisée avec un sous-traitant est un achat », dis-je. Il s'agit-là de bienveillance pour moi : j'ai besoin de clarifier ce point avec Serge. Si je ne le fais pas maintenant, je vais être mal à l'aise tout le temps, cela va me manquer. Et il y a aussi, dans le fait de lui dire ça dès le départ, de la bienveillance pour lui : en lui disant cela et acceptant de travailler sur la question, j'accepte de chercher avec lui une solution pour qu'il fasse ce dont il a envie, même si ce n'est pas absolument évident au départ.
>
> « Mmmoui… » Serge précise qu'il n'aime pas Lefébure et que celui-ci le lui rend bien.
>
> « D'accord. » Bienveillance pour lui : il a le droit de ne pas aimer tout le monde dans l'entreprise, chacun est libre de ses sentiments.
>
> Bienveillance pour moi, pour Lefébure absent et pour Serge : je ne l'invite pas à s'étendre sur ce terrain fangeux où je serais écartelée entre ma sympathie pour lui et mon besoin de trouver une facette jouable avec Lefébure, où Serge se serait trop avancé pour pouvoir changer de regard, d'où nous aurions du mal à repartir :
>
> « Donc il y a vous, Serge, directeur de la sous-traitance et lui, Lefébure, directeur des achats, qui voulez tous les deux être le négociateur de l'entreprise face aux sous-traitants ?
>
> – Exactement !
>
> – Quels sont les objectifs de l'un et de l'autre ?
>
> – Eh bien… négocier avec les sous-traitants !
>
> – Oui et cela, c'est le moyen d'atteindre quoi pour l'un et l'autre ?
>
> – Pour lui, c'est un moyen de gagner du pouvoir.
>
> – Et pour vous ?
>
> –… Pour moi, c'est un moyen de prouver la performance, donc la légitimité de mon poste.
>
> – Et si nous pouvions trouver une solution où vos qualités respectives vous permettraient d'atteindre vos objectifs à tous les deux ? »
>
> Serge a un geste de recul, à la limite de l'agacement.

Ce n'est pas facile d'abandonner l'énergie déjà prête au conflit, de renvoyer ses armées dans leurs foyers et de se mettre en marche vers une solution encore inconnue, qui aura l'insolence d'être facile et indolore : bonne pour l'un et l'autre.

Croire qu'il existe une bonne solution pour chacun quand le seul horizon envisagé était le conflit, est une des choses les plus difficiles à admettre dans l'exercice de la Stratégie de la bienveillance. C'en est probablement l'étape la plus décisive. À moi de marcher devant.

> Il y a de fortes chances que ma question paraisse insolite à Serge, voire franchement insolente, je la lui pose donc le plus simplement possible, « à plat » :
> « Quelles sont les qualités de Lefébure ? »
> ... après un long silence, Serge ne peut retenir un sourire tant ce qu'il s'apprête à répondre est à la fois sincère et... la monnaie de ma pièce dans l'insolence. Quand finalement il lâche :
> « Franchement, je n'en vois pas ! » Nous éclatons de rire.
> La bienveillance de ma coopération avec mon champion[1] veut que j'accepte de travailler à partir de la matière qu'il m'apporte. Si Serge ne trouve aucune qualité chez Lefébure, je prends ce qu'il trouve : les défauts de Lefébure.
> « Soit, donnez-moi les défauts que vous lui voyez. Nous en tirerons ensemble les qualités. Vous savez, le coup de la médaille : vous me donnez la face sombre et je vous donnerai mes hypothèses sur les qualités correspondantes. Vous gardez le contrôle : c'est vous qui aurez le dernier mot. »
>
> En souriant parce que l'exercice commence à l'intriguer ou l'amuser, Serge accepte le jeu.
>
> « D'accord. Alors disons qu'il tire la couverture à lui. Quoi qu'il arrive, il réussit à se faire bien voir... il réussit à toujours laisser penser que les réussites viennent de lui.
> – D'accord, quoi d'autre ?
> – Il se débrouille toujours pour se sortir de tout... vous voyez ?
> – Si je comprends bien, il réussit bien à atteindre ses propres objectifs.
> – Ah ça, oui, vous pouvez le dire ! »
> Ce que j'ai à dire ensuite n'est pas très facile. Bienveillance pour moi, je veux lui dire les qualités que je vois en Lefébure, qualités qui me semblent étrangères à Serge. Bienveillance pour lui, je veux le lui dire d'une façon qui lui permette de l'entendre le plus facilement possible.
> La bienveillance pour moi veut que je sois claire. La bienveillance pour lui aussi : pourquoi, sachant que je vais lui demander un effort d'acceptation, exiger de lui en plus un effort de compréhension que je peux facilement lui épargner ? Alors j'y vais tout droit, sans détour et avec amitié.

1. Je ne vois pas en coaching un « coaché », participe passé, forme passive. Mon client en coaching est un champion.

Les trois mots-clés me viennent très vite. Il me reste à trouver la phrase et le ton justes. Or cela ne peut surgir que de la vibration exacte de l'instant que nous sommes en train de vivre. Pour cela, revenir à moi, revenir à Serge, au présent.

Je le regarde et c'est depuis l'énergie de son regard à lui, que naissent en moi ma phrase et la surprise d'un irrépressible sourire. Je prends tout et m'y tiens comme un surfeur sur la vague, concentrée et détendue :

« Il est donc adroit, habile, souple ? »

Il semble touché et, merveille, ses visage et ton me disent qu'il a choisi de s'en amuser

« Oui, vous pouvez le dire comme ça.

– Et si je comprends toujours bien, il capte vite la faiblesse de l'autre pour s'en servir.

– Exactement !

– Donc au sens commun, c'est un très bon négociateur... »

Nous éclatons de rire ensemble.

« À votre tour maintenant, quelles sont vos qualités ? »

... Nouveau silence, plongeon dans la perplexité, regard noyé :

« Oh moi, je n'ai pas toutes ces qualités-là... »

Difficile après l'énoncé de qualités qu'il a jusqu'ici regardées avec déplaisir, de reprendre pied sur les siennes.

« Vous en avez d'autres. Lesquelles ?

– J'ai bien peur qu'il faille encore passer par les défauts...

– D'accord je vous écoute.

– Moi, je suis méticuleux, pointilleux, je regarde tout en détail et je ne laisse rien passer.

– Vous avez l'esprit analytique ?

– Oui, pas terrible hein, comme qualité !

– Pas d'accord avec vous mais continuons.

– Quand je vois que les choses ne se passent pas comme elles le devraient, je réagis mal, je ne lâche pas, qui que ce soit...

– « Quand les choses ne se passent pas comme elles devraient ? »

– Eh bien quand je vois des injustices, quand je vois des principes fondamentaux qui sont bafoués, quand je vois des petites combines qui font du tort à l'entreprise, à la bonne marche générale. Là, je ne peux pas m'empêcher de faire sentir que je ne suis pas d'accord. Je suis capable de le faire sentir même à mon patron. Ou plutôt, je ne peux pas m'empêcher de le faire sentir, surtout à mon patron. Et ça énerve...

– Si je vous dis que j'entends que vous avez des valeurs fortes, beaucoup de loyauté envers l'entreprise, des qualités de fiabilité servies par votre sens analytique, une vision dans la durée, de la ténacité et un sens aigu de l'intérêt général ? »

Il n'accuse pas réception et reprend :

« Avec mon patron et même en plein comité de direction, quand je ne suis pas d'accord, je fais le mauvais garçon. J'envoie des piques, je suis impertinent.

– Évidemment, c'est assez dangereux, pourquoi faites-vous ça ?

– J'y prends un malin plaisir, c'est mon petit jeu, ça m'amuse !
– Cela recoupe une autre de vos qualités, que nous avons déjà vue ensemble : le sens du jeu qui est le même que celui du neuf, de l'innovation, la créativité. Que vous exercez d'ailleurs dans ce job que vous êtes en train d'inventer… »
Tant qu'il manquait une qualité importante, Serge qui « ne laisse rien passer » ne pouvait pas souscrire. Mais à présent il se retrouve dans la reconnaissance par autrui de la face lumineuse de sa propre médaille. Reconnaissance qui, tel un coup de vent dans les nuages, perce le blues et lui arrache un sourire au bord du rire :
« Vous êtes trop bonne.
– Merci, vous l'êtes largement assez. »
C'est donc de bonne humeur, que nous arrivons au pied de l'épineux sujet central : comment résoudre dans la coopération entre Serge et Lefébure, la question de l'attribution des négociations avec les sous-traitants ?
Avec ce que je viens d'entendre, je vois désormais les deux protagonistes équipés de qualités très précieuses et, pourvu qu'ils ne se jettent pas à la figure le revers de leurs médailles respectives, une superbe complémentarité. Or dans cette répartition des qualités, je ne vois pas comment accompagner Serge dans son intention d'emporter la négociation avec les sous-traitants, donc je me tais.
Il m'apparaît pendant ce silence que le meilleur parti serait, plutôt qu'entrer dans un conflit où sa cause ne serait pas parfaitement juste, que Serge abandonne le projet d'obtenir ces négociations.
Mais comment le lui dire de façon recevable pour lui ? Je me tais toujours, en attendant que m'apparaisse soit la manière de m'y prendre, soit une piste inattendue pour qu'il obtienne les négociations.
C'est lui qui rompt le silence :
« Je lui laisse les négociations, c'est évident ! »
Merveille, il a pris les devants ! Dans ce passage difficile pour moi, il prend la main et passe le premier : voilà qu'il coopère pleinement. Au moment où j'en ai le plus besoin, voici qu'il m'aide à l'aider à trouver une bonne solution pour l'un et l'autre, en franchissant ce pas délicat !

Est-ce d'être passé d'une vision malveillante à bienveillante pour l'un et l'autre, est-ce parce qu'il a pu relâcher dans le rire une tension qu'il ne croyait pouvoir exprimer que dans le conflit, est-ce autre chose encore ? Ce mystère lui appartient.

De mon côté, j'ai ma première preuve concrète, sur une question de terrain où les intérêts semblaient s'opposer frontalement, de l'efficacité de ma stratégie de coopération, mise à l'œuvre depuis le début de l'entretien… depuis le début de notre rencontre. Je viens d'assister à l'efficacité de la bienveillance pour chacun (Serge, Lefébure et moi), pour anéantir des tensions réputées inéluctables.

Librement, Serge, qui seul en a le pouvoir, vient de voir et saisir sa chance d'écarter un conflit coûteux et hasardeux pour lui. Certes, cela ne suffit ni à lui rendre sa sérénité, ni à lui donner cet élan, cette étincelle qui est le propre des gens qui se sentent actifs dans la coopération. Car il a renoncé à la lutte, à la guerre, mais il n'a encore gagné que par défaut : gagné de ne pas se jeter dans un combat dangereux et contestable. Il a renoncé à une manœuvre qui l'aurait fait reculer, mais cela ne lui donne pas pour autant le sentiment d'avancer vers son objectif et de cela, il a besoin.

À nous de trouver ce qu'il pourrait gagner dans cette paix qu'il vient de décider et qui n'est fiable que si l'un et l'autre sont réellement contents.

Je revérifie auprès de lui que son objectif est réellement de légitimer la création de son poste. Puis nous cherchons comment y parvenir en sachant que, parmi les qualités de Serge, il y a clairement des qualités d'innovation.

La donne est changée puisque Serge vient par sa décision de s'alléger de la bataille pour les négociations ainsi que, plus définitivement, de la charge des négociations. Il vient aussi de se créer l'occasion d'améliorer sa relation avec les achats si, exploitant à fond sa décision, il prend l'initiative de recommander que toutes les négociations avec les sous-traitants aillent aux achats.

« Si, contrairement à ce que vous pensez, Lefébure est envers vous dans des dispositions neutres, il deviendra bien disposé à l'égard de celui qui lui apporta une manne sur un plateau. »

Moue dubitative

« Si au contraire il est vraiment dans de mauvaises dispositions envers vous, persuadé peut-être qu'il y aura conflit sur les négociations, il sera surpris et déstabilisé dans ses mauvaises dispositions. »

À cette idée, Serge éclate de rire.

« Ça, pour être surpris, il va être surpris. J'adore ! »

En tenant un moyen de surprendre Lefébure, Serge, qui aime innover vient de gagner quelque chose qui répond chez lui à un besoin... et que l'option du conflit n'offrait pas, n'avait pas prévu !

« Et puis il y a ces qualités d'habileté que vous n'aimez peut-être pas, ces "retournements de veste" qui vous déplaisent. Mais ils ont aussi leur charme : les gens très habiles, flexibles, vivent dans le présent. Ils ne s'interdisent pas de changer d'opinion si les événements le commandent à leurs intérêts. Ils se cramponnent moins que d'autres à une certaine fidélité à ce qu'ils ont pu, dans le passé, penser ou dire. »

Nouvelle moue dubitative.

« Que pourriez-vous faire pour qu'il soit de son intérêt d'adopter envers vous une attitude positive ? »

Serge ne voit, pas, n'y croit pas. S'il n'y croit pas, il ne peut pas réussir. J'abandonne la piste et je reviens au présent.

Au présent, je peux voir que sa satisfaction de surprendre Lefébure a été de courte durée. Elle a laissé place à la tristesse de renoncer à un projet et, qui plus est, de le faire au bénéfice d'un homme que Serge n'aime pas, dont il n'attend aucune reconnaissance. La réciprocité est en souffrance.

« Tant que vous n'avez pas trouvé que faire du temps et de l'énergie que vous auriez consacré aux négociations, je comprends que vous ne soyez pas satisfait. Que pourriez vous faire qui vous plaise, qui serve, qui vous serve ?

–...

Le blues pèse comme une chape.
« Qu'est-ce que vous aimeriez faire et que vous n'avez pas le temps de faire, qui vous semble trop nouveau, trop ambitieux, trop bien ?
–...
Sourire... silence... sourire, puis il a parlé longtemps. J'avoue que je n'ai pas tout compris dans ce qu'il a dit : il me manquait pour cela le jargon assez pointu qu'il s'est alors mis à utiliser. Mais il était fluide, ferme, concentré. J'entendais à son ton, je voyais à son attitude, qu'il était à son affaire. Il construisait son projet. Il créait là devant moi en les énonçant probablement pour la première fois, les outils de communication qui serviraient à tout le circuit de la sous-traitance. Outils visibles et utiles au maximum d'interlocuteurs dans différents services de l'entreprise, dont évidemment les achats.
« Ça vous plairait de faire ça ?
– Je pense bien !
– Ça donne de la visibilité et de la légitimité au poste que vous créez ?
– Ah oui, je crois !
– Lefébure pourrait s'en servir et en être content ?
– Bien sûr !
– Il pourrait laisser penser que cela vient de lui ?
– Ça dépend comment je m'y prends, mais je peux faire en sorte qu'il soit clair que cela vient de mes services.
– Vous voyez comment vous y prendre pour cela ? »
À nouveau, Serge parle : clair, ferme.
Il m'a serré la main ce jour-là pressé de mettre en œuvre ce projet qui allait lui permettre de faire ce qu'il aimait le mieux : du neuf, dans l'intérêt général. Du neuf qui légitimerait, mieux qu'un conflit, la création de son poste.

Cette histoire est-elle morale, est-elle maligne ? Je ne sais pas. Elle n'est morale qu'au sens où elle a permis à quelqu'un de retrouver cette qualité de moral très particulière qu'offre la coopération et qui fait les gagnants.

Certes, nous avons exploité l'opportunité offerte par la situation. Est-ce malin ? Pas au sens d'une tumeur en tout cas : cela ne cache rien de toxique. C'est une histoire saine parce qu'elle a contribué activement à un mouvement qui a profité à tous :

À Serge qui légitime son poste non seulement en évitant d'engendrer des résistances, mais en se donnant le maximum de chances d'obtenir du soutien.

À Lefébure qui gagne en pouvoir de négociation comme en outils pour réussir ses négociations nouvelles pour lui.

À l'entreprise en somme, qui les paie tous les deux. Or ils ont tous les deux intérêt à travailler dans une entreprise qui fonctionne bien.

Et à moi qui suis sortie de cet entretien avec un pur sentiment de plénitude, contente de mon travail, fière de mon champion.

> Épilogue : Serge a quitté l'entreprise pour devenir... un de ses sous-traitants... La direction de la sous-traitance qu'il avait conçue conformément à ses valeurs, dans l'intérêt général, a été légitimée et transmise intacte, telle qu'il l'avait configurée. Il estime qu'il profite aujourd'hui encore du système qu'il a créé... favorable tant à l'entreprise, qu'aux sous-traitants : un système de coopération, un système bienveillant. Un écosystème humain durable.

FACE À LA GUERRE

J'ai longuement hésité à rapporter mes expériences de guerre. Pourtant je dois cette vérité au lecteur : l'incontestable puissance de la bienveillance stratégique ne saurait empêcher que se dresse de temps en temps sur son parcours, la résistance de son contraire. Dans la mesure où le stratège de la bienveillance joue la coopération, il n'anticipe pas la guerre. Elle surgit, dans des circonstances pas toujours prévisibles.

> La première guerre que j'ai eu le sentiment de vivre depuis la conception de ma stratégie, est née en même temps que la stratégie au cabinet qui, grâce à elle, sauvait le plus gros contrat de son histoire.
> Pendant les mois de conception et jusqu'au lancement, je sentais le cabinet me peser de plus en plus mais j'imputais cela à l'anxiété : tout s'arrangerait si je réussissais.
> À l'instant où j'ai su que c'était gagné, je me suis tournée en souriant vers une ligne hiérarchique que je m'attendais à trouver fière d'avoir fait le pari de me recruter, fière de m'avoir appris mon nouveau métier, fière de m'avoir confié la mission et offert l'occasion de me réaliser, choses dont je lui étais et reste très reconnaissante. Je visais des félicitations, une promotion, je n'en ai rien vu.
> Puis le cabinet prenait envers moi une succession de décisions qui me blessaient et que je ne comprenais pas. Jusqu'à ce que, recevant des réponses fuyantes à mes protestations, j'aie à tort ou à raison l'impression que le cabinet voulait garder mon travail et me faire disparaître. Je me suis sentie précipitée dans la guerre.
> J'ai interrogé ma stratégie : « Vois où tu m'as menée. Que dis-tu à présent ? »
> Bienveillance pour moi et pour elle, bienveillance pour le cabinet aussi, elle m'a répondu : « Mobilise ton énergie non à te battre contre lui, mais à repartir. Tes objectifs (félicitations, promotion) se dérobent ? Vise le rêve. Trouve celui que favorise cette situation. »
> Un rêve ? La liberté ! C'était cela que cet épisode me faisait désirer et à présent, j'avais ma stratégie pour la réussir.

> Pourvu que je parte « adoubée » par la coopération.
> Je me suis fait un nouvel objectif, « marque de passage » pour la liberté, de quitter le cabinet *revenu envers moi dans des dispositions de coopération.* Une expérience grandeur nature.
> En attendant, pour y arriver, j'avais à me préserver je le voyais bien, de... ma haine. J'en étais là après avoir produit une Stratégie de bienveillance ! La brûlante haine humaine me forçait dangereusement hors de ma stratégie. D'accord pour faire une priorité de m'en dégager, j'ai demandé à la stratégie de m'y aider concrètement. Elle l'a fait ![1].
> Fin 2003 je quittais pour la liberté, sereine, un cabinet qui... me demandait de continuer de coopérer avec lui au meilleur tarif !

Ma stratégie s'avérait donc capable de permettre à une personne seule de gagner face à tout un système.

---

1. Je raconte comment dans les chapitres suivants, p. 60 et 121.

D'une manière générale, la stratégie a
pour ambition de déterminer [...]
les principes fixes selon lesquels évaluer
le rapport de force et concevoir
par avance les opérations.

FRANÇOIS JULLIEN
La Propension des choses

4

UNE STRATÉGIE PERSONNELLE, À LA PORTÉE DE CHACUN

UNE STRATÉGIE CE N'EST PAS UN OUTIL, NI UNE MÉTHODE

LES MÉTHODES ET OUTILS DE COMMUNICATION ET D'ORGANISATION, de management et de développement personnel, de psychologie, tout autant que les outils des artisans et les machines des industriels, fournissent de la puissance. Mais une puissance pour aller dans quelle direction, où nous attend quel résultat ?

Grâce à la puissance offerte par les outils et méthodes, les résultats sont plus rapides ou d'une plus large envergure mais sont-ils agréables à leur auteur ? Et les satisfactions qu'ils offrent sont-elles durables ou immédiatement menacées ? Cela dépend moins du choix de l'outil ou de la méthode, que de la façon dont l'artisan dirige ses outils et l'industriel, ses méthodes.

Quand quelqu'un manie un outil, une méthode, un pouvoir, il obtient un résultat. Que ce résultat survienne vite ou progressivement, qu'il touche à la vie intime ou rayonne sur de larges spectres, il se décompose en résultat immédiat et résultat boomerang.

Or l'auteur du geste a besoin non seulement d'un bon résultat immédiat, c'est-à-dire d'un résultat immédiat qui lui plaise, mais aussi d'un bon résultat boomerang. Il a besoin que son environnement agrée son geste, puisque nul ne peut survivre, vivre et s'épanouir sans relation harmonieuse avec l'extérieur. Et il a besoin que de son geste et de la réponse de l'environnement, naissent encore des dispositions favorables : que le terrain loin de se rétrécir, se maintienne voire s'élargisse. Ce thème des chances de durer, thème du « développement durable », pour être au hit parade des préoccupations macro-politiques de ce début de millénaire n'en est pas moins une préoccupation légitime à l'échelle individuelle. Quels sont les comportements individuels performants tout de suite et dans la durée ? Question sans réponse fiable puisque la performance d'un comportement tient à sa pertinence face à des circonstances. Or les circonstances changent dans la durée, voire mutent.

Tenir la route dans la durée, sur tous terrains

Organiser son propre développement durable, c'est donc choisir et mettre en œuvre quelque chose qui tienne la route dans la durée, dans l'imprédictible. Ce qui est le cas d'une stratégie. Une stratégie, c'est une ligne de conduite à qui la permanence réussit, qui réussit à la permanence dans un monde plein de changements et de diversité.

Alors comment se conduire, chacun avec ses méthodes et outils, pour sortir la tête de l'eau, trouver sa sérénité puis son plaisir avec l'accord de l'environnement ? Quelle est la conduite la plus sûre ?

Et, pour partir léger dans ce parcours imprédictible dont une chose est certaine, c'est que nous l'espérons long et bon : quel est le plus petit dénominateur commun de ce qui réussit dans la durée ?

En partant de la stratégie d'Anatol Rapoport, je commençais avec l'accord des statistiques et de la biologie, avec l'accord des sciences. Et encore légère en outils ou méthodes, ce qui laisse chacun libre de choisir les siens.

En mettant cette stratégie en tension avec le texte biblique relu par une psychanalyste, j'avais l'accord – rarissime – de deux très grandes directrices de conscience. Et toujours la liberté des méthodes et outils.

Je m'imprégnais aussi de ce que je voyais ou avais observé de commun entre les champions sportifs, les artistes, les entrepreneurs qui montraient de la réussite et du bonheur. Et bien sûr, j'ai écouté intensément les récits de ceux qui étaient revenus des profondeurs : les survivants vainqueurs d'épreuves mortelles, volontaires ou involontaires.

À l'approche du terrain tactique avec lequel j'ai tenu à ce que ma Stratégie présente au moins une jonction, j'ai choisi de me centrer sur la parole. C'est un généticien[1] qui l'affirme ! La plus grande différence entre l'humain et le singe, c'est la grammaire, langage à double articulation qui fournit des données et du sens, conjugue et décline. Je me suis donc concentrée sur ce fondateur non seulement de la communication, mais aussi de l'identité humaine. Et là, j'ai reçu le secours des travaux de Marshall Rosenberg dont la Méthode de Communication Non Violente m'a fourni de quoi tracer une trame pour l'échange.

Quant au terrain – donc les outils et méthodes – du management et du développement personnel, ceux de la course automobile, au large ou en montagne, ceux des entraîneurs de sports d'équipe, de tennis et de golf, ceux de la création artistique et ceux, enfin, de la survie, ils ont aussi inspiré mon travail. Ils gardent toute pertinence, ma stratégie coopère avec eux, ils peuvent pour ceux que je connais y retrouver aisément leurs marques[2].

Laissant chacun, donc, libre de ses talents, outils et méthodes, j'ai cherché ce que tous ces gens et disciplines ont de commun, la ligne respectueuse des spécificités qui permet de survivre, vivre et s'accomplir. Quelle ligne de conduite permet de trouver de l'aisance à court terme *et* ménage les dispositions favorables pour le moyen et long terme ?

Je suis partie de la personne seule, là où elle est libre de ses décisions. Premier sujet de la coopération, je lui ai donné le nom que donne la grammaire à la première personne du singulier sous la forme du sujet : Je.

Ce Je porte la majuscule des noms propres, tant pour le distinguer de mes « je » personnels, que pour signifier que chacun peut y substituer son propre nom : son unicité. Que peut faire Je, pour obtenir le concours d'un premier Tu, puis d'un autre, d'un autre encore ?

---

1. A. Langaney, *La plus belle histoire de l'homme*, Seuil.
2. Quelques rapprochements à titre indicatif p. 261 à 283.

J'ai suivi les réponses les plus rationnelles d'une ligne de conduite suprêmement gagnante et lisible, celles d'Anatol Rapoport, aussi loin qu'elles m'ont répondu. Quand il m'a semblé qu'elles m'avaient livré tout ce qu'elles pouvaient, j'ai fait les derniers mètres en compagnie artistique. Je me suis tournée vers l'œuvre d'art qui, statistiquement aussi, a le mieux fait la preuve de sa capacité à rassembler... et à inspirer de la diversité : la Bible, rendue « traitable » par une lecture professionnelle libre de la question de la croyance, lecture du texte en langue originale simplement « élevé à 37° », température humaine.

Quand j'ai vu émerger une colonne vertébrale, il me restait à la formaliser de façon assez simple et opérationnelle pour qu'elle soit consultable même et surtout quand l'esprit, confus, en a besoin.

J'ai fait ce travail sans jamais cesser de vérifier ce que je formalisais, en m'aventurant dans des expériences personnelles et professionnelles de plus en plus libres et heureuses, en continuant d'observer et écouter ce – et surtout ceux – qui me semblaient, mieux que d'autres, construire cette réussite peut-être accidentée, durable pourtant, à laquelle chacun aspire.

> La puissance de la Stratégie de la bienveillance tient à ce qu'elle guide l'usage des atouts de chacun, chacun sur son terrain, vers un résultat satisfaisant et fécond en possibilités de nouveaux résultats satisfaisants.
> Elle le réussit en élevant la capacité individuelle d'initier et entretenir autour de soi un écosystème bienveillant, le microclimat favorable où naissent les chances.
> C'est un savoir-faire souverain pour la sécurité, le confort, le plaisir et le « développement durable » de chacun.
> Puis, par effet concentrique, de beaucoup.

Des repères dynamiques, exigeants et sûrs

La Stratégie de la bienveillance pose les repères d'une conduite personnelle exigeante et sûre qui s'adresse à chacun en personne originale engagée dans un parcours toujours original. Elle offre à cette originalité de pouvoir choisir et créer sa façon de traverser les calmes, la brise et les tempêtes, pour aller le plus vite et le plus sûrement possible, là où il lui importe d'aller.

Elle a pour vocation, au plus près du stratège, de faire de lui le premier exploitant de ses propres talents au service de ce qui le motive. Or chacun a besoin, pour révéler et exercer pleinement son talent, de forces et de qualités : d'autres talents qu'il n'a pas et qui pourtant existent autour de lui.

– Que puis-je faire, à moi tout seul, toute seule, pour augmenter mes chances que mon environnement coopère à ce que je me souhaite le plus ?
– Que puis-je faire pour rencontrer ceux qui en auront envie et le feront d'une façon qui me convienne, sachant que s'ils n'en ont pas envie, je ne peux rien faire contre cela ?
– Que puis-je faire, dans le périmètre des pouvoirs qui sont les miens (ceux que j'ai sur moi-même), pour réussir dans le plus de rencontres possible, le plus possible de complémentarités ? Comment jouer de mes analogies et différences, pour que le plus de rencontres possible me rapproche de mon idéal personnel ?

Exercer ce pouvoir est possible et c'est possible dans un environnement où chacun cherche sa réussite : les résultats du joueur de Donnant-donnant en fournissent une preuve rationnelle éclatante. C'est possible à chacun en toute autonomie, même s'il est le premier ou le seul à s'y aventurer : le joueur de Donnant-donnant, qui gagne les deux manches sans jamais rencontrer un autre joueur de cette stratégie, le prouve. Le grand, l'immense bonus alors – au point de pouvoir être un objectif à part entière – c'est qu'alors un premier, puis un deuxième, puis d'autres cercles accueillants et libres, excitants, se mettent en place autour du stratège.

Alors qu'est-ce qui est du pouvoir de Je, joueur de Donnant-donnant et de Je, vous, moi, aux prises avec le réel ?

– Quelles conditions réunir ?
– Sur qui compter ?
– Comment se situer ?
– À quelles forces nécessaires et suffisantes se fier ?
– Quels mouvements nécessaires et suffisants maîtriser, articuler ?

– Que faire si l'autre oppose un refus de coopérer prévisible ou inattendu, isolé ou insistant ?
– Que faire aussi pour que ces refus soient le plus rare ou le plus indolore possible ?

À quoi tout cela ressemble-il dans la vie ? Quelles illustrations peuvent inspirer la vision personnelle de chacun, pour qu'il lui soit un peu plus facile de construire et déployer sa façon personnelle de révéler dans la sécurité des forces, ses propres mouvements, son propre savoir faire, son style de réussite ?

Bienveillance pour le lecteur, chacun peut y entrer dans l'ordre qui lui semblera le plus facile, utile, parlant, urgent. Puis naviguer au fil de son besoin à différents niveaux de synthèse, de précision et d'illustrations dans l'art de faire avancer ses rêves.

★ *Récapitulons* ★

UNE STRATÉGIE PERSONNELLE DE COOPÉRATION, DE COMPÉTITION !

Une stratégie...

Ni méthode, ni outil, une stratégie est une ligne de conduite générale qui conduit les éléments d'un ensemble vers leur réussite, alors que les circonstances du parcours sont imprédictibles.

Elle pose les repères nécessaires et suffisants pour que chaque élément (et ses méthodes et outils) :

- trouve sa trajectoire haute : heureuse expression de chaque génie particulier, tracée par chacun dans le libre exercice de son génie propre ;
- rejoigne la trajectoire haute des autres et y trouve sa complémentarité ;
- se réussisse en faisant réussir un ensemble qui élève encore plus haut les réussites élémentaires qui le composent.

... personnelle...

Je l'ai voulue efficace à l'échelle personnelle, sans qu'il y faille la permission d'autre que soi-même. Car chacun est seul quand se pose la question de décider de sa conduite en face de l'autre, choisi ou non, qui est là.

Partenaire personnelle du stratège, ma stratégie n'est exigible que de soi-même, inexigible donc des autres, qu'elle n'a ainsi nul besoin de soumettre.

... de coopération

Co : ensemble, + *op* (indo-européen) : activité productrice, *ops/opis* (latin) : opulence, ressource, force, aide.

Coopérer : opérer ensemble, mettre nos forces en commun pour produire en abondance ce qui nous ressource.

et de compétition !

Ma stratégie s'oppose à la guerre qui se nourrit de détruire l'environnement. Et elle est l'amie de l'excitante compétition.

Elle prend sa source dans la plus compétitive des stratégies : celle du mathématicien A. Rapoport, vainqueur d'un tournoi historique sur la façon de jouer ses rencontres.

Et elle offre à l'esprit de compétition l'excitant défi de reconquérir les terrains occupés par les guerres pour que les humains, désormais aux commandes de la nature dont ils sont nés, puissent s'élancer avec elle plus loin, plus longtemps encore.

Partie II LES CONDITIONS, LES PERSONNES, LE TERRAIN

Soyez le changement que vous voulez
voir en ce monde.

GANDHI

5

SIX CONDITIONS STRATÉGIQUES

DONNANT-DONNANT donne deux types de pistes à partir desquelles construire une stratégie personnelle de coopération :

– des conditions de réussite

– des valeurs, forces ou lois.

Entrons avec prudence dans le risque de la bienveillance et commençons par reprendre une à une les conditions dans lesquelles la coopération définie par Donnant-donnant construit son succès.

Et voyons où cela nous mène dans le réel.

PREMIÈRE CONDITION : OSER LA BIENVEILLANCE STRATÉGIQUE

La bienveillance est la caractéristique première de Donnant-donnant, et aussi la caractéristique commune la plus saillante des stratégies en tête de score dans le tournoi : elles n'attaquent pas la première. Néanmoins même au jeu, ces stratèges ont dû commencer par *croire* assez à la bienveillance et jouer la coopération sans savoir encore ce que l'autre jouera, dans quelles dispositions est l'autre.

Étrangement, l'attitude statistiquement la plus sûre ne peut se mettre à l'œuvre sans qu'y préside l'énigme d'une croyance… coopération donc, entre croyance et expérience…

Comment croire que la bienveillance est la meilleure stratégie pour se réussir dans la vie alors que nous avons tous expérimenté au moins une fois combien il en coûte de s'avancer la main ouverte vers quelqu'un qui a résolu de nous dépouiller ?

Je peux, dans certains environnements, y croire comme les enfants y croient : naturellement, spontanément, instinctivement, par conscience de ma propre fragilité, par besoin des autres, par besoin de paix.

> C'est ce qui semble avoir guidé **Frank Moulet**, le jeune homme qui en janvier 2004 avait été jeté en prison américaine pour avoir dit « *my shit don't explode* » à une hôtesse américaine en pleine crise irakienne. Il rapporte qu'atterrissant éberlué, seul Français dans une cellule collective, il a spontanément cru aux conseils et à la protection des autres détenus. Et s'en est bien trouvé.

Je peux y croire comme y croient les entrepreneurs et les économistes qui savent que la prospérité est fondée sur la confiance, une confiance certes parfois trahie, ce qui donne à penser qu'elle est la base et non l'exception.

Je peux y croire par culture personnelle, par goût, y croire avec le réalisme suisse : « l'union fait la force. »

Je peux y croire toujours ou y croire de temps en temps, y croire avec chacun ou y croire avec quelques-uns ou encore y croire avec tous sauf quelques-uns.

Chacun sa croyance dans ce domaine et c'est pour chacun à chaque instant une affaire personnelle, individuelle, une question de conscience de sa puissance d'influence, de ses forces dans la coopération, d'évaluation de ses chances dans tel ou tel environnement, de perception des signes qui émanent de tel ou tel et indiquent s'il jouera toujours l'attaque ou s'il y a des chances qu'il vienne à coopérer.

À chacun de choisir son risque :

- Croire dans la stratégie de coopération ou de bienveillance jusqu'au bout et se risquer avec elle vis-à-vis d'interlocuteurs indécis. Tenter une avancée de la coopération en milieu incertain, savoir s'y protéger pour tenter la chance que l'autre finalement coopère. Être alors prêt à perdre et se comporter en gagnant : savoir, en cas d'échec, se désinvestir vite de cette relation et réengager tout aussi vite son énergie ailleurs. Donnant-donnant prouve que dans un échantillon d'humains déterminés à réussir, le gisement de ceux qui sont plus intelligents que malveillants est largement suffisant pour suffire à la réussite du stratège.

– Rester en deçà de la main, attaquer à partir d'un malentendu ou un interlocuteur simplement maladroit, perdu. D'un sain désaccord faire un conflit de plus. Se lancer dans ce conflit à corps perdu, gagner quelque chose en cas de victoire, gagner aussi un ennemi et « si je perds je ne sais pas ce que je fais ». Peut-être passer à côté d'une grande avancée commune pour avoir protégé un petit acquis individuel.

Chacun prend dans ce domaine ses responsabilités. Il reste que la coopération stratégique suppose que quelqu'un commence par y croire, quitte à ce que ce soit en univers hostile (où la bienveillance est à la fois insolite et précieuse), quitte à ce que ce soit par un stratège débutant qui prend le risque de faire exister le premier ce qu'il espère.

> Rob Axelrod rapporte dans son livre comment lors de la première guerre mondiale certaines tranchées ennemies ont cessé de s'attaquer à l'heure des repas, puis entre les repas, prenant de chaque côté le pari que le camp adverse comprendrait... De chaque côté quelqu'un a osé y croire le premier, osé appeler ses compagnons à y croire et, dans cette croyance-là, arraché à la guerre quelques journées de paix. La coopération s'est ainsi installée entre lignes anglaises et allemandes... au point que quand dans cette paix informelle un obus allemand est parti, un Allemand a immédiatement présenté des excuses aux Anglais qui les ont acceptées : chacun pouvait continuer d'y croire. Cette coopération a continué jusqu'à ce que les états-majors interviennent : elle n'était ni de la politique d'un camp ni de celle de l'autre...

Croire la coopération a priori possible, c'est l'esprit même de la civilisation. C'est ce qui fonde la vie sociale, l'industrie et le commerce, la philosophie, les arts, les jeux et les sports.

Si la coopération réalisée dans la complexité de la vie avec la simplicité stratégique de Donnant-donnant est la façon la plus efficace et certaine de réussir, elle suppose que quelqu'un y croie. Et comme Je n'ai aucun contrôle sur la croyance de l'autre, si Je veux obtenir les fruits de la coopération, la seule chose certaine que Je puisse faire et initier, c'est d'y croire moi-même.

Et ceci même si elle n'est pas toujours victorieuse, même si existent aussi la guerre, la manipulation et la corruption, cette forme dégénérée de coopération qui consiste à s'entendre à quelques uns pour, ensemble, épuiser l'environnement. Face à ces fléaux justement, quelle meilleur antidote que la coopération de forces aux natures et caractères différents, capables de se faire gagner les unes les autres et d'accueillir dans leur prospérité toujours plus d'autres ?

Ainsi à l'échelle générale et dans l'abstraction de la masse, la coopération s'avère la meilleure option.

Mais à ma mesure personnelle, comment y croire assez pour m'y risquer ? Comment, acceptant de croire en principe et en général à la supériorité de la bienveillance, la réussir en pratique et en particulier ?

Certes Donnant-donnant a rencontré pour gagner dans la bienveillance assez de joueurs qui, voulant gagner, ont été plus intelligents que malveillants et, avec elle, ont choisi de coopérer. C'est très rassurant statistiquement : j'ai des chances de rencontrer moi aussi assez de joueurs de ce type pour gagner.

Je veux bien, donc, satisfaire à la première condition : croire dans la bienveillance comme base stratégique pour me réussir.

En même temps, pour satisfaire à cette condition, j'ai besoin de savoir quelles… conditions mettre en place pour avoir le même effet positif sur mon environnement, qu'Anatol Rapoport jouant Donnant-donnant dans le tournoi.

DEUXIÈME CONDITION : RENCONTRER LA FACETTE DE L'AUTRE QUI OSE LA BIENVEILLANCE

Donnant-donnant a besoin de rencontrer des réponses coopérantes – bienveillantes, au moins de temps en temps : si tous les joueurs jouaient l'attaque en permanence, Donnant-donnant, qui coopère d'abord et répond ensuite en se calant sur ce que vient de jouer l'autre, ne remporterait absolument aucun point, tandis que l'autre joueur remporterait seulement le bénéfice de son premier coup.

Le fait que Donnant-donnant ait gagné ses manches parmi un grand nombre de joueurs indique qu'il y a statistiquement assez peu de personnes qui ne veulent absolument pas coopérer.

Encore faut-il rencontrer ceux qui veulent coopérer… ou rencontrer chez les autres, le désir de coopérer.

Si je cherche à coopérer avec quelqu'un qui a choisi de m'attaquer, la coopération est impossible sauf s'il change de choix. La stratégie de Donnant-donnant montre que sur le seul plan stratégique, il est pourtant possible d'obtenir d'un a priori non coopérant ou faiblement coopérant, qu'il choisisse de coopérer vraiment, sûrement, régulièrement.

Certes, ce non ou faiblement coopérant ne deviendra pas forcément un initiateur de la coopération ni un coopérant tous azimuts. Mais il y a des chances qu'il en vienne à coopérer régulièrement avec vous si, à la première occasion qu'il vous offre (s'il coopère poussé par les circonstances), vous réagissez en répondant par la coopération, lui donnant ainsi l'occasion de comprendre comment vous jouez. Ou s'il voit d'autres joueurs réussir avec vous dans la coopération.

> Quand j'accompagne des séparations, c'est souvent avec des salariés qui n'ont plus envie de jouer la coopération avec leur entreprise parce qu'ils ont le sentiment que l'entreprise a cessé de coopérer avec eux. L'essentiel du travail est alors d'inviter mon client à rester un joueur de Donnant-donnant : accepter ce que l'entreprise, bien sûr dans son propre intérêt et dans le respect des lois nationales ou du marché, fait comme geste vers eux. Et coopérer avec ce geste dans l'intérêt de l'un et de l'autre. La tentation est grande à ce moment-là de ne plus rien accepter qui vienne spontanément de l'entreprise : pour s'offrir le luxe de l'envoyer promener. Mais le jeu n'est pas terminé. Même dans cette partie particulière, répondre à la coopération par la coopération paye.
>
> Toutes les personnes que j'ai vu quitter leur entreprise après des épisodes plus ou moins douloureux, mais dans un processus de coopération, sont sortis plus facilement, plus sereins et donc beaucoup plus employables que ceux qui sont sortis dans le conflit. Pour l'expérience que j'en ai, les joueurs de Donnant-donnant en sortie d'entreprise ont tous reçu rapidement une proposition qui leur a plu et convenu. Ils étaient restés, ou redevenus, coopérants avec le système économique dont ils attendaient leur nouvel emploi.

Que faire pour que mon environnement coopère avec moi ?

Si vous choisissez d'initier la coopération

En commençant toute relation dans la coopération et en répondant à toute coopération par de la coopération, vous êtes initiateur de la coopération.

Vous prenez alors, plus qu'un autre, le risque d'être dupé sur un premier coup. Vous pouvez prendre ce risque si vous savez d'avance comment vous comporter dans ce cas : en interrompant immédiatement et systématiquement votre comportement coopérant. Ainsi, pas de risque d'hémorragie.

Ces principes vous permettent :

- de réussir dès le départ avec tous les joueurs prêts à coopérer ;
- de décourager les attaques ou défections des autres joueurs dès qu'elles se manifestent.

Le stratège de la bienveillance, comme le joueur de Donnant-donnant, se fait respecter au coup par coup et au jour le jour en accueillant clairement la coopération par la coopération, et en refusant clairement de coopérer aux refus de coopération. La conséquence de ce comportement et ce qui fait son caractère stratégique est qu'alors, face à lui, les autres joueurs se mettent à coopérer.

Réaliser cela immédiatement, systématiquement est plus difficile dans la vie que dans le jeu. Mais c'est possible et le stratège qui a désarmé en l'autre la facette agressive rencontre alors naturellement celle qui est prête à coopérer.

Attention

Refuser de coopérer aux refus et attaquer sont dans la vie, contrairement au jeu, deux choses différentes. Si vous répondez aux refus de coopération par une attaque, vous initiez une spirale de la violence très loin de la stratégie. Ce dont il s'agit ici, c'est de refuser de coopérer aux refus de coopération et de s'en tenir à cet équilibre exact. C'est beaucoup plus facile à faire dans le tournoi, où le joueur n'a que deux options de jeu, que dans la vie réelle. Mais patience : c'est possible.

Le jeu en vaut la chandelle. Repéré très tôt comme un joueur qui coopère et sait se faire respecter, le stratège réussit plus de grosses parties ou, pour sortir de l'esprit de compétition, en réalise autant qu'il est possible. Il exploite à fond le potentiel de coopération de son environnement... qui prospère avec lui, et donc lui fournira probablement de nouvelles occasions de coopérer. Vous ne gagnez pas à chaque coup, mais en jouant toutes les chances de coopérer, vous augmentez vos chances de rencontrer des coopérants.

Vous avez répondu à la question : « Comment faire pour influencer mon environnement de sorte qu'il coopère avec moi ? » Sans pour autant avoir résolu une question plus radicale : « Comment faire pour être sûr que l'autre coopère à tous les coups avec moi ? »

Regardons si les autres choix y répondent.

Si vous attendez que la coopération vienne à vous

Être attentiste par rapport à la coopération c'est au premier flou, malentendu ou désaccord, jouer en attaquant. Éviter ainsi le risque de la plus grosse perte au cas où l'autre attaquerait. Et courir la chance du plus gros gain au cas où il coopérerait.

À ceux qui pensent cette stratégie bien plus maligne, j'affirme qu'elle l'est surtout au sens clinique du terme : elle est en effet toxique à qui l'abrite.

Car à cette attaque l'autre joueur, stratégique ou non, riposte immédiatement. Or comment allez-vous distinguer s'il s'agit là d'une riposte stratégique et de coopération, ou d'une attaque guerrière et de destruction ? Il y a peut-être un stratège coopérant, mais vous n'êtes pas en mesure de le voir.

Attaquer le premier, c'est brouiller les pistes qui permettraient de détecter l'arrivée de la coopération. C'est tout faire pour la confondre avec la guerre et, du coup, initier une guerre qui n'était peut-être pas le projet de l'autre :

– c'est engager l'autre à devenir votre adversaire et entrer dans la guerre, à l'issue aléatoire ;
– c'est courir à l'humiliation d'avoir initié et organisé votre propre défaite si en face de vous se tient un stratège de la bienveillance.

Dans le cas où il n'y a pas de riposte, que gagnez-vous ? Quelques points d'avance sur ce coup, certes. Et après ? Après, la tentation de recommencer. Si l'autre joueur refuse ce jeu, il vous attaque en retour et vous voici dans la guerre. S'il accepte ce jeu, vous l'épuisez. Quand il sera épuisé vous n'aurez plus personne en face de vous. Ayant mangé l'autre, vous resterez seul.

Attendre que la coopération vienne à soi, c'est courir le danger de se forger un monde binaire partagé entre plus forts que soi avec qui rencontrer le danger de la guerre, et moins forts que soi qui, de plus en plus faibles, ont de moins en moins à offrir... À moins qu'ils ne vous quittent et, refaisant leurs forces loin de vous, ne deviennent un danger potentiel. Un monde dangereux d'un côté, pauvre de l'autre. Qui veut vivre dans ce monde-là ?

Si vous confondez coopération et immolation

Se laisser, au nom d'une bienveillance dévoyée, dépouiller sans réagir, c'est clairement inviter l'autre à attaquer : tant que vous avez encore quelque chose à offrir, votre interlocuteur gagne plus à vous piller qu'à coopérer avec vous.

Si vous mettez une dimension morale (le « bien ») à votre caractère inoffensif, je vous invite à ajouter à votre argumentaire le fait que vous êtes une tentation vivante. Ainsi vous générez activement des vocations à ce que vous jugez probablement être « mal », puisque vous n'y avez jamais recours.

C'est aussi donner le spectacle d'une personne qu'il est intéressant de traiter de la sorte. Ainsi à vous laisser détrousser par l'un, vous invitez à le rejoindre tous les spectateurs qui pourraient convoiter chez vous quelque chose qui n'aurait pas intéressé le précédent.

Je laisse chacun interroger sa morale : est-ce « bien » que provoquer autrui à se comporter en « mal » ?

Si vous tentez d'échapper au choix

À qui croit pouvoir échapper au choix, il reste le brouillon de la coopération.

Attaquer de façon aléatoire au gré de vos humeurs, en fonction de votre score, puis coopérer pour des raisons toujours aussi aléatoires au regard de l'autre, c'est décourager votre environnement de se montrer sensible à votre jeu. C'est peut-être aussi l'inviter à vous attaquer par prudence, dès que possible.

Si votre humeur dépend des accords que vous obtenez de l'environnement, alors vous entrerez en guerre contre quiconque, par un désaccord, relèvera une de vos erreurs, ce qui pourtant est d'excellente coopération.

Si votre score est en retrait et que vous estimez légitime d'attaquer quiconque a mieux que vous – effet de la jalousie – alors tous ceux qui jouent mieux que vous et dont vous pourriez apprendre et progresser s'éloigneront de vous. À moins que vous ne les ayez déjà provoqués dans un conflit où vous risquez fort de perdre.

Si au contraire vous décidez de ne coopérer qu'avec ceux qui ont un meilleur score, vous vous mettez dans la dépendance de meilleurs que vous, quel que soit leur comportement à votre égard. Ce qui ne vous enrichit pas automatiquement. Et finira par vous humilier.

Aucune attitude n'est plus performante que celle qu'inspire Donnant-donnant. Influencer son environnement pour qu'il coopère avec soi est le maximum qu'il soit permis d'attendre de la coopération. 100 % de sécurité n'existe pas. Mais ce qu'offre la coopération est déjà très supérieur à ce qu'offrent les autres stratégies.

Rencontrer quelqu'un tout disposé à coopérer avec soi est une chance.

Tenter et entretenir cette chance est le mieux que chacun puisse faire. Et ce mieux est d'une puissance considérable. Plus les milieux sont perturbés, plus il est précieux de savoir identifier, inviter et entretenir la chance de coopération avec chacun. Avec les aficionados de la coopération, avec ses opportunistes.

Il est tout aussi précieux d'identifier et respecter les limites de chacun. Quand le milieu vous semble très perturbé, vous pouvez vous attendre à ce que l'aficionado que vous avez repéré soit éprouvé d'une façon ou d'une autre et que les opportunistes de la coopération vous offrent un concours limité.

C'est pour cela que savoir repérer et rencontrer vite ou souvent la facette qui, en chacun de vos interlocuteurs, est prête à coopérer, est une condition pour gagner dans la coopération.

TROISIÈME CONDITION : SE VOIR UN AVENIR COMMUN

Dans le tournoi, Donnant-donnant ne gagne que si les joueurs sont placés dans la perspective d'échanger un grand nombre de coups. En effet, s'il n'y a qu'un ou deux coups à jouer par exemple, si les joueurs ne font que se croiser, Donnant-donnant qui commence dans la bienveillance n'a pas de chances face aux stratégies agressives d'emblée, qui raflent les points dès le départ. Et si les stratégies agressives ignorent qu'il y a un grand nombre de coups à jouer, croient toujours que c'est le dernier coup, elles n'ont rien à gagner, donc aucune raison de s'infléchir pour coopérer avec Donnant-donnant.

Sans avenir, pas de perspective, pas de développement possible... peut-on encore parler de stratégie ?

Pourquoi coopérer avec quelqu'un avec qui je n'ai aucun avenir ?

Notre avenir commun peut n'être que trois heures dans un train, un repas à partager, il peut être aussi un marché à gagner, un projet à réaliser, une étape de vie professionnelle ou encore des années de voisinage, une vie de couple ou de famille...

Dans le jeu comme dans la vie, pour que le choix de coopérer l'emporte sur celui de tenter de dépouiller l'autre, la vision d'un avenir ensemble est une condition stratégique.

> Ce qui a rendu possible la coopération spontanée entre soldats ennemis dans les tranchées, c'est justement qu'il s'agissait d'une guerre de tranchées : d'une guerre d'immobilité, où le face à face promettait d'être long.

La vision de l'avenir ensemble peut être floue, elle peut être au contraire très précise. Mais la notion de durée, l'idée que nous nous reverrons, le projet de mémoire est une condition de coopération, autant que la coopération est une condition pour durer.

Il est performant aussi, pour l'expérience que j'en ai, de coopérer même sans avoir la garantie de revoir l'autre.

Question de probabilités : même sans promesses de se revoir, nous pouvons nous retrouver, directement ou indirectement et chacun a intérêt à préserver ses chances que ces retrouvailles soient renforcées par le passé commun, plutôt qu'affaiblies par lui.

Question aussi de permanence : je peux pressentir que j'ai rendez-vous dans l'avenir, avec une vision de moi que je suis en train de construire. Rendez-vous avec la vision que j'aurai de demain en me considérant hier. C'est le fond de l'estime de soi qui se joue là, estime de soi qui participe de la sérénité, donc des chances de réussite.

QUATRIÈME CONDITION : JOUER LA BIENVEILLANCE STRATÉGIQUE DANS TOUTES SES RENCONTRES

Pour gagner sur les autres stratégies, moins bienveillantes, moins réciproques, moins claires, Donnant-donnant a besoin d'un grand nombre de joueurs.
Nous avons vu qu'à deux Donnant-donnant souffre d'un léger retard issu du coup où Donnant-donnant a pris le risque de coopérer avec un joueur qui l'aura attaqué. Ce retard est infinitésimal en comparaison des écarts que creuse Donnant-donnant en réalisant avec tous les joueurs qui la comprennent, de grosses parties. Encore faut-il qu'elle puisse tenter sa chance plusieurs fois. En réalité, plus il y a de joueurs et plus il y a de coups, plus Donnant-donnant est fiable.

Tant mieux si Donnant-donnant a besoin d'un grand nombre de joueurs, parce que dans la vie réelle chacun fait un très grand nombre de rencontres.

Tant mieux aussi parce que dans la vie, la quantité de qualités nécessaires à compléter les vôtres est infinie.

Donc plus vous avez autour de vous de ressources faciles, d'accord pour coopérer avec vous, plus vous pourrez vous concentrer sur vos propres qualités, les cultiver, en faire votre monnaie d'échange avec les qualités des autres – or cela vous est facile – au bénéfice des autres.

Sans être un forcené du réseau, tout en respectant le « possible » pour vous, la diversité sécurise considérablement l'option stratégique de la coopération.

La biodiversité est une condition fondamentale de perpétuation de la vie biologique dont nous sommes issus, à laquelle nous appartenons. La diversité humaine en fait partie et, puisque l'évolution de notre espèce a voulu que nous rencontrions de plus en plus de gens, il y a de fortes chances pour que notre réussite dans ce contexte, nécessite plus qu'un ou deux interlocuteurs dans la coopération.

La diversité de vos coopérations vous permet d'accepter paisiblement qu'un interlocuteur arrive dans ses limites de coopération. Elle permet ainsi de rester durablement en coopération avec chacun pour ce qu'il peut offrir, en acceptant qu'il ait des limites. Les limites de l'un ne sont pas celles de l'autre. Être stratège de la coopération, c'est aussi articuler autour de soi des relations complémentaires.

À chacun ses limites, tandis que nos besoins sont aussi illimités que nos ambitions, fussent-elles de paix, de gloire, d'amour et amitiés, de sublime idéal, de perfection ou d'improvisation.

La diversité de vos coopérations offre à chacune de l'air pour respirer.

La diversité démultiplie vos chances de trouver des réponses aux besoins que vous êtes seul à connaître…

La diversité enfin offre une très précieuse liberté : celle qui permet de rompre avec un interlocuteur malveillant. L'interlocuteur qui ne sait pas gagner autrement qu'en calomniant, saccageant ou pillant, ne calomnie saccage ou pille que ceux qu'il voit faibles, isolés.

Une diversité de coopérations éloigne la plupart des démarches prédatrices. Vous n'êtes pas seul, donc vous êtes plus fort qu'un prédateur seul, il le sait. Le prédateur intègre cette donnée dans sa stratégie : même doux vous êtes fort ! Il passe son chemin.

Ou bien le voici qui, avec vous, choisit de jouer l'alliance plutôt que l'attaque, tel tous les joueurs sensibles qui ont, avec Donnant-donnant et avec cette seule stratégie, infléchi leur propre stratégie.

En multipliant vos coopérations, vous tenez en respect les joueurs qui ont besoin de percevoir de la force pour offrir du ménagement et des égards. C'est pour cette raison que coopérer avec le plus grand nombre de sujets possible est une condition de coopération : autrement, vous passerez un jour ou l'autre sous la coupe d'un brutal.

Cette idée de multiplication des coopérations est à prendre dans son aspect mesuré, en fonction de votre sensibilité et de vos besoins (bienveillance pour vous-même). L'idée est de coopérer avec plusieurs, pour ne jamais être enchaîné à un seul ; pour pouvoir refuser votre coopération à qui vous épuise. Pour refuser par exemple, de coopérer avec l'éventuel désir de l'autre de vous piller, de vous anéantir ou de nouer avec vous un conflit.

La multiplication des coopérations est la meilleure réponse à l'épineuse question : que faire si l'autre ne veut vraiment pas coopérer ?

Vous ne pouvez absolument rien faire si vous rencontrez la jalousie qui génère chez l'autre une totale impossibilité de coopérer avec vous, parce qu'il lui est insupportable de vous voir progresser. Le problème alors n'est pas chez vous mais chez l'autre, ce qui fait que vous n'avez aucun pouvoir dessus.

Quand vous avez apporté à l'autre des avantages factuels : mesurables, vérifiables.

Quand vous lui avez proposé plusieurs modalités de retours et que la réponse est non, sans aucune proposition alternative correspondant à vos besoins.

Si en plus cet autre agit de façon à vous faire reculer ou piétiner par rapport à votre objectif, nie vos qualités tout en s'en nourrissant, ignore vos besoins, alors plutôt que de coopérer à une relation qui va vers votre anéantissement, vous pouvez oser un diagnostic de non-coopération. Et quitter.

L'attitude la plus efficace dans ce cas est de traverser la période de deuil de cet espoir de coopération le plus proprement possible. L'idéal étant, plutôt que de lancer votre énergie dans la guerre, de couper le contact. Or pour pouvoir couper ce contact, vous avez besoin d'en avoir d'autres.

Vous ne pouvez donc pas envisager une vie de coopération sans développer votre bouquet de coopérations.

Alors vous êtes libre, plutôt que de vous laisser manger par l'autre ou par un conflit, si c'est tout ce que l'autre vous propose comme avenir commun, de « partir en secouant la poussière de vos souliers ».

Un patron, actionnaire principal d'une petite entreprise qui gérait son personnel à la limite du découragement, déclarait sans mesurer l'énormité de son aveu : « Il faut quand même de temps en temps leur donner des raisons d'espérer, sinon ils peuvent partir. » Quelques mois après, la plupart – les meilleurs – sont en effet partis et la petite société a rudement accusé le coup.

Ceux qui sont partis avaient, selon leurs goûts et leurs situations :

– assez bien coopéré avec les chasseurs de tête (en leur répondant systématiquement, en leur donnant de leurs nouvelles, en leur envoyant des contacts adaptés lors de recherches qui ne les intéressaient pas directement) pour en être connus et appréciés ;

– assez bien coopéré avec les instances professionnelles pour y être connus et appréciés ;
– assez bien coopéré avec la presse professionnelle pour s'être construit une notoriété dans le métier ;
– assez bien coopéré avec leurs collègues pour que ceux qui avaient bougé parlent d'eux de façon positive à l'extérieur ;
– assez bien coopéré avec un noyau de collègues pour partir à plusieurs fonder ailleurs leur société ;
– assez bien coopéré avec leurs clients pour que ceux-ci aient envie de les suivre où qu'ils aillent.

Si vous n'avez jamais rien fait d'autre que vous soumettre à un pouvoir qui vous pèse, sans coopérer activement, librement avec l'extérieur, vous êtes prisonniers et, sans le savoir, complices d'une relation malveillante.

Chacun est entouré de gens plus puissants et moins puissants que soi, meilleurs et moins bons coopérants que soi. Il peut suffire d'avoir établi avec quelques-uns d'entre eux une relation de coopération pour trouver, ailleurs qu'avec un non-coopérant beaucoup plus puissant que soi, la satisfaction de ses besoins. Et en sortir libre, fort.

Retrouver ma sérénité au cabinet après le lancement de la stratégie revenait concrètement à prendre mes distances avec le chef de projet qui contrôlait l'essentiel de mon plan de charge : quitter mes deux principaux et très chers clients et... vider mon plan de charge. Ce qui dans ce métier est l'antichambre du chômage. Pourrais-je repartir de zéro assez vite ? Normalement, non. Mais j'avais ma stratégie qui estimait ce pari meilleur que continuer à souffrir une relation où je me détruisais.
Je n'ai pas eu le temps de m'inquiéter réellement. Le temps que je passe mes dossiers, deux de mes consœurs remplissaient mon agenda.
Fabienne, excellente commerciale grâce à un sens très aigu de l'opportunité, savait vendre ce qu'elle ne pouvait tenir, voire même ce que personne ne se sentait rassuré de tenir. Elle a très vite compris son intérêt à travailler avec moi depuis qu'avec ma stratégie, j'étais devenue capable de réaliser ce qu'elle vendait. Elle m'a alimentée de ses contrats délicats, importants et de mon point de vue, passionnants. J'ai senti aussi les limites de notre relation, mais elles contribuaient au service que me rendait Fabienne : ce n'était pas par amitié qu'elle marchait avec moi, mais par intérêt. Donc ce que je faisais était intéressant, même si le cabinet me donnait des signes qui m'en faisaient douter. Grâce à Fabienne j'avais de quoi reprendre confiance en ma Stratégie et en moi.
Et **Claire**, initiatrice de coopération, consultante qui croit vraiment dans la coopération et s'intéressait à mon travail en amie, en artiste. Elle a pris le risque de m'introduire chez un client dont elle avait la responsabilité pour que j'y lance la Stratégie. Elle savait que ma relation avec le cabinet était très

tendue et qu'il pouvait à tout instant mettre dans mon vase la goutte d'eau qui me ferait renoncer à cette intervention-là aussi. Nous avons travaillé ensemble plusieurs mois à proposer à son client d'aborder son problème par l'angle de la coopération, en formant son personnel à la Stratégie. Une première fois la hiérarchie du cabinet est intervenue en imposant à Claire des dispositions qui me mettaient au bord de la rupture. Je lui ai dit, triste : « Je vais bientôt être dans une position impossible avec toi aussi. » Elle m'a répondu : « Jamais ». C'était une chose que Fabienne me confie des missions, c'en était une autre, aussi nécessaire, aussi vitale et fort différente, que Claire s'engage personnellement de cette façon. J'ai repris pied là-dessus aussi et, plutôt que me sentir forcée soit d'accepter une situation inacceptable pour protéger Claire, soit de me mettre en situation difficile avec elle, j'ai pu réfléchir sereinement et, dans la liberté que m'avait donné son « jamais »... découvrir que je pouvais librement accepter ce qui se passait. Puis est venu le jour où le cabinet a en effet versé la goutte d'eau qui faisait déborder le vase de ce que je pouvais accepter, Claire l'a compris en même temps que moi. En effet, j'ai quitté la mission – ce qui m'était possible puisque Fabienne me donnait de plus en plus de travail. Claire néanmoins ne pouvait plus remplir la promesse sur laquelle elle s'était engagée envers son client, mais la coopération entre nous n'était pas rompue. Nous n'étions pas fâchées, ni elle parce qu'elle était en position difficile, ni moi pour me justifier de l'y avoir mise. Alors, dans le respect de l'une et de l'autre, nous avons ensemble cherché puis trouvé une solution. Il n'y en avait qu'une, meilleure encore que l'initiale : j'ai formé Claire et cette championne de la coopération a porté elle-même la stratégie chez son client... avec brio !

Les coopérations de Fabienne et Claire, qui pourraient se juger financièrement et affectivement très différemment, m'ont été d'un strict point de vue stratégique également indispensables et complémentaires pour traverser une période difficile et décisive pour moi.

Grâce à la coopération des qualités si différentes de ces deux consultantes qui n'avaient ni l'une ni l'autre de pouvoir hiérarchique dans le cabinet, j'ai pu tenir et, quelque temps après, partir.

La force de la coopération est de se créer un environnement prospère dans lequel prospérer soi-même. Le coopérant alors est plus fort : il a une certaine influence sur un environnement prospère, ce qui est une protection en soi.

CINQUIÈME CONDITION : SE LIBÉRER DU DILEMME DOMINATION-SOUMISSION

Donnant-donnant joue et gagne à l'écart des marécages où s'embourbent domination de l'un et soumission de l'autre. Insoumise, elle se garde de perdre. Et son action sur les autres joueurs est de leur donner le pouvoir de gagner : elle n'est pas dominatrice.

Elle présente une façon suprêmement gagnante d'échapper à la soumission :elle gagne avec l'accord des autres, offert librement.

Elle gagne avec cette autorité, noble, que son environnement lui reconnaît spontanément.

Comment acquérir cela dans la vie ?

Comment faire concrètement, comment faire au quotidien ?

Comment réussir cela avec plusieurs, avec ces autres qui sont plus avancés que soi ou moins avancés que soi dans la bienveillance stratégique ?

Comment renforcer sa pratique pour jouer avec plus fort que soi ?

Et comment la renforcer pour jouer aussi avec moins fort que soi ?

Comment créer le territoire prospère où Je suis bien et Tu es bien ?

La question dépasse ici le terrain du joueur dans un jeu à une seule alternative pour devenir une question humaine, une question de personne.

Qui suis-Je pour créer ce territoire ? Et qui es-Tu pour le créer avec moi ?

Pareille question mérite un chapitre entier. Le prochain. Chapitre qui n'épuisera pas la question, mais éclairera les premiers pas.

Avant de l'aborder, voici néanmoins la sixième condition, condition absolument nécessaire à la mise en œuvre d'une relation dégagée des jeux de soumission-domination.

SIXIÈME CONDITION : EXPLORER UN TERRITOIRE NEUF ET ILLIMITÉ

Donnant-donnant atteint des scores inexplorés des autres joueurs. Elle va la première là où personne n'a encore été : devant.

Quand le jeu a été arrêté il était clair que non seulement Donnant-donnant ne pouvait pas être rattrapée, mais encore qu'elle ne cessait de creuser l'écart avec le peloton.

Et quand bien même y aurait-il eu un ou d'autres joueurs pour jouer Donnant-donnant, Donnant-donnant aurait été encore davantage devant : les coopérations entre stratèges de Donnant-donnant

n'auraient rien fait d'autre qu'augmenter le score de façon exponentielle.
L'énergie refusée par la stratégie à la soumission et à la domination est investie dans l'exploration de ce qui est désiré : un haut score, de façon neuve et illimitée. C'est une aventure. Une aventure à oser.
Seule devant. Puis encore plus loin, avec d'autres.

Ce territoire est celui que Je vois s'ouvrir et que Tu vois s'ouvrir hors des jeux de domination (malveillance pour Tu), ou de soumission (malveillance pour Je). À quoi ressemble-t-il ?

Il a la saveur excitante et douce de l'accord original et juste : accord du cœur et de la raison, accord de l'intérêt individuel et général, espace où le réel offre une chance à l'idéal.

Il est imprédictible comme l'aventure. Son exploration, à chacun de l'écrire, après avoir satisfait aux cinq autres conditions.

Ce qui suppose d'éclairer qui Je suis et qui Tu es, quelles sont les bornes du territoire stratégique et quelles forces y règnent, comment s'y déplacer et comment progresser pour y passer de plus en plus de temps : le temps de l'explorer.

★ *Récapitulons* ★

SIX CONDITIONS NÉCESSAIRES, SUFFISANTES : STRATÉGIQUES

1. Oser la bienveillance stratégique
2. Rencontrer quelqu'un, ou la facette de l'autre, qui l'ose aussi
3. Se voir un avenir commun
4. Jouer la bienveillance stratégique dans toutes ses rencontres
5. Renoncer à la domination et la soumission
6. Oser explorer un territoire illimité

...Voici de quoi les réunir

6

IDENTIFIER LES PERSONNES STRATÉGIQUES, JOUER AVEC ELLES

LA PREMIÈRE PERSONNE STRATÉGIQUE : Je

TOUT À FAIT AU DÉPART DE LA COOPÉRATION, il y a toujours une première personne, seule. Une première personne du singulier : « Je ». « Je » : vous, moi, chacun de nous en position d'aborder une rencontre à l'issue encore inconnue.

Je suis en toutes circonstances la première personne de toutes mes coopérations. Comme dans le jeu, Je décide de ce que Je joue et de cela seul. Je suis la seule personne sur laquelle J'ai le pouvoir et Je suis aussi la seule personne qui ait sur moi-même les pleins pouvoirs.

Je suis la première personne stratégique.

La grande différence entre Je dans la vie et dans le tournoi, c'est que Je suis dans la vie une réalité qui résiste autant à l'équation qu'à la définition.

Je, vivante, suis changeante dans un monde changeant.

Je, enfant de la nature, suis une dynamique pertinente. Je, enfant humain, suis une dynamique propre, unique et transcendante, dont nul jamais ne fera le tour, que nul ne peut enfermer dans une définition définitive.

Cette première personne, le stratège a pourtant besoin de la consulter rapidement. Comment s'en approcher au plus juste ?

Quelles dimensions le stratège peut-il consulter même en situation confuse, surtout en situation confuse, pour réactualiser son regard sur Je ? Ces dimensions seraient bienvenues d'être peu nombreuses et permanentes.

Quatre dimensions pour réactualiser son regard sur soi

Quatre dimensions seulement ! Oui quatre. Pour que ce soit simple toujours, pour que l'esprit même trop fatigué pour faire un effort de mémoire, puisse les consulter. Le quatuor que je propose ne m'a jamais, depuis neuf ans que je m'appuie dessus, laissée au dépourvu ni personnellement ni professionnellement.

Pourvu que je considère chaque élément dans son sens le plus large, qui que Je sois, Je suis porteur de *rêve, objectifs, qualités, besoins*. Dimensions qui, alignées, conduisent au sentiment de plénitude.

Se concentrer sur les objectifs, qualités et besoins de Je, ainsi que sur ce que Je peux faire pour les servir, est le tout premier acte du stratège de la bienveillance, celui que chacun fait pour soi-même en s'autorisant à :

- rêver son propre idéal et être assez bienveillant avec son rêve et avec sa réalité pour les reconnaître l'un et l'autre et chercher comment les réunir. Construire ainsi sa réalité sur des objectifs qui rapprochent du rêve et respectent la réalité : s'orienter dans son « bon sens », le sens du rêve *et* de la réalité de Je ;
- reconnaître ses propres qualités et s'en servir pour réussir ;
- satisfaire ses besoins pour libérer le plus possible ses qualités.

Initier et entretenir le cercle vertueux par lequel mes qualités pourvoient à mes besoins et la satisfaction de mes besoins libère de nouvelles qualités qui s'unissent pour me rapprocher de mon objectif, c'est déjà coopérer avec moi-même.

Or qui peut prétendre coopérer avec autrui s'il ne coopère pas déjà avec lui-même ?

Socrate, Moïse, le Christ ou Gandhi, modèles de dévouement pour leur environnement ont, peut-être davantage encore que beaucoup d'autres, commencé par regarder avec bienveillance leur rêve, leur vision de leur destinée personnelle. Ils se sont appuyés pour cela sur leurs qualités et ont satisfait leurs besoins fondamentaux.

Et plus près de nous :

Laurent a pour *objectif* que sa vie soit plus simple. Pour cela il a *besoin* de gagner assez d'argent pour retrouver une indépendance financière vis-à-vis de ceux qui ont financé son installation professionnelle. Pour gagner cet argent, il peut compter sur d'exceptionnelles *qualités* relationnelles qui font d'une part que les clients se sentent si bien accueillis chez lui qu'ils viennent presque pour le plaisir... et justifient leur passage par des achats, et d'autre part qu'il a gardé depuis la fin de ses études d'excellents amis de métier, heureux de s'associer avec lui pour grouper leurs achats et augmenter ainsi leurs marges en pratiquant les prix publics les moins chers du quartier de chacun.

Antoine aussi a pour *objectif* que sa vie soit plus simple. Pour cela, son *besoin* est de trouver assez de temps et de paix pour entendre de nouveau, dans le concert du monde, sa propre mélodie. Pour trouver ce temps, il peut compter sur d'exceptionnelles *qualités* de synthèse et sur sa capacité à dire les mots justes. Là où d'autres auraient recours à un long discours ou même à un débat contradictoire pour s'exprimer, Antoine lâche quelques mots simples qui disent tout en quelques secondes et provoquent souvent un temps de silence sur lequel il se repose.

Catherine a pour *objectif* d'être plus disponible pour ses quatre enfants. Pour y arriver, elle a *besoin* que son employeur la laisse s'organiser comme elle l'entend : se libérer à 17 heures et se remettre au travail après le dîner, quand tout le monde dort. Pour cela, elle peut compter sur d'exceptionnelles *qualités* d'audace et d'action, qui font d'elle une commerciale hors pair : en étant la meilleure commerciale de l'entreprise, elle est sûre que personne ne s'inquiétera de son emploi du temps.

Francis Joyon[1] a pour *objectif* de faire le tour du monde en solitaire le plus vite possible en bateau. Il a pour *qualités* bien sûr l'expérience de navigateur solitaire nécessaire à son projet, et aussi une force et une résistance physiques et mentales hors du commun. Il a donc *besoin* de relativement peu de moyens financiers et matériels : un bateau bien conçu, même s'il a presque vingt ans, en bon état, même avec des voiles fatiguées par un tour du monde, un coup de peinture donné en vitesse sans même sortir le bateau de l'eau. Et il a un *besoin* personnel très important, plus important qu'un autre : il a besoin d'avoir la paix. D'ailleurs moins il a besoin d'argent, plus il a la paix et plus il veut la paix, moins il a besoin d'argent : son budget de communications téléphoniques pour le tour du monde est minime tandis que d'autres solitaires – dont les besoins et qualités sont différents – ont pu dépenser cent cinquante mille euros sur ce poste pour le même parcours. Francis Joyon a atteint son objectif au-delà de toute espérance, stupéfiant le monde de la course au large comme le public qui a suivi ou découvert son exploit. Il l'a fait avec très peu d'argent et beaucoup de paix.

1. *Le Tour du monde absolu* Arthaud 2004.

Très logiquement, plus une personne développe ses qualités, plus elle est utile à son environnement. L'altruisme lui-même invite à cette concentration sur soi qui permet et invite chacun à jouer pleinement les cartes qui lui ont été distribuées. Et à se donner les moyens d'être une rencontre de qualité pour les autres.

Avant que ne commence la danse du premier ou du prochain pluriel, avant même la rencontre avec l'autre, chacun est invité à aller pleinement et tranquillement vers ce qu'il est en écoutant ses besoins, développant ses qualités, visant ses objectifs. Car coopérer, ce n'est pas se rendre en esclavage à l'autre…

Après la sortie de ma stratégie, certaines personnes se sont mises à me dire : « Juliette, fais ce que je te dis, je te demande de coopérer. » Cela signifiait en fait : « Je te demande de faire ce que je veux, même si tu es en train de me dire que tu n'es pas du tout d'accord. »

Le mot « bienveillance » peut tout aussi bien être utilisé à revers quand « sois bienveillante », signifie « sois-le avec moi, quitte à ne pas l'être avec toi-même. »

N'oubliez jamais, si vous venez à entendre cela, que vous vous devez aussi d'être bienveillant à vous-même : vos objectifs, vos qualités, vos besoins sont sous votre seule protection. Soignez-les.

> Coopérer, être dans la Stratégie de la bienveillance, c'est trouver dans la rencontre avec l'autre de quoi progresser sur sa route, tout en faisant progresser l'autre sur la sienne.
> La coopération réussie, la bienveillance stratégique est un acte libre d'où chacun sort libre et grandi, sans dette l'un envers l'autre car chacun y a gagné. Chacun n'y a pas forcément gagné la même chose, mais chacun a gagné quelque chose qui compte pour lui et qui était accessible dans cette relation-là.

Du rêve aux objectifs

Chacun se projette dans l'avenir à sa façon, chacun sa perception du temps, chacun son urgence et sa patience. Chacun a sa propre perception d'une distance entre soi maintenant et dans l'avenir, qui laisse la place à un parcours où Je suis acteur, dont Je peux être l'auteur. Les objectifs peuvent être pour demain matin, pour dans une semaine, dans un an ou dans dix. Marc Aurèle, l'empereur romain philosophe, fixait son regard sur le jour inconnu de son dernier soupir. Chacun est libre de placer son rêve au terme qui le mobilise le plus et où il se sent avoir assez de champ pour marcher vers lui.

Être disponible pour ses enfants avec un travail prenant, simplifier une vie compliquée, obtenir de ses parents une autorisation nouvelle ou vivre sa vie en harmonie avec son environnement, sont d'abord des rêves : le projet de réussir tout à l'heure ou demain quelque chose de désirable et jusque-là impossible.

Un moyen de trouver son rêve est de s'interroger au centre : qu'est-ce qui me procure le plus de satisfactions ? Quand est-ce que je me sens le mieux, le plus moi-même ? Comment serait ma vie si cette félicité-là, cette sérénité-là y avait encore plus de place ? Comment mon environnement pourrait-il y trouver son compte ?

Figure libre où s'imaginer dans l'avenir et oser donner à son désir des contours sensibles, parlants, imagés, le caresser et l'encourager en laissant le reste libre, le rêve souvent monte tout seul – ou descend en décantation – dans des moments de vacance de la raison pure. Cela vient à qui s'autorise des moments d'abandon et, capable d'évasion, accueille les situations avec grâce.

Au stratège alors de repérer les étapes qui peuvent conduire de la réalisation au rêve : la succession des objectifs.

Un joueur de tennis qui rêve de gagner un grand tournoi, se fixe pour objectif à l'entraînement de progresser sur sa technique, sa forme physique, sa force mentale. Dans le tournoi son objectif à chaque match est le match à venir. Et en match, son objectif est la balle qui vient.

Napoléon premier Consul : « Voici le but où je dois atteindre pendant ma magistrature : consolider la République ; la rendre redoutable à ses ennemis. » Elle sort à peine d'une période d'extrême fragilité, suite aux désordres de la Révolution, et est encore isolée dans une Europe totalement monarchique. « Pour consolider la République, il faut que les lois soient fondées sur la modération, l'ordre et la justice. La modération est la base de la morale et la première vertu de l'homme [...] sans elle, il peut bien exister une faction, mais jamais un gouvernement national ». Il rêve tout haut, devant Cambacérès qui lui présente les projets de lois autrefois présentés à la Convention, de « présenter au Corps législatif un projet qui fût à la hauteur des idées du siècle et digne du gouvernement ». Pour cela, premier objectif : il crée une Commission. Il en confie la conduite à Cambacérès et atteint un deuxième objectif, être disponible pour animer personnellement la commission. Son animation de chaque réunion est centrée sur l'objectif de recueillir les informations apportées par les conseillers, puis sur celui de trouver l'article qui produira le plus de justice à tout citoyen projeté dans la situation étudiée. En sortira son œuvre la plus pérenne, à la hauteur des idées de son siècle, du suivant et encore du suivant, le nôtre : le code Civil.

Un créateur d'entreprise qui a rêvé de transformer un marché ou simplement de s'y introduire assez pour y gagner sa vie, centrera son objectif à un moment donné sur la définition de son offre puis, à un autre moment, sur la conquête de son premier contrat.

Un musicien qui a rêvé de devenir virtuose se concentrera à un moment donné sur l'objectif d'acquérir les différents aspects de la technique, puis sur celui de savoir s'élever, au-dessus de la technique, jusqu'à l'âme de l'œuvre.

Respecter le rêve, le garder vivant en soi, le nourrir de sa présence, se sentir marcher vers lui d'objectif en objectif, s'interroger de temps en temps pour considérer une progression peut-être différente de celle prévue, est une activité de Je où je suis irremplaçable. Et le protéger…

Francis Joyon à la presse, un mois avant son arrivée tandis qu'il est en excellente position pour franchir le seuil mythique des 80 jours : « C'est vrai que c'est un objectif tentant. On m'en a parlé mais j'évite de me mettre trop de pression. » Puis, à trois jours de l'arrivée : « La barre des 80 jours, je n'osais même pas en rêver avant le départ ; ou plutôt, j'avais enfoui ce record au fond de mon esprit. Maintenant que j'approche, je vais essayer de le concrétiser. » Il arrive le 3 février 2004 après 72 jours de mer en solitaire, laissant tous les marins stupéfaits par une telle performance.

… viser un point intermédiaire sur la trajectoire qui y conduit, se concentrer dessus, l'atteindre comme prévu ou dans l'imprévu, le reconnaître, se nourrir de s'en réjouir…

Francis Joyon toujours, reconnaît avoir traversé quelques coups de pompe mais a surtout fait part tout au long de son extraordinaire périple, de son bonheur d'être sur l'eau, de naviguer, de tourner autour du monde…

… et, le regard orienté vers son étoile, avancer…

– Constater qu'un objectif intermédiaire n'a pas été atteint ou qu'il n'est pas réaliste, ce qu'a fait Serge[1] avec son objectif d'emporter les négociations avec les sous-traitants.

– Savoir alors viser un autre objectif, toujours dans la trajectoire du rêve.

---

1. Voir p. 31.

– Ou chercher tout de suite dans ce qui s'est passé ce qui peut servir la trajectoire vers le rêve, l'utiliser. Découvrir parfois que l'échec de l'objectif intermédiaire fournit une encore meilleure opportunité d'avancer : plus vite, plus loin, plus facilement. Quand cela se produit, savoir être en état de le voir : plutôt que plonger dans la rancœur, la culpabilité ou les regrets, se réorienter vers l'avenir.
– Fixer un autre objectif intermédiaire, même inattendu. Poursuivre le rêve en se servant du réel.
– Faire coopérer le rêve et la réalité, jouer le possible pour soi, au présent : marcher sa propre route.

C'est une activité qu'il n'est pas possible de déléguer, de laisser à un autre. Une responsabilité première à qui veut se réussir et grandir.

Attention objectif !

Les objectifs se formulent en positif. L'inconscient qui dirige tout ce que nous ne pensons pas expressément, guide notre action au jour le jour, est lui-même guidé par des images. Ainsi si vous formulez votre objectif : « ne pas céder devant Untel », il visualisera : « céder devant Untel ». Mieux vaut donc, plutôt que lui passer commande de ce dont vous ne voulez pas : « céder devant Untel », trouver les mots de votre désir : « porter à fond ce qui compte pour moi, devant qui que ce soit. »

Les objectifs sont « pour ». Les objectifs que vous concevez contre autrui sont hors coopération : n'espérez pas obtenir pour les atteindre l'énergie de la coopération. Au contraire, formulez vos objectifs avec leurs bénéficiaires, quitte à ce que vous soyez le premier d'entre eux : « réussir, avoir le sentiment d'être à ma place. » Quand même vous entreprendriez de défaire un peuple d'un dictateur, visez et concentrez les énergies sur la liberté de ce peuple.

Les objectifs sont pour vous : Je, + verbe conjugué. L'objectif : « que mon mari comprenne enfin qu'il doit m'aider dans l'intendance de la maison » est déjà tentative de prise de pouvoir sur votre mari. Allez plutôt directement à ce que vous voulez pour *vous* : « me sentir libre de reprendre ces études, d'accepter ce job ; de me reposer 1/4 d'heure en rentrant du travail avant de préparer le dîner… » Alors vous êtes prête à avancer pas à pas dans toutes les ouvertures que la réalité offre à votre projet.

Des qualités

Les qualités sont des facilités. Celles qui vous mèneront jusqu'à l'objectif. Chacun les siennes, chacun son bouquet. Comme les fleurs, les qualités sont naturelles au départ. Et se cultivent. Il n'y a pas de Mona Lisa, ces merveilleuses anémones blanches au cœur vert tendre, qui s'ouvrent d'un seul coup énormes et magnifiques dans la chaleur de la maison, sans l'anémone sauvage, presque imperceptible dans l'herbe des champs. Et il n'y a pas la rose triomphante au jardin, sans l'églantine sauvage et légère éclose sans façons au bord du chemin creux.

Qu'est-ce qui vous est facile ? Imaginer une belle histoire à partir d'un événement mince, secouer toute la classe, toute la famille, toute la réunion ou l'ami en pleurs d'un rire libératoire ? Établir le contact, conserver longtemps les relations ? Ranger, arranger les choses, organiser le temps ? Articuler les idées, trouver la cohérence d'événements disparates ? Réagir avec adresse à l'imprévu, passer à l'action ? Vous projeter dans l'avenir, prononcer les mots rares et justes qui vont droit au cœur d'une situation ? Émouvoir vos amis en vous mettant au piano ? Les régaler ? Les habiller ? Raconter des histoires, jongler avec les chiffres…

Où êtes-vous plus à l'aise ? Dans votre travail, vos loisirs, le clair, le flou, le secret, la permanence, l'alternance, la diversité, la solitude, le tête-à-tête, le nombre, la fidélité, la nouveauté, la simplicité, l'incertain, l'imprévu, le familier, le lent, le tempéré, le rapide, l'urgent, l'exceptionnel, l'harmonie, le défi, le physique, le sentimental, le cérébral, le moral, l'actif, le contemplatif, la protection du temple, la conquête, la découverte, la transmission, la production, le sensible, l'intérieur ou l'extérieur, l'ascension ou la glisse, l'eau, la terre, le feu, l'air ?

Que réussissiez-vous particulièrement quand vous étiez enfant ? Que vous êtes-vous découvert comme talent plus tardif ? Et aujourd'hui, qu'est-ce qui vous est facile « es qualité » ? Eh oui, votre position quelle qu'elle soit est aussi une qualité ou du moins un creuset de qualités.

Qu'avez-vous mis à l'œuvre dans ce que vous avez réussi ? Que vous disent de vous ceux qui vous aiment et respectent ? Dans quoi vous sentez-vous confortable ? À quoi tenez-vous de vous ?

Quelles sont vos anémones sauvages, vos églantines ou déjà vos Mona Lisa et vos roses ?

Ce sont les qualités de Je, indispensables au monde qui vous entoure, indispensables à vous-même, le carburant et souvent aussi le moteur.

Oui, elles ont quelque chose à voir avec votre rêve et c'est tant mieux.

Des besoins[1]

Vos besoins sont les conditions dans lesquelles vos qualités peuvent fleurir.

Nous partageons avec les végétaux les besoins physiologiques : besoin d'eau, de nourriture et de repos, sans lesquels ce qui vit s'étiole et s'épuise. Ces besoins sont les plus impérieux. Les gnous qui viennent boire dans le soir savent qu'ils prennent, pour satisfaire leur soif, le risque d'être dévorés.

De même le montagnard perdu qui se couche dans la neige sait le risque qu'il prend de ne plus se réveiller. Mais le besoin de sommeil parfois l'emporte sur sa connaissance, sa ténacité, sa volonté.

Plus largement, tous les sportifs savent que la faim, la soif, le manque de repos conduisent à la contre-performance.

Les hommes et les femmes au travail parfois l'oublient, s'infligeant à eux-mêmes ou les uns aux autres des réunions sans pause, des enchaînements d'action sans repos, des efforts sans récréation, des nuits sans sommeil ou des semaines sans week-end. Ils y lâchent des pans entiers de leurs facilités naturelles... Ce qui rendra demain plus maladroit, donc après-demain encore plus lourd de travail : toutes les maladresses à rattraper.

Nous partageons avec les animaux le besoin de sécurité : dès qu'il est désaltéré, le gnou a pour priorité d'échapper au lion et, s'il en a l'énergie, le montagnard marche jusqu'à trouver l'abri du refuge. Le besoin qui se manifeste et mobilise l'énergie après les besoins physiologiques est le besoin de sécurité.

Chacun à sa façon éprouve le besoin de se sentir éloigné de ses peurs, d'être, sur ce qui est essentiel pour lui, rassuré. Ce besoin de

1. Structurés ici à partir des travaux d'Abraham Maslow.

se sentir en sécurité mobilise l'énergie. Trop longtemps ou trop brutalement plongé dans l'insécurité, l'humain comme l'animal perd ses facultés, ses facilités, ses moyens : ses qualités. Le besoin de sécurité que chacun conjugue à sa façon mérite le respect. S'il n'est pas satisfait, trop de qualités restent aux abris, inutilisées.

L'insécurité conduit à regarder derrière soi et sur ses flancs, plutôt que devant. Elle use l'énergie dans la production angoissante de scénario catastrophe et de parades. Cette même énergie est infiniment mieux investie dans la recherche stimulante de voies dans la coopération et de pistes saines d'où naîtra un succès partagé.

Quand s'éloignent les raisons d'avoir peur, monte alors le *besoin que nous partageons avec les animaux sociaux*, de l'abeille au loup, du castor au dauphin : le *besoin d'appartenir à un groupe*, d'être accepté et accueilli parmi des semblables. Besoin de compagnie, de fratrie génétique, amicale, sportive, artistique, confessionnelle, corporative ou associative, besoin de patrie. Besoin de… coopérer, plus facile à satisfaire pour les animaux que pour les humains.

La première souffrance que, chronologiquement, vit la personne licenciée n'est pas le manque d'argent : notre société a prévu des assurances dans ce sens. Mais quitter l'univers professionnel, c'est quitter un groupe qui partageait les mêmes préoccupations : une équipe, un service, une entreprise et même, dans la vie sociale plus large, le groupe de ceux qui travaillent.

Dans un autre sens, une des difficultés des gagnants de loteries importantes est précisément que la somme d'argent qu'ils reçoivent les expulse pour ainsi dire de leur groupe d'appartenance : même si nous ne choisissons pas nos amis en fonction de leurs revenus il est plus simple, donc courant et naturel, d'être grosso modo dans les mêmes fourchettes de revenus, donc d'habitudes de dépenses. Or cette forme d'expulsion d'un environnement ne donne pas pour autant accès à un autre : si vous gagnez douze millions d'euros au loto et vous mettez à vivre en milliardaire, vous risquez de sortir d'un cercle d'appartenance sans que s'ouvre pour autant devant vous celui des foyers fortunés. Le problème que peut rencontrer un gagnant du loto est celui de la solitude.

> Je connais pourtant une femme qui a gagné au loto une importante somme avec beaucoup de bonheur, parce qu'elle a su préserver son appartenance : son premier geste a été d'informer la presse locale, celle de son espace

d'appartenance, pour, justement, conserver le lien. À tout dire tout de suite, elle tordait le cou au secret de polichinelle, aux fantasmes et aux déformations qui auraient creusé un fossé entre elle et la société locale. Elle n'a, dans un premier temps, rien changé à son fonctionnement extérieur, très visible puisqu'elle tenait un restaurant dans un petit port. Puis elle s'est lancée dans la création d'un nouveau commerce sur le port, sa première création. **Marie** s'est soumise alors à toutes les règles de quiconque monte un projet d'entreprise : rédaction du projet, étude de marché, business plan, sélection de fournisseurs, approche des banques. Elle faisait ainsi le parcours classique qui consiste, avant de lancer une entreprise, de vérifier que le projet rencontre la coopération de ses principaux interlocuteurs et répond aux codes d'appartenance de son futur marché de clients, de fournisseurs, de capitaux. Ce faisant, elle accomplissait aussi les rites initiatiques de son groupe professionnel : celui des entrepreneurs. Et elle a confié la décoration de son épicerie non à un décorateur renommé que l'argent du loto lui aurait largement permis de payer, mais à une professionnelle locale, proche d'elle, qui avait bien compris sa demande. Un an et demi après l'ouverture, son épicerie fait son bonheur en même temps que celui de ses amis, des anciens clients du restaurant et d'un cercle encore beaucoup plus large. Marie a su protéger voire élargir, son appartenance à un groupe. Elle s'est servie du loto comme d'une base de sécurité grâce à laquelle elle pouvait entreprendre quelque chose de nouveau qui lui ressemblait… et satisfaire d'autres besoins encore.

Dans l'entreprise, le dirigeant ou le manager qui pratique la vieille stratégie de la « division pour mieux régner » dépense son énergie à contre-courant de ce besoin et à contre-courant de son propre intérêt :

– soit il réussit et y gagne une équipe divisée, incapable de produire de bons résultats (résultats qui deviennent ceux du manager) et qui plus est malheureuse, dépensant une énergie considérable et demandant en vain une contrepartie financière que le manager n'est nullement en mesure d'offrir ;
– soit il échoue, l'appartenance se reforme et c'est contre lui. Ses collaborateurs alors se retrouvent pour dénoncer une pratique qui les fait souffrir et scandalise. C'est le diviseur alors, qui finit le plus seul. Et en souffre.

Mieux vaut apprendre à satisfaire les besoins individuels et collectifs qui tiennent la clé du fameux esprit d'équipe, puis conduire l'équipe vers sa performance technique et humaine : elle fait la gloire… de son capitaine.

Quand Je suis accepté dans un groupe, Je sens alors émerger un besoin nouveau : émerger, justement, de la masse. Être reconnu, être distingué. *C'est le très humain besoin de reconnaissance individuelle.*

La noyade dans un collectif, l'obligation d'être et faire « comme tout le monde » tue l'initiative qui est l'étincelle même, la source de toute entreprise humaine.

Chacun a besoin d'être reconnu pour ce qu'il est différent des autres. Reconnaissance d'abord pour les conditions dans lesquelles ce que J'ai de talent s'exprime le mieux. Si cela pour commencer est nié, comment mes qualités, gênées pour s'élancer, se feront-elles reconnaître ? Or les meilleures conditions ne sont pas les mêmes pour les uns et des autres :

– du temps, du silence, de l'espace ;

> **Laure** travaille très bien la nuit : elle n'y est pas dérangée et elle a le sentiment d'avoir l'éternité devant elle.
>
> C'est par écrit que **Jean** répond le mieux aux questions importantes que lui pose son épouse.

– de la distraction, de l'humour, de la détente ;

> **Amélie** qui, étudiante, adorait réviser ses examens dans la joyeuse agitation d'un café, a besoin maintenant dans les réunions qu'il y ait à un moment un éclat de rire pour détendre l'atmosphère. Elle aime bien aussi avoir plusieurs choses en cours en même temps. Cela paraît un peu brouillon, mais ça l'aide à se surpasser.

– la tension de l'urgence, l'espoir d'un résultat tangible ;

> **Nicolas** est efficace dans les actions rapides, courtes, où il y a quelque chose à gagner. Là, il démarre au quart de tour et non seulement il arrive le premier, mais aussi, mû par ce type d'énergie, il fait le parcours sans faute. Il y a de la compétition ? Qu'à cela ne tienne, c'est encore plus excitant.

– de la chaleur humaine, des relations harmonieuses ;

> **Yann** a remarqué qu'il réussit mieux ses matches quand il sent le regard bienveillant d'un proche dans le public. Il a aussi observé qu'une tournée dans les usines de son sponsor avec tout le personnel qui l'encourage, lui donne une énergie considérable qu'il emmagasine et rend sur le terrain. S'il gagne, sa première pensée n'est pas pour lui : il a gagné pour tous ceux qui l'ont soutenu et déjà, il jouait pour eux.

– des structures claires, des règles du jeu précises, de la discipline ;

> **Cécile** a absolument besoin de savoir quelles sont les règles de l'art et sur quoi elle sera jugée. Qu'il s'agisse de sport, de musique, de travail c'est comme ça. Elle a besoin aussi de savoir qu'elle est dans les temps, que sa progression est régulière. Avoir une claire conscience de ces aspects-là lui

est indispensable pour conserver tous ses moyens et elle est perdue dans les réunions sans ordre du jour, où le temps file sans repères.

– la compréhension des tenants et aboutissants, une cohérence ;

Luc a assez d'énergie pour déplacer des montagnes, mais seulement s'il sait pourquoi, dans quelle perspective, pour quel idéal ou, du moins, au service de quelles valeurs.

– l'originalité.

Philippe ne brille pas particulièrement en situation ordinaire. Il se tient bien, sans plus. Mais que les circonstances deviennent exceptionnelles, que la difficulté paraisse insurmontable, que tout ait déjà été tenté et tout ait échoué, qu'il faille pour réussir faire ce qui ne s'est jamais fait, alors Philippe donne toute sa mesure et ouvre la voie originale qui résout l'équation.

François Ozon, réalisateur de cinéma, interrogé sur la façon dont il a dirigé huit stars féminines dans *Huit Femmes* explique : « Petit à petit, je me suis rendu compte qu'elles fonctionnaient différemment et qu'il fallait que j'aie une relation spécifique avec chacune. Isabelle adore le travail. Elle est toujours prête à refaire une prise. Catherine est très instinctive. Elle aime bien qu'on s'adapte à sa manière. Emmanuelle aime comprendre les choses. Elle a besoin de beaucoup d'explications psychologiques... »

J'ai *besoin aussi que soit reconnu le point où J'en suis et les...* besoins correspondants :

– besoin de savoir quel est l'usage, le mode d'emploi général, la façon référente, la route classique pour cette chose à faire, pour ce parcours ;
– besoin de réponses à mes questions ;
– besoin de terrain d'expérimentation, d'essais protégés ;
– besoins d'encouragements, de réconfort ;
– besoin des questions qui font avancer ma réflexion vers *mes* réponses ;
– besoin de réaliser ;
– besoin d'être reconnu comme auteur de mes réussites propres, et auteur de ma part dans les réussites collectives ;
– besoin du réconfort de me sentir reconnu, accepté, jusque dans mes fragilités, mes limites, mes souffrances : c'est le besoin d'empathie[1].

Ces deux derniers aspects de la reconnaissance sont indispensables pour que l'ego soit bien en place : pour que Je puisse oser

1. Telle qu'Howard Book la définit dans *The EQ Edge* : ni sympathie, ni mise à la place de l'autre, l'empathie est la capacité à reconnaître où en est l'autre, à sa place.

tenir toute la place de Je, autant qu'oser laisser tous les Je qui m'entourent occuper tout entière la leur. Aspects indispensables donc, pour la santé de la coopération.

Il reste le plus élevé, le plus éthéré des besoins : le besoin d'accomplissement. Quand implicitement ou avec détermination, durablement ou dans une éclaircie, réellement ou mentalement, Je me suis libéré des soucis de survie générale, de survie sociale et de vie personnelle, alors mes qualités unies en Je en relation avec les autres, portent au sentiment délectable pour l'humain, de plénitude.

Nous avons besoin de sentir notre juste présence au monde, bonne dans un monde bien.

Conscient d'être suspendu entre l'infiniment petit et l'infiniment grand, l'humain a besoin de se ressourcer à cet état d'équilibre parfait, état d'éternité, repos dans la course infinie de l'espace et du temps.

J'ai besoin de me reposer, de me retrouver comme on rentre à la maison, Je, enfant de l'Univers, centre d'un monde riche d'une infinité d'autres centres tous différents, en mouvement sur ma propre trajectoire, à ma place parmi d'autres en mouvement et à leur place, comme le sont les étoiles d'un ciel d'été.

Ce besoin palpite en chacun et sa satisfaction : le sentiment de plénitude puissant, excitant et doux, est délectable. Il est le pire ennemi des guerres, aussi la malveillance interdit-elle de croire à son existence ou à ses chances d'être satisfait.

Qui, conduit par lui, est prêt à offrir son temps et son énergie aux guerres jalouses ?

Et l'argent ?

L'argent auquel peut-être vous pensez ici en vous demandant où le situer parmi ces besoins, répond à des besoins physiologiques, à des besoins de sécurité, à des besoins d'appartenance et à des besoins de reconnaissance. Et il n'est nul besoin d'être Mère Térésa pour savoir que ce n'est pas lui qui fait l'accomplissement.

Mais toute entreprise dont le management ne répond pas à la diversité des besoins de reconnaissance de ses salariés, entend bientôt ces derniers lui demander plus d'argent qu'elle ne peut payer. Et c'est normal.

Si le management de l'entreprise ne reconnaît qu'au moyen de l'argent la variété des personnes et des talents auxquels il demande toujours plus, alors ceux-ci n'expriment d'exigences que financières, seule forme de reconnaissance qu'il leur paraît possible d'espérer.

Nous travaillons tous pour gagner notre vie, mais très peu ne travaillent que pour l'argent. Beaucoup parmi les demandes financières qui paraissent injustifiées à l'entreprise, sont en effet injustifiées d'un strict point de vue économique. Mais elles sont légitimes du point de vue humain : l'entreprise doit aux personnes qui y travaillent un sentiment d'appartenance, des signes clairs de reconnaissance, des chances d'accomplissement professionnel. Elle ne sait pas en produire la diversité ? Qu'elle donne alors ce qu'elle sait produire, qu'elle paye en espèces ! Et alors de l'argent, il n'y en a jamais assez : comment acheter à leur juste prix tant d'espoirs déçus ?

Le management du stratège de la bienveillance répond au maximum et réellement aux besoins humains variés, mouvants, que génère le travail. Non seulement il réduit ainsi une large part du découragement, mais encore il libère la motivation qu'il y a en chacun. Les questions d'argent deviennent en soi moins aiguës, ne serait-ce que parce que les gens enfin travaillent comme ils aiment : bien. Alors il y a assez de satisfactions de toutes natures à partager entre investisseurs, salariés, fournisseurs, clients, pour assurer la vie et l'évolution de l'entreprise.

Connaître ses besoins, reconnaître ceux de l'autre c'est savoir ce qui, dans une circonstance donnée ou dans beaucoup de circonstances, fonctionne comme une laisse invisible qui, dans des proportions considérables, freine la progression, augmente le coût de l'effort, détourne l'énergie de l'exercice de qualités pourtant présentes et désireuses de s'exercer. Et savoir répondre aux besoins dans le respect de chacun, c'est savoir gagner.

Certains, rares, connaissent très jeunes l'objectif de toute leur vie, la direction de leur accomplissement. D'autres savent d'instinct identifier leurs besoins – ou y répondre. D'autres encore sentent très tôt leurs points d'appui pour avancer. La plupart d'entre nous avons le sentiment un peu confus d'un peu tout cela.

Pour tous la vie est là qui court avec son lot de rencontres d'où émergeront des difficultés, des questions et où sont cachées des réponses. Mais par quel bout attraper la pelote puisque moins Je suis claire, plus les rencontres sont difficiles à réussir ?

Une option est de progresser dans la clarification de ses objectifs, qualités, besoins... en se servant de ses qualités, donc en clarifiant ce qui paraît le plus facile d'abord.

Une autre est de mieux réussir ses rencontres avec l'autre en se plaçant le plus souvent possible dans l'espace de coopération : bien rencontrer l'autre est une excellente façon de mieux se connaître.

Entre les deux pour chacun, *la voie juste est une combinaison unique de ces deux options où Je suis confronté à moi-même autant qu'à Tu*, dans des situations sur lesquelles je n'ai pas de pouvoir direct. Mais où Je peux du moins saisir mon pouvoir d'avancer.

Un ensemble unique d'objectifs plus ou moins clairs, de qualités émergées ou en sommeil, de besoins plus ou moins satisfaits tendus vers l'accomplissement, tel est Je.

Je personne physique, Je homme, femme dans un couple ou une famille, enfant dans une famille ou dans une classe, salarié ou associé dans une entreprise...

Je peux aussi être un collectif : une association, un service, un site industriel, une entreprise, une corporation qui se définit en termes d'objectifs, de qualités à offrir à l'environnement, de besoins à satisfaire grâce à l'environnement.

★ *Récapitulons* ★

QUATRE DIMENSIONS PERSONNELLES

Rêve, objectifs, qualités et besoins peuvent définir de façon constructive le territoire de la liberté intérieure de Je, à se réussir dans la coopération. Ils orientent terrain de jeu personnel, l'âme de Je : l'ensemble duquel part l'énergie vitale de Je.

Ils sont ce qui coopère dans Je : les besoins servent la définition des objectifs, les qualités servent la satisfaction des besoins, les objectifs atteints reconnaissent et encouragent les qualités.

Ils sont aussi ce qui est efficace pour avancer à la rencontre de Tu, dans une coopération plus vaste : la première rencontre avec l'extérieur, celle qui vous apportera en plus de votre bouquet de qualités, celles qui vous manquent et qu'il vous en coûterait trop d'acquérir, pour atteindre un objectif plus ambitieux.

LA DEUXIÈME PERSONNE STRATÉGIQUE

« Le bon sens est la chose du monde la mieux partagée ; car chacun pense en être si bien pourvu que ceux même qui sont les plus difficiles à contenter en toute autre chose n'ont point coutume d'en désirer plus qu'ils en ont. »

René Descartes introduit avec cette remarque pleine d'humour la première partie du Discours de la Méthode. Et notre deuxième personne stratégique, « Tu », bien sûr !

Au seuil de la rencontre avec Tu, écoutons encore le philosophe :

« En quoi il n'est pas vraisemblable que tous se trompent ; mais plutôt cela témoigne que la puissance de bien juger et distinguer le vrai d'avec le faux, qui est proprement ce qu'on nomme le bon sens ou la raison, est naturellement égale en tous les hommes et ainsi que la diversité de nos opinions ne vient pas de ce que les uns sont plus raisonnables que les autres, mais seulement de ce que nous conduisons nos pensées par diverses voies, et ne considérons pas les mêmes choses. »[1]

Deuxième personne stratégique de la coopération, « Tu »... as aussi un sens, le tien ! Dans Ton bon sens, Tu joues toi aussi dans notre rencontre Ta combinaison unique d'objectifs, qualités, besoins...

Tu fonctionnes exactement comme Je fonctionne. L'un et l'autre se rencontrent avec des objectifs, qualités et besoins identifiés ou flous, circonstanciés ou permanents. Comme Je, Tu as une trajectoire sur laquelle Tu es en permanente évolution.

– Tu es libre de redéfinir tes priorités et le terme de tes objectifs ;
– Tu es en mesure d'exercer l'une ou l'autre de tes qualités ;
– Tu ressens d'abord le besoin de satisfaire un besoin ou un autre.

L'identité est toujours présente, mais vivante dans un monde changeant : libre d'adaptations.

Tu es un autre Je.

À cela près que les objectifs, les qualités et les besoins de Tu sont autres. Se souvenir que l'autre est un mystère en évolution permanente et différent de soi est une des meilleures façons de l'aborder

1. René Descartes, *Le Discours de la méthode*, Partie I (1637)

pour coopérer. C'est pour cette raison que nous poserons[1] le sens de Je et le sens de Tu dans des directions différentes, ni opposées, ni fusionnelles : la rencontre offre un espace dans lequel l'un et l'autre ont à jouer et inventer leurs réponses.

– Que veux-Tu maintenant, qu'est-ce qui est important pour toi ?

– Qu'est-ce qu'il T'est facile, agréable, possible de faire maintenant ou plus tard ?

– Qu'est-ce qui T'empêche d'avancer ?

Questions clés de la coopération, que Je pose d'autant plus souvent que la situation évolue vite. Je peux les poser d'une multitude de façons différentes, Tu répondras à ta façon : par des mots, un ton, des gestes, des actes, des silences, des immobilités…

Émilie est encore sous le choc de la conversation qu'elle vient d'avoir avec Jacques, un collègue qu'elle estime. Pour elle, c'est évident, l'idéal professionnel est de monter le plus vite possible dans la hiérarchie, d'arriver si possible à la tête de l'agence où elle travaille et, une fois arrivée là, de faire de son agence la meilleure du marché. C'est tellement évident pour elle qu'elle ne s'est jamais rendu compte que c'était une vision toute personnelle. Bien sûr, elle s'était réjouie de constater que sa puissance de travail était plutôt élevée par rapport à ses collègues mais elle ne se posait pas de question : elle se croyait dans une compétition où tous courent au même but. Mais en parlant avec Jacques, elle l'a entendu déclarer que son objectif à lui était de travailler moins, beaucoup moins : une semaine sur deux. Au début elle a ri et plaisanté sur la génération RTT : Jacques travaille vite et bien, elle n'a jamais douté qu'il ait une grosse ambition professionnelle aussi. Mais en l'écoutant ce jour-là, elle s'est aperçue qu'elle était en train de commettre une erreur et peut-être même un gros impair avec ses blagues : Jacques est parfaitement sincère dans son désir, dans son rêve. Il a dévoilé à mi-mots quelques aspects de sa vie qui permettent de comprendre qu'il a besoin de temps pour recharger ses batteries et Émilie a découvert un Jacques qu'elle n'avait pas du tout soupçonné.

Philippe et Joëlle ont pour objectif commun de se faire ensemble la plus belle vie commune possible. Mais Joëlle ne comprend pas pourquoi Philippe ne peut pas s'empêcher de l'exaspérer. Il sait pourtant exactement ce qu'elle n'aime pas et particulièrement, il est parfaitement au courant de ce qui est exaspérant pour elle. Joëlle, qui a une vision plutôt soft de la relation, a longuement résisté contre son exaspération : elle a explicitement demandé à Philippe d'arrêter, elle lui a expliqué pourquoi, l'a répété. En pure perte. Elle a eu le sentiment d'un échec réel le jour où elle a explosé : là, elle a haussé la voix contre Philippe

1. Voir la topographie, p. 94 et suivantes.

et pour tout dire elle l'a allumé. Elle croyait leur vie ensemble finie et quelle n'a pas été sa surprise de découvrir quelques minutes après Philippe parfaitement détendu, radieux même !!! Il lui a avoué plus tard qu'il avait besoin de ça pour être rassuré : d'être certain que la femme avec laquelle il vit est assez forte pour pouvoir se mettre en colère contre lui s'il le faut. Il a du mal à respecter quelqu'un à qui il ne s'est pas opposé. Il avait besoin que Joëlle lui prouve qu'elle ne se laissait pas marcher sur les pieds. « Il était temps que tu le fasses ! » a dit Philippe à Joëlle éberluée.

Je ne peux pas connaître de façon certaine Tes rêves, objectifs, qualités, besoins. Je peux m'y tromper avec les Tu que j'aime bien ou au contraire, avec qui je me sens en guerre : je les confonds avec Je. J'entretiens une illusion de fusion : « je le connais c'est mon mari, ma femme, ma fille, mon ami » ou bien « je le connais, c'est le salaud qui m'a... » J'ai bien sûr remarqué des différences entre nous mais cela ne m'empêche pas de projeter sur lui ou elle mes certitudes : le produit de toute mon expérience et de tout mon fonctionnement. Et je m'imagine que je sais exactement ce qu'il veut, ce qu'il vaut et ce qu'il lui faut. J'alimente alors mes fantasmes de prise ou de perte de pouvoir, je joue avec l'autre comme d'un mur sur lequel je renvoie ma balle au tennis : ce n'est jamais que *ma* balle qui me revient. Et l'autre n'est pas comme un mur, permanent, lisse et d'une seule matière... Tu es non seulement mystérieux, mais encore vivant : évoluant.

Pourtant, dans la rencontre amoureuse, avec des sentiments intenses monte une somme d'interrogations et dans ces interrogations monte la conscience que nous nous connaissons si peu l'un l'autre, fussions-nous amis d'enfance, fussions-nous sous l'empire d'une émotion partagée !

La rencontre diplomatique ou commerciale de qualité part de la même somme d'interrogations, certes formulée très différemment...

Que veux-Tu ? Quels sont tes objectifs et comment peuvent-ils rejoindre les miens ?

Qu'attends-Tu de moi ? Quels sont tes besoins, puis-Je y répondre, comment et jusqu'où ?

Quelles qualités peux-Tu m'apporter dont Je manque ? Es-Tu prêt à le faire, dans quelles conditions et comment ?

Tu peux être une personne (un passant, un amour ou une amitié, un interlocuteur professionnel), tu peux aussi être un groupe de personnes :

– à chacun, le reste de la famille est un Tu ;

– à chaque membre d'une équipe, le reste de l'équipe est un Tu ;

– à chaque manager, l'équipe de ses collaborateurs est un Tu ;

– à chaque salarié, l'ensemble de sa hiérarchie, l'entreprise est un Tu.

La banque et le marché sont des Tu à l'entrepreneur et réciproquement. Le peuple d'un pays est un Tu aux dirigeants politiques… et réciproquement.

Au bout du compte, l'humanité dans son ensemble est un Tu à sa planète, et réciproquement.

Le défi humain est de savoir se placer le plus souvent et le plus longtemps possible, sur ce terrain où chacun est sujet en face d'un autre sujet. Qualités et besoins articulés, nous avons ensemble un projet commun à réussir puisque c'est ensemble que nous sommes embarqués dans la grande loi universelle de l'expansion.

Et, puisque les peuples ont les gouvernants qu'ils se choisissent, cela commence au niveau individuel.

À l'échelle où chacun a pouvoir pour soi, sur soi. Et influence ainsi les réactions d'une part sensible de son environnement.

TROIS, QUATRE PERSONNES STRATÉGIQUES

Troisième personne stratégique : Vous

Le produit de la rencontre entre les deux premières personnes stratégiques, Nous, est en relation avec une troisième « personne », son environnement : Vous.

L'intérêt, pour Nous, à coopérer avec Vous est parfaitement clair quand deux personnes s'associent pour monter une affaire. Elles se posent immédiatement la question des chances qu'a leur alliance d'être agréée par l'environnement, conscientes que l'avenir de leur coopération est là :

– Notre proposition répond-elle aux besoins du marché ?

– Trouverons-nous les ressources dont nous avons besoin ?

C'est moins clair quand deux personnes sont en difficulté ensemble. La tentation est grande alors d'utiliser l'environnement (une personne, le « système » auquel on appartient) comme dérivatif, c'est-à-dire comme une poubelle. Ce que nous faisons à large échelle avec la planète, nous commençons déjà à le faire quand nous nous défaussons d'une difficulté à deux en salissant ou épuisant notre environnement humain. Accord corrompu alors, qui salit, épuise et rétrécit le monde autour de Nous. Tôt ou tard alors, dans ce monde trop sale, épuisé et petit, Je et Tu à l'étroit ne se verront plus, pour survivre, d'autre alternative que manger l'autre ou en être mangé. Rester seul ou disparaître.

La troisième personne stratégique (individuelle ou collective) *est* une ressource pour la coopération. La faisons-nous bouc émissaire (bientôt chassé), portefaix (bientôt épuisé) ? Ce dont nous avons le plus besoin, c'est qu'elle reste longtemps saine, vivante, multiple et pleine de ressources : un bon écosystème autour de soi. Ce qui suppose que Nous Vous considérions avec bienveillance.

> Au moment de la sortie du film « Le Coach », la presse a interviewé **Martine Volle, porte-parole de l'ICF**.
> Martine a répondu en professionnelle du coaching et en spectatrice : « Ce n'est pas un documentaire sur le coaching, mais ça va très bien puisque ça n'a pas prétention à l'être. J'ai vu ce film avec plaisir, c'est un bon divertissement. ».
> Puis, en marge, un journaliste l'a remerciée de l'avoir aidé à monter une émission de télévision sur le coaching. D'autres associations de coaches avaient refusé.
> Occasion de faire alliance avec la presse aux dépens d'associations concurrentes ?
> Martine, au contraire : « Je prends un risque avec vous, parce que notre rencontre me permet d'espérer que vous traduirez bien mes propos.
> Et je comprends les associations qui ont préféré ne pas se laisser interviewer. Nous avons été échaudés par une expérience antérieure où nos propos ont été réinterprétés de façon malveillante pour notre métier. »
> Réponses qui faisaient honneur au journaliste, à la vérité de Martine, aux associations de coaches, au film qui avait motivé l'interview.

Quatre personnes stratégiques : Nous et Eux

Il y a aussi ceux qui surgissent à deux dans la relation à deux.

En effet, Je ne suis présent dans ce Nous, et Tu n'y es présent que si l'un et l'autre y sont respectueux de leurs *besoins et qualités d'être en relation avec d'autres encore* : « Eux ».

Le « Nous » dépourvu de cette qualité, loin d'être stratégique dans la coopération, couperait chacun du reste de son monde.

Ainsi, zoomer pour plus de simplicité sur la relation de coopération à deux n'exonère nullement, au contraire, de considérer deux autres personnes stratégiques ex aequo : l'autre de chacun.

- De part et d'autre d'une relation de management : le manager du manager et le collaborateur du collaborateur ;
- De part et d'autre d'un contrat de travail : la vie privée du salarié, le collectif de l'entreprise ;
- De part et d'autre de deux membres d'un comité de direction : le service et le métier dont chacun a la responsabilité ;
- De part et d'autre d'une amitié, des familles, d'autres amitiés ;
- De part et d'autre d'un contrat commercial, les autres contrats commerciaux de chacun en amont, en aval, ou à parité de la relation commerciale.
- De part et d'autre de Martine et du journaliste : un métier et un film, l'ICF et le journal, les autres associations et les lecteurs.

Combien de fois nous sommes-nous sentis écartelés, Je face à Tu, en pensant à Eux ? Eux qui m'importent, Eux qui t'importent et dont les intérêts apparaissent d'emblée contradictoires ?

À cet endroit où tout se complique au point de paraître impossible, le danger est de renoncer à un vrai Nous. Et d'entrer dans des comportements de façade, conventions cent fois rejouées où, au nom d'absents envahissants, personne n'ose plus dire ce qu'il pense, ni croire l'autre. Plus de vrais sujets en Nous alors. Plus de présent, pas d'avenir.

Pourtant, l'équation de la coopération peut continuer de s'écrire en deux dimensions, Je et Tu bien présents. Puis Nous, auteurs de notre histoire avec Eux. Cela repart de soi, quand Je me souviens qu'en Nous chacun a besoin de coopérer avec d'autres.

Alors, Je peux mettre notre coopération à contribution du besoin J'ai et Tu as, de rester riches de coopérations avec Eux.

Notre coopération a intérêt et qualité à nous y aider.

Zoom sur des Eux particuliers :

– Eux que nous nous choisissons pour nous accompagner dans la difficulté : épaules amies, conseillers, coaches, thérapeutes, médiateurs, avocats. Comment les choisir ?

– Eux aussi que nous pouvons être à nos proches, clients, patients quand nous sommes épaule amie, conseiller, coach… Comment se conduire ?

Quel que soit leur tempérament, professionnalisme ou technicité, la qualité première de ces Eux est l'empathie avec laquelle ils accompagnent notre réflexion voire notre action. Grâce à Eux, nous nous sentons moins seuls. Leur vocation – et signe qu'ils ne me mangent pas – est de favoriser les conditions où Je retrouve mon bon sens, celui qui coopère avec Tu initial, un autre, d'autres Tu. Et où chacun reste libre d'être soi.

Les personnes de la coopération

Je : dont rêve, objectif, qualités et besoins s'alignent pour dessiner un « bon sens », la direction de Je ;
Tu : dont rêve, objectif, qualités et besoins s'alignent pour dessiner un autre « bon sens », direction de Tu ;
Nous : où Je et Tu, vivants, s'élèvent chacun vers soi-même, dans leur bon sens, grâce l'échange avec l'autre ;
Vous, avec qui Nous élargissons nos chances et horizons si Nous élargissons les Vôtres ;
Eux, de part et d'autre de Nous, détenteurs de leurs bons sens respectifs.

Tous, animés de rêves, objectifs, qualités et besoins propres, ont en partage :
- Le rêve de s'élever vers soi-même ;
- Un objectif commun qui rassemble ;
- Qualité à satisfaire une partie des besoins en présence ;
- Des besoins, moteurs de la rencontre.

LES PERSONNES CONTRE-STRATÉGIQUES : - MANGÉ - MANGEUR - MANGEUR ET MANGÉ CONFONDUS

Que se passe-t-il quand l'interdit unique et suffisant du jardin d'Éden selon M. Balmary : « ne pas manger l'autre, ni s'en laisser manger » ne protège plus l'un, l'autre, la relation ?

Dès que disparaît la conscience d'un plein bon sens pour chacun, unique, exclusif, bons sens que la rencontre a vocation de rendre plus gratifiants encore, chacun est tenté par la solution où l'un se rend à celui de l'autre.

Que les besoins des uns se reposent sur les qualités des autres, c'est de la coopération où chacun progresse. Mais dès qu'un bon sens se sacrifie à un autre (ou est sacrifié à l'autre cela revient au même), tout se brouille.

Mangé

Celui qui sacrifie son bon sens ou dont le bon sens est sacrifié renonce à ses rêves : « faut pas rêver » ;

Il régresse par rapport à ses objectifs, les perd de vue ;

Il démissionne de ses meilleures qualités et n'est plus considéré (par lui-même, par l'autre) qu'à travers celles qui lui font défaut ;

Ses besoins fondamentaux et immédiats sont en souffrance.

C'est l'état « objet » des personnes, auquel la grammaire donne le nom de « moi » pour la première, « toi » pour la seconde. (Dans les schémas p. 94 surmontés d'une barre de fraction : /moi, /toi.)

Dans cet état où les salariés se sentent des pions, les électeurs des instruments, les enfants des propriétés de leurs parents, le sujet en soi se sent dominé, soumis, bon sens nié.

Cet état existe à chaque fois que notre unicité, nos rêves, nos objectifs, qualités et besoins sont niés. Par l'autre, par une voix en soi.

La loi : « ne pas manger l'autre, ni s'en laisser manger », ne protège plus.

Pauvre de moi, pauvre de toi mangé par l'autre, par la situation, par le système ou par des croyances qui me sont déloyales.

« Mangé » déconnecté de mes rêves, objectifs et qualités, besoins exaspérés, je ne vois plus qu'une alternative :

- Coopérer à ma disparition en continuant de me laisser manger ; croire peut-être, croyance déloyale à moi autant qu'à la relation, qu'à me laisser manger, pure victime, je me fais victime pure. Douloureuse logique, et suicidaire, qui pourtant ne m'exonère pas de verser dans l'autre partie de l'alternative : en me faisant victime pure, me voici du moins détenteur de TOUTE l'identité morale. Et déjà je mange l'être moral en toi.
- Manger l'autre à mon tour : celui qui m'a mangé, ou un autre

plus accessible. Le manger à ma façon, avec mes moyens.

Dès que quelqu'un se laisse manger ou est mangé à son corps défendant, le conflit couve.

La loi du jardin a cessé de me protéger, pourquoi la respecter ?

> **moi, toi, mangés**, perdent de vue leurs propres rêves, objectifs, qualités et besoins.
> **Se laisser manger** expose à ne se voir d'autre choix que se laisser mourir, ou devenir soi-même à son tour, exprès ou à son insu, mangeur d'hommes.

Mangeur : JE, TU

« Fait comme un rat », le mangé s'identifie à l'animal qui rencontre en effet l'alternative « manger ou être mangé ».

Réciprocité (mais dans le conflit plutôt que dans la coopération), le « mangé » qui veut vivre se mobilise vers la seule sortie qu'il voit : « Voilà ce que JE peux à mon tour faire de toi ou des tiens, comment JE te maltraite à mon tour, comment JE parle de toi. Comment à mon tour JE ne fais de toi qu'une bouchée ».

JE te mange en utilisant mes qualités statutaires, économiques, intellectuelles, physiques, psychologiques, sentimentales, morales, médiatiques et les outils attenants. Je n'use plus ce que j'ai de qualités à ma disposition pour avancer et m'élever vers moi-même avec toi, mais pour t'affaiblir. Me voici mangeur. Et toi, mangé.

« Si je "parle" l'autre de telle sorte qu'il ne puisse plus rien dire sur lui-même, déjà je le mange » écrit Marie Balmary en dévoilant une des amorces les plus ténues et tentantes que peut prendre ce mouvement toxique : manger l'autre.

Qui bientôt ne se verra d'autre issue que de manger à son tour.

> **JE ou TU mangeur de l'autre**, utilise ses qualités pour dépouiller l'autre de ce qui lui revient en propre.
> Mais il en exaspère les besoins.
> **Prendre l'initiative de manger l'autre**, c'est tôt ou tard éveiller en lui un mangeur d'homme.

L'idée d'un seul bon sens ouvre la porte au conflit parce qu'elle fait de l'affrontement, tôt ou tard, une condition de survie à l'un et l'autre bon sens, sens de la vie de chacun.

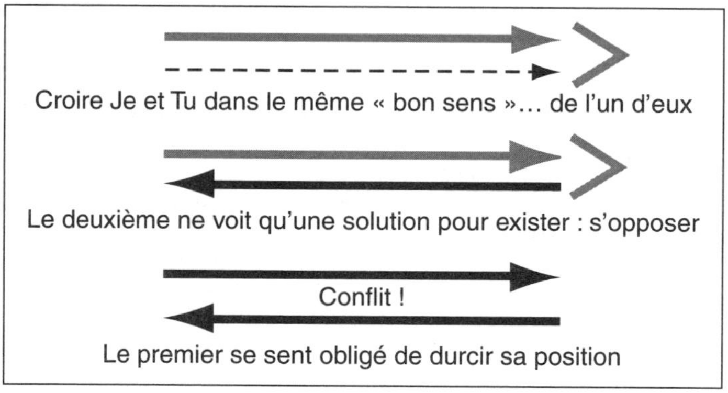

Naissance du conflit

Mangeur et mangé confondus en ON

Ce ne sont pas les bons sens qui s'affrontent dans le conflit : ni Je ni Tu n'y va dans sa direction propre. Ce sont des couples emmêlés où chacun est bientôt le mangé de l'autre.

Car, quand bien même adopterions-nous la stratégie des rats, nous n'en sommes pas. L'alternative pour nous n'est pas : manger *ou* être mangé, mais « réussir la rencontre où s'élever l'un par l'autre *ou* manger et être mangé ».

Mangé par des couples de mangés-mangeurs incapables d'exister l'un sans l'autre et, bientôt, de se distinguer.

- Mangeur et mangé confondus en chaque personne où être mangé justifie de manger.
- Mangeurs confondus entre nous, puisque le mangeur de chacun se justifie par celui, réel ou supposé, de l'autre.
- Les identités originales s'y perdent et bientôt émerge seul le pronom désespérant où se confondent les mangés de chacun : ON

Il ne s'agit pas ici de bannir le « on » qui désigne l'usage général (en Espagne, on dîne plus tard qu'en France), « on » de nos grammaires qui laisse place aux particuliers (« il ou elle ou on »).

Mais de repérer ON,

– où se confond la plainte des mangés : « ON n'en sort pas » ;
– pronom de la culpabilité aussi, qui présuppose tout le monde mangeur. Nommer quiconque alors, se serait le dénoncer. Et tous les noms et pronoms de disparaître sous « ON ».

ON intraitable : « ON m'a dit de toi que… ». À qui répondre ?

ON, maître dévorant mais impuissant : ON n'en sortira jamais, ON fait un métier impossible, ON vit dans un monde impossible où ON toujours mal, jamais bien.

Je et Tu disparus, faute de sujets il n'y a plus de relation. Plongeon dans la confusion d'un ON fait de mangeurs et de mangés, bientôt devenu informe et insalubre dont l'entourage :

– soit s'écarte pour se préserver : en plus, ON nous exclut !
– soit exploite la faiblesse : ON s'est encore fait avoir.

> **ON dévore la relation en confondant tous sujets** dans un même pronom sans distinction, incapable de prendre la parole en personne, jamais là pour écouter ma, ta, notre réponse ; avec qui il est impossible de s'entendre.

ON s'abat au sol entraînant avec lui tout ce qu'il contient. Une chance si dans sa chute il se brise pour laisser émerger à nouveau un à un les vrais sujets distincts l'un de l'autre, sujets seuls capables de désirer s'évader de ce ON ravagé. Puis de prendre la décision difficile et salutaire d'envisager de le faire.

Revenir à soi, redevenir quelqu'un, renaître, aller sur le terrain où, plutôt que manger l'autre et s'en laisser manger, le rencontrer.

Ce pour quoi une carte peut être précieuse.

★ *Récapitulons* ★

LE BON SENS

Le bon sens est si bien partagé, qu'il y en a un pour chacun et chacune. Un bon sens pour s'accomplir : survivre, vivre et se réaliser en paix avec soi et le monde. Un bon sens, celui de soi-même sujet de sa vie dans la vie : Je, relié à une immense quantité de Tu différents.

Le bon sens de Je, Tu, Il Elle sujets est pour chacun celui :
– de ses rêves et objectifs, qu'il est seul à connaître et souvent découvre en chemin ;
– de ses qualités, heureuses de se développer et s'exercer pour mener au rêve ;
– de ses besoins, qui motivent la rencontre.

À l'opposé de chaque sujet, sa version écrasée, objet de la situation : /moi, /toi, /lui mangés aux qualités ignorées, besoins en souffrance, objectifs niés, rêve interdit.

En dévers de chaque sujet, sa version boursouflée : JE et TU mangeurs qui vivent dans l'illusion :
– ils dépendent de la possibilité que l'autre se laisse manger ;
– ils croient à la stratégie malveillante pour qui la survie et les satisfactions de la vie dépendent de la capacité à écraser, paralyser l'autre, le piller, nier son bon sens : manger l'autre ;
– ils sont trompés, car en l'autre vivant se lèvera inévitablement tôt ou tard la salutaire rébellion de la vie. À JE et TU s'accrocheront alors le poids des conflits ;
– quand bien même JE ou TU aurait l'illusion de gagner en mangeant l'autre, ce serait pour rester seul sur le terrain, ce qui n'est satisfaisant pour aucun être vivant.

ON, utilisation abusive de « on », sujet de l'usage général, abuse les sujets aussi en avalant leur nécessaire distinction et leurs bons sens respectifs. Sujet de la confusion, ON est incapable de trouver des solutions pour la rencontre unique de sujets uniques. De cela, seules les singularités humaines, vivantes, sont capables.

En toute rencontre, l'intérêt de chacun est de rester sujet avec d'autres sujets.

7

TOPOGRAPHIE : LIRE LE TERRAIN EN STRATÈGE

Le terrain, c'est ce dont le général doit le plus s'occuper.

SUN TSU
Art de la Guerre
(Art de la configuration du terrain)

CARTE DE LA RELATION

JE SUIS UNIQUE, IMPRÉDICTIBLE. J'ai un sens, une direction même imprécise qui tient à ce que Je suis. Je suis le seul directeur de Je. Qui que Tu sois, Tu es unique, imprédictible et Tu as un sens, une direction même imprécise qui tient à ce que Tu es. Tu es seul directeur de Tu.

Il n'y a donc aucune chance que Je et Tu aillent dans le même sens.

Considérons alors la rencontre entre Je et Tu comme un carrefour où deux routes se croisent. Et génèrent quatre zones différentes, quatre territoires sur le théâtre des opérations.

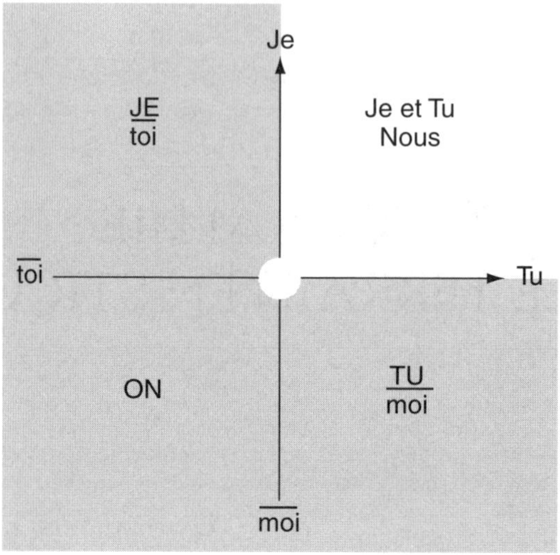

La rencontre : deux seigneurs en présence, Je et Tu ; quatre territoires possibles pour la relation

Un territoire stratégique

Je et Tu font Nous : le territoire de la coopération

Le territoire de la coopération est celui, au nord-est, dans lequel l'un et l'autre peuvent progresser chacun dans son sens, stimulés par une œuvre commune à réaliser ensemble dans un avenir commun, œuvre de Nous : amis, amants, associés dans une entreprise personnelle, familiale, politique, humanitaire ou économique.

C'est un territoire favorable à Je et à Tu, doté de l'énergie de la coopération qui fait que 1 + 1 =… 11 ?

Dans ce territoire, chacun progresse vers ses objectifs, se sert de ses qualités et rencontre celles de l'autre, qui l'enrichissent, l'épaulent, pouvaient lui faire défaut. Grâce à cela, les besoins de chacun ont plus de chances d'être satisfaits. Dès lors, ils ne pèsent pas sur les sujets et ne freinent pas leur progression.

Chacun avance plus vite, besoins satisfaits, qualités encouragées et d'autant plus actives. Alors le premier couple de la coopération devient un pôle d'attraction pour d'autres joueurs dans le grand jeu de leur vie. Voici de nouvelles relations qui élargissent encore

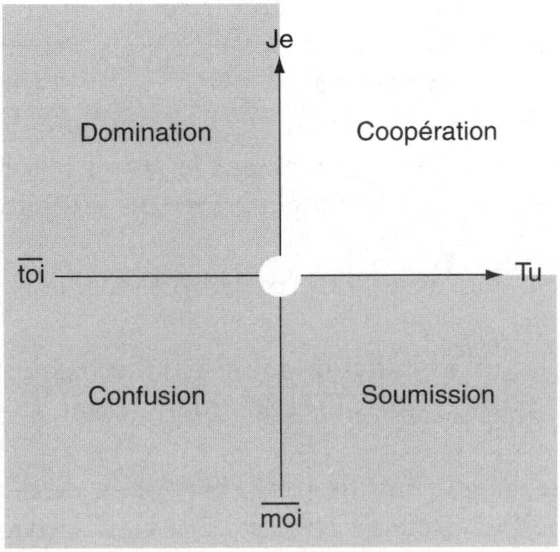

Le territoire stratégique : territoire de la coopération où Je et Tu font Nous

la richesse du territoire de la coopération. Et, aussi, compliquent le jeu et augmentent les risques de déraper dans le conflit.

Trois territoires contre-stratégiques

Territoire de la soumission : $\frac{TU}{moi}$

Au sud-est, sous le territoire de la coopération, voici celui où TU m'as mangé, je me suis laissé manger.

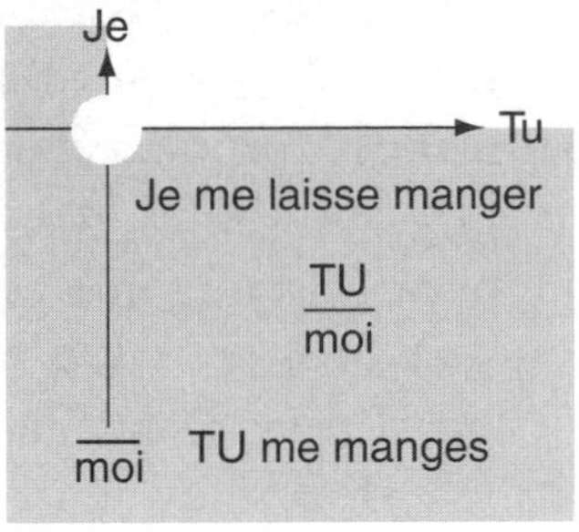

Y suis-je allé de moi-même sans m'en douter, formellement pourtant : « je suis nul » « oh ! moi ce n'est pas grave » ou en renonçant à dire ce qui compte pour moi ?

Ai-je oublié l'arbre au centre de mon jardin (dont le poème[1] dit : de celui-là tu mangeras) : mes besoins, qualités, objectifs, rêve ?

1. L'arbre de vie au milieu du jardin, Genèse 2-9.

Ai-je démissionné de mon pouvoir sur Je en croyant que TU peux tout ? T'ai-je alors confié des clés que j'ai seul légitimité à tenir, ignorant que cette confiance placée entre TES mains quand elle relève des miennes est déplacée, donc indigne de confiance ?

Quand je me lâche, me quitte, sans le savoir je tente l'autre, les autres : mon arbre reste « à manger » ; je suis « à manger ».

Ou est-ce parce que TU maladroit ne vois pas que tu débordes ?

Ou y a-t-il là un TU affamé de ne pas Te régaler de l'arbre au centre de ton jardin, qui pilles le mien[1] dont tu me vois me régaler ?

À moins que, négligeant de ton arbre, plein de dépit voyant les fruits du mien, TU préfères effacer l'écart en saccageant le mien plutôt qu'en prenant ta binette ?

... à moins que je me sente mangé sans que l'autre le fasse, par quelque chose qui au présent sans me manger, me renvoie à d'autres moments où en effet j'étais mangé ?

... ou encore me suis-je senti mangé par un TU tout autre : l'imprévu, la surprise qui me prend au dépourvu. Dépourvu, démuni de la prise que je croyais avoir sur les événements je me crois mangé, confondant mon identité avec mes certitudes, oublieux du fait que Je survis très bien au pouvoir que je croyais avoir sur l'avenir. Danger alors, que Tu vives la même confusion. Et que l'un et l'autre nous croyant mangés, croyons l'être par l'autre, et nous en fassions le mangeur.

Tant de causes possibles, un résultat : TU mangeur, pèse sur moi mangé. Jusqu'à ce qu'en moi mangé se lève l'énergie vitale : rétablir l'équilibre. Un « et moi alors ? » s'élève. Qu'en faire ?

L'option stratégique est de remonter plein nord. Revenir à soi. Renouer avec Je : « Qu'est-ce que Je veux, pour Je ? ».

C'est d'autant plus accessible[2] que j'ai séjourné peu de temps dans le territoire où je me laisse manger.

1. Pour toi, l'*autre* arbre, à ne pas manger.
2. Plus développé p. 138.

Mais si j'y ai séjourné longtemps, envahi par TU dont j'ai trop souffert les défauts, perdant le nord je fais cap au nord-ouest.

Territoire de la domination : $\frac{\textit{JE}}{\textit{toi}}$

Cap au nord-ouest je crois aller vers Je, mais c'est tout occupé de ce que TU me fais subir. Alors, sans m'en douter ou au contraire plein de morgue, de rancune ou de haine, animé de l'esprit de revanche je sors ma langue de vipère à moins que ce soit les crocs. Sur le terrain où tu ne m'attends pas, où je me sens meilleur que toi voilà qu'à mon tour JE te mange.

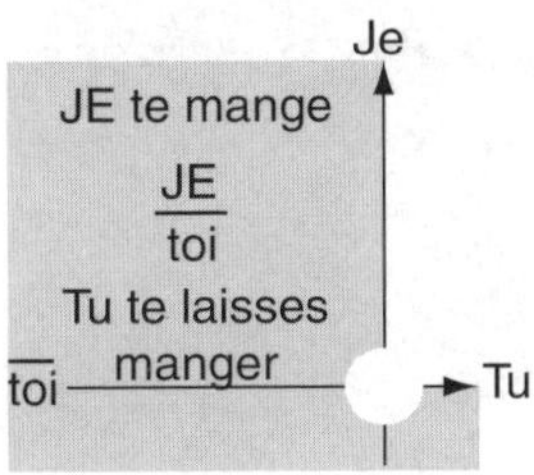

Toi d'où me vient ce qui me fait mal, regarde comment JE peux à mon tour te faire souffrir. Toi par qui m'est arrivée la mauvaise surprise. À moins que ce soit toi qui te présentes tout prêt à être mangé, soit que tu me sembles faible, isolé, arbre fragile, peu défendu ou abandonné, soit que ton arbre m'apparaisse comme une forêt entière : une généralité qui sera incapable de me répondre.

Alors tout le mal que j'ai souffert se mue en mal-veille.

JE veille au mal que JE peux dire de toi, au mal que JE peux trouver en toi : JE veille au défaut de ta cuirasse, par lequel ma position ou mes outils me donneront pouvoir de te manger.

JE m'y investis tout entier.

Fièrement, avec un panache désespéré, vaguement conscient que m'engage dans un conflit dangereux ; ou discrètement, en sous-main, mais alors il va me falloir vivre sur mes gardes en permanence. C'est tout un : habité de la fascination du mal, installé dans une guerre de longue durée, JE cherche la victoire dans le combat. En grand danger, donc, de perdre.

En effet selon Sun Tsu le maître stratège, chercher la victoire dans le combat est le propre de l'armée vaincue. L'armée victorieuse, dit-il, est victorieuse avant le combat[1]. Il y a très peu à parcourir de cette idée à celle que la vraie victoire n'a pas besoin

1. Sun Tsu, Article IV.

du combat. La victoire, dès que je commence à me sentir mangée, m'attend au bout de ma route plein nord, vers « Je » qui me conduit au territoire de la coopération où Tu as aussi tes chances.

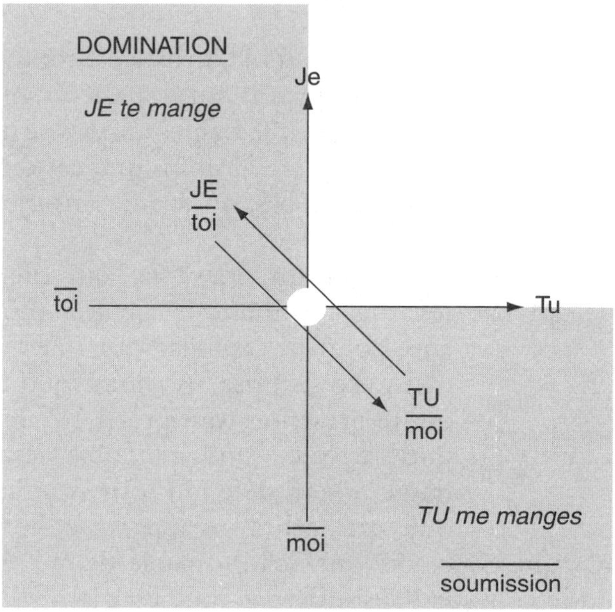

Territoire de la confusion ON

ON se nourrit du conflit où les sujets se confondent et se perdent. ON capable d'attirer par le fond les terrains de la domination et de la soumission.

Capable à lui seul d'aspirer les énergies du combat, ON qui annule et annihile absorbe JE mangeur qui n'en finit plus d'avoir des généralités à accuser, moi mangé qui n'en finit plus de se laisser dominer par des généralités.

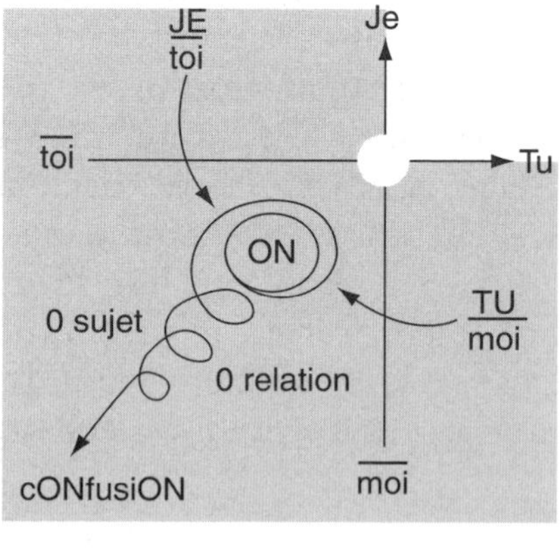

ON pourtant seul avec la guerre qui se nourrit de détruire.

Peut-être au point qu'en lui renaisse le tout petit « on ».

Une généralité toute simple, « on » démuni qui n'aime pas être seul, ni avoir peur.

Car on a besoin des autres.

Et pour les rencontrer, on a besoin de forces sûres et stables.

Des voies existent[1], que Je peux emprunter pour revenir vers la coopération que Tu accueilleras ; ou pas. Voies que j'ai intérêt à explorer : 100 % des gagnants ont tenté leur chance !

Le terrain de la coopération, celui de la bienveillance pour soi et l'autre, certes, ne représente qu'un quart des territoires possibles de la relation. Mais il est le seul qui s'ouvre.

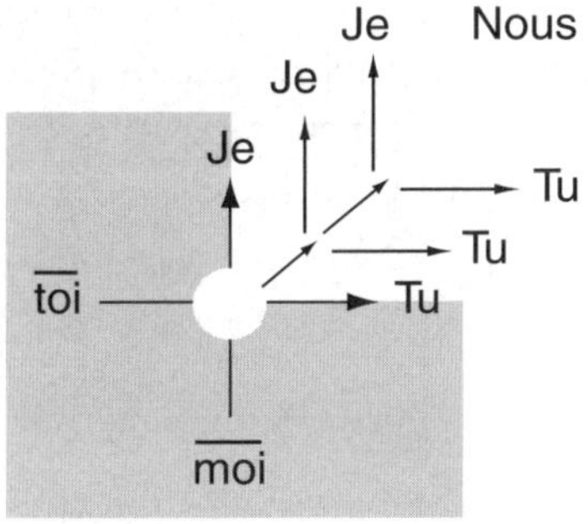

Le territoire stratégique

Il ouvre à une infinie quantité et qualité de solutions pour l'un, pour l'autre, dont une : celle que nous choisirons, qui nous va à l'un et l'autre. Œuvre de Nous, de laquelle surgira la base d'une nouvelle aventure positive, ensemble ou séparément, chacun ayant dans cette rencontre, progressé sur sa propre route.

1. Nous y reviendrons dans le chapitre 8, consacré aux mouvements stratégiques.

Alors quelles forces gouvernent ce quart nord-est du schéma, tandis que s'exercent dans la vie réelle diverses forces qui m'en font sortir :

– l'autre, tellement plus fort, qui ne veut pas coopérer, qui tourne le dos, triche, abuse de sa force contre moi qui étais toute prête pourtant à coopérer ;
– moi-même quand, me sentant plus forte, je refuse de coopérer avec l'autre, lui tourne le dos, triche...
– et toute la somme des malentendus qui peuvent naître entre l'un et l'autre par le jeu des mal-dit, des pas-dit, des malveillances ou à défaut d'imagination constructive.

Quelles sont les forces qui me permettent d'habiter cet espace, m'y maintenir, y revenir aussi, et progresser le plus longtemps, le plus souvent possible ?

Quelles sont les forces que Je peux développer, tout seul, toute seule, et qui me donneront plus de chances de jouer dans l'espace de la coopération le plus de temps possible de ma vie, avec le plus grand nombre de personnes possible ?

★ *Récapitulons* ★

DYNAMIQUES DE LA RENCONTRE

Chaque sujet est libre de rencontrer l'autre dans l'un ou l'autre des territoires. Chacun court toujours le risque de sortir du territoire stratégique, comme la chance d'y entrer.
Le stratège de la bienveillance met son énergie à rester voire revenir, dans l'espace stratégique : celui où chacun progresse grâce à la rencontre, vers soi-même.

Progression dans le territoire stratégique

– J'avance parce que Tu es là.
– Tu avances parce que Je suis là.
– L'un après l'autre, ensemble.

Le trou noir de la relation

JE et TU tout boursouflés, mangeurs, sont affaiblis :
– Par leurs dénominateurs souffrants : /toi et /moi.
– Et par le conflit qui fait peur et mal.
– Ils s'épuisent vite et plongent dans la confusion qui, seule, les réunit.

Le choix de direction offert à l'imagination

– Chercher pourquoi ON n'y arrivera jamais, tout au fond des peurs incontrôlées : imagination du pire.
– Ou trouver comment faire ce Nous où Je m'accomplis et Tu t'accomplis : imagination du meilleur.

Retours dans le territoire stratégique

Libre de me conduire dans toute rencontre, Je peux choisir :
– Depuis moi mangé par TU, d'aller droit vers Je : écouter et reconnaître ce que Je sens, les faits que Je connais, l'hypothèse que Je forme, ce que Je vise, ce dont J'ai besoin ;
– Depuis JE mangeur de toi, d'aller droit vers Tu : écouter et reconnaître ce que Tu dis, les faits que Tu énonces, ce que Tu dis viser, ce dont Tu dis avoir besoin.
– Quand ON est perdu dans les généralités, rumeurs et confusion où personne-en-particulier-s'adresse-à-n'importe-qui-à-propos-d'on-ne-sait-qui-ou-quoi-sinon-que-c'est-pire, de revenir Je, au présent, s'adressant à Tu qui es là.

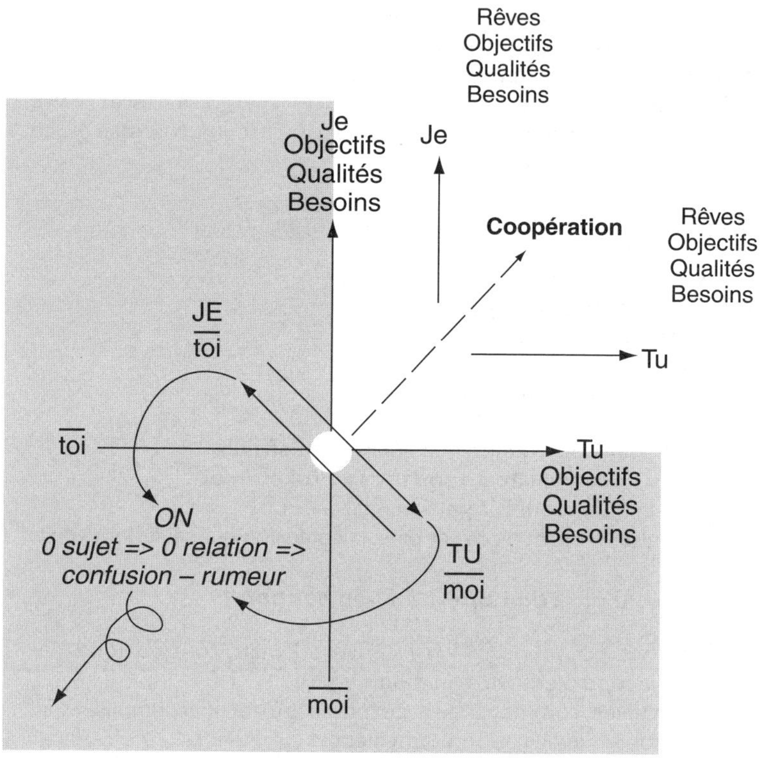

Carte dynamique de la rencontre

Le génie de Je et de Tu, c'est de pouvoir secourir la relation et la ramener dans l'espace stratégique, là où est notre intérêt commun.

Dans l'espace stratégique, la relation produit un résultat respectueux des objectifs, qualités, besoins de chacun. Ce résultat entretient et nourrit la relation d'une réussite partagée.

Résultat et relation alors jouent ensemble un cercle vertueux.

LES QUESTIONS STRATÉGIQUES QUE VOUS POUVEZ POSER

Dans quel territoire suis-je, quel est mon état d'esprit ?

Dans le territoire stratégique : Je à la rencontre de Tu :
- Est-ce que Je regarde vers mes objectifs, protège mon rêve ?
- Est-ce que Je considère mes qualités et les tiennes ? Est-ce que Je sais voir nos caractéristiques respectives sous le côté brillant de leurs médailles ?
- Est-ce que Je suis vigilant à mes besoins et aux tiens ?

Dans la soumission : /moi, écrasé par TU tout-puissant :
Si TES objectifs avancent et les miens piétinent voire reculent ;
Si TES qualités écrasent tant les miennes qu'il ne me reste que celles qui me font défaut ;
Si TES besoins sont satisfaits et les miens en souffrance.
- Quel objectif réaliste me rapproche de Je ?
- Quelles qualités ai-Je et comment puis-Je les utiliser à m'aider ?
- Quel besoin puis-Je réalistement satisfaire pour libérer mes qualités ?

Dans la domination : JE/toi dont j'ai fait le tour :
Si JE/te blâme en ne voyant plus que les qualités qui te font défaut ;
Si JE/t'interprète au pire ;
Si JE cherche donc à te paralyser ou anéantir, par la force, l'intimidation ou la ruse.
- Que puis-Je faire pour rallier Je, quelle que soit ta position ?

Dans la confusion où ON n'y comprend rien, ON n'y peut rien, ON s'en fout, ON ne s'en sort pas, ON est dans une position impossible ?
- Que puis-je faire pour rallier Je, quelle que soit ta position ?

Partie

III QUATRE FORCES : BIENVEILLANCE, RÉCIPROCITÉ, CLARTÉ ET LIBERTÉ D'INNOVER

Le stratège engage le combat avec
les forces régulières et remporte la victoire
grâce aux forces extraordinaires

SUN TSU, L'ART DE LA GUERRE
Article V : Des Forces

COMMENT REVENIR ET SE MAINTENIR dans la coopération ? On y évolue sans y penser quand tout va bien. C'est quand on en est débarqué que, tel un montagnard pris dans une avalanche, prêt à mobiliser toute son énergie, on ignore l'essentiel : dans quel sens l'orienter ? Le conflit l'appelle à lui, mais il isole et affaiblit.

Quelles forces permettent de rejoindre l'autre, les autres ? Lesquelles donnent la force de la coopération ? Elles peuvent être exigeantes, pourvu qu'elles soient sûres.

Repartir du mécanisme de Rapoport, capable dans une compétition de transformer ses adversaires en partenaires ? Axelrod le résume : « Commencer dans la coopération puis jouer ce que l'autre vient de jouer. » Montrer sa confiance *a priori* dans la possibilité d'une relation mutuellement bénéfique, d'accord. Mais ensuite : jouer ce que l'autre vient de jouer ne protège pas, quand on a eu le sentiment d'être mangé, de devenir mangeur à son tour. Et où est notre « leadership » si, une fois la partie engagée, nous sommes condamnés à jouer comme l'autre ?

Les clés du résultat éblouissant de Rapoport étaient ailleurs.

Et si, au lieu de vouloir plaquer le mécanisme d'un jeu dans la vraie vie, si je cherchais plutôt ce qui l'anime ? Si je passais par l'abstraction des forces qui gouvernent sa stratégie mathématique, gagnante à coup sûr dans le jeu de la coopération ?

Interrogée de cette façon la stratégie de Rapoport, Donnant-donnant, a répondu. Et livré son système de valeurs, ou forces (*valeo* en latin : je vais bien, je suis fort). Elle va bien grâce à la conjonction de trois forces nécessaires et suffisantes : bienveillance, réciprocité, clarté. À elles trois, elles conduisent le stratège au plus près des chances dans le jeu.

Pour rester unies dans la vie, où leur alliance ne va pas toujours de soi, elles avaient besoin de la coopération de celle… des arts : la liberté d'innover.

À elles quatre, les trois forces des sciences et celle des arts forment le cœur du réacteur de la Stratégie de la bienveillance.

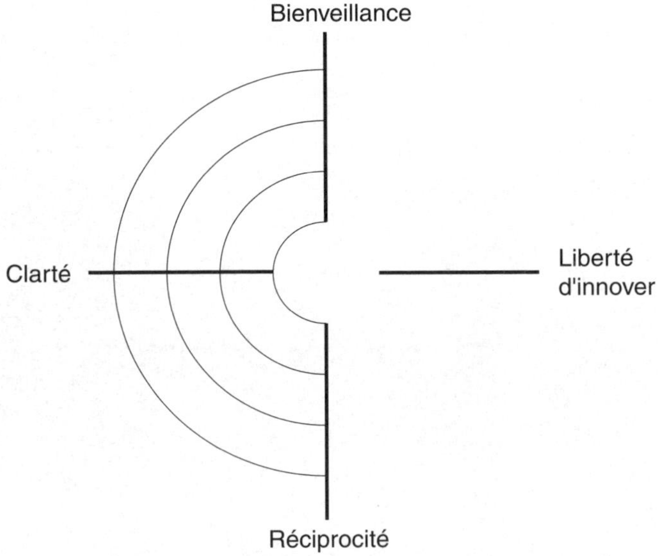

Au cœur du réacteur, les quatre forces stratégiques : Bienveillance, Réciprocité, Clarté, et Liberté d'innover

Qui que Je sois, qui que Tu sois, voici le cap dans l'inconnu, depuis le petit cercle blanc à l'intersection entre l'un et l'autre[1], *à l'amorce*, présent instable dont dépend l'avenir.

L'énigme de ce petit cercle blanc se résout au centre, dans un espace vierge où il ne dépend que de soi de se placer.

Cet espace est au centre de l'alliance des trois forces des sciences qui gouvernent la réussite certaine en attirant à soi, jusque dans la compétition, la puissance de la coopération.

Secourues dans le danger par la force des arts, elles mènent au terrain stratégique.

Centrée sur cette alliance, l'énergie du désespoir prête à verser dans le conflit s'engouffre avec bonheur[2] dans une voie de réussite.

Voie de mutuelle transcendance où chacun, grâce à l'autre, va vers soi[3].

---

1. Topographie, schémas p. 94 et suivantes.
2. Note p. XIX, *heur :* chance ; bonheur : qui bénéficie d'un destin favorable.
3. Note p. 3.

8

LA BIENVEILLANCE

Souvenez-vous de la surprise au dépouillement du jeu[1] : les stratégies les plus efficaces étaient bienveillantes. C'est le cas bien sûr de la gagnante, proposée par A. Rapoport.
La bienveillance est même la première caractéristique de la stratégie qui ouvre le jeu en prenant le risque de la bienveillance pour l'autre, y reste tant que l'autre coopère, y revient dès que l'autre coopère à nouveau. Son surnom de Donnant-donnant pousse à interpréter ses refus de coopérer comme des contre-attaques. Mais est-ce bien leur sens ? La seule chose à laquelle Rapoport oppose un refus, c'est... le refus de coopération. Il refuse d'encourager la malveillance. Bienveillance pour lui ; et la coopération. Bienveillance toujours.
Alors à quoi ressemble, dans la vie, cette bienveillance compétitive capable de transformer en partenaires, des adversaires présumés ?

BIENVEILLANCE : LE MOT

Bienveillance vient du latin *benevolentia* : bien vouloir, qui trouve son sens dans la relation de personne à personne. Vouloir du bien à quelqu'un.

Plutôt que nous précipiter dans l'infiniment délicate question de savoir ce que sont bien et mal, restons dans la partie du mot plus sereine : *volentia*. Elle indique clairement que la bienveillance est le produit d'une volonté, d'une décision. *Benevolentia* dès lors : décision de vouloir du bien à soi, l'autre, les autres.

1. Page 20.

« Est-ce que ça suffit ?

– Non, répondent les bonnes intentions qui pavent tant d'enfers sur terre.

– Non ! répondent tous les "c'est pour ton bien !" qui m'ont fait mal.

– Et non ! » me disent enfin ceux que j'ai prononcés, croyant vouloir du bien à d'autres, voire à moi-même, au terme desquels j'ai vu se lever tant de résistances – jusqu'aux miennes propres, que j'ai compris l'ambiguïté de ce « bien »-là.

D'accord, alors, pour considérer la bienveillance comme une volonté, et pas d'accord pour m'en tenir là.

Explorer alors la différence entre le vrai bien et le faux bien, faux bien qui serait en réalité mal ?

Ce serait me lancer dans un double débat beaucoup trop grand pour moi : séparer le bien du mal, le vrai du faux m'engagerait dans un immense chantier idéologique alors que ce que je cherche est simplement stratégique : efficace, capable de conduire la rencontre à un effet que Je sente bénéfique et que Tu sentes bénéfique aussi.

Un effet… ce que je sens.

L'effet que je sens dans ce mot bienveillance, c'est celui de la racine « veille ». C'est ce mot-là que j'entends résonner dans les mots de bienveillance et malveillance, celui-là qui leur est commun, celui-là, beaucoup plus que volonté, qui veille, m'éveille, m'appelle. Allons voir…

« Veille » est en français l'héritier de plusieurs aïeux répartis en deux sens apparemment opposés :

- D'un côté, elle est activité, tonicité des sens, terrain conquis sur le sommeil. Elle tient du substantif latin *vigila* : vigilance, garde, surveillance, guet pendant la nuit. Elle est observation, écoute, attention. Ce sens est encore renforcé par des origines dans le verbe *vigere* : être bien vivant, vigoureux, éveillé.
- De l'autre, elle est pause, attente, état qui s'oppose à l'engagement de l'action. Elle tient ce sens d'une autre ascendance, *vegere* : végéter. De là vient que « veille » désigne aussi la soirée, la journée qui précède l'action décisive : veille de fête, veille de bataille, veille d'examen, écran de veille… veille de l'action.

Active par rapport au sommeil, passive par rapport à l'action, telle est la veille. Ses deux origines lui permettent de couvrir toute la gamme des états de conscience de soi et l'environnement, depuis la sortie du sommeil jusqu'à l'entrée dans l'action à proprement parler.

Elle renvoie ainsi aux définitions, certes militaires, que le dictionnaire m'a données pour « stratégie » : art de faire évoluer une armée sur un théâtre d'opérations jusqu'au moment où elle entre en contact.

Veille et stratégie

Entre veille et stratégie, je vois apparaître une remarquable conjonction : l'une comme l'autre commandent la levée, le rassemblement et l'évolution d'énergies multiples, jusqu'au démarrage de l'action. L'une et l'autre sont le parcours jusqu'au seuil de l'action.

Or c'est de la qualité de ce parcours que dépend directement le point où le veilleur – ou le stratège, sera situé au moment de l'action : sur un terrain plus ou moins favorable, dans une position plus ou moins maniable par rapport au résultat souhaité.

Donc une bonne veille, comme une bonne stratégie, mène son auteur à une position où l'action est plus facile à réussir, les chances plus nombreuses et le résultat meilleur à vivre.

Au moment critique et fugace de l'action, quand il n'est plus temps de réfléchir ou se repositionner, c'est de la qualité de la veille que dépend le fait d'être ou n'être pas en situation favorable, maniable. Ce qui est d'autant plus critique que l'action est plus délicate et les chances de passer un pas déterminant, minces.

Alors, non seulement la qualité du parcours permet d'être en face de sa chance, mais encore l'attitude mentale qui a produit le parcours oriente l'action et permet de réussir le geste : saisir la chance quand elle passe, comme elle passe, avec la vivacité de l'éclair.

Ce geste n'est pas « pensé ». Quand la chance se présente, il n'est plus temps de délibérer. Le geste part en droite ligne de l'esprit qui le libère. S'il est produit de la veille de ce qui fait du bien, ce geste alors fait du bien. L'action *est* reflet. Reflet de l'élan pris pendant toute la veille, angle déjà engagé depuis longtemps.

Être en mesure de voir sa chance là, droit devant, insolite dans un enchevêtrement de difficultés et accessible. Être en mesure sans différer, d'un geste limpide qui contient le reflet de toute la veille de saisir la chance présente, c'est cela que la bienveillance offre au stratège.

Veille et stratégie, ces deux compagnes attentives, obéissantes l'une à l'autre, influentes l'une sur l'autre, font avec nous tout le voyage de conscience, depuis la sortie de l'inconscience du sommeil jusqu'à l'entrée dans une autre inconscience : celle de l'action spontanée. Ensemble, elles nous conduisent jusqu'au seuil de ce qui nous engage : nos actions, à la sortie desquelles nous pouvons dire « ça fait très mal », « c'est moyen, mélangé », « c'est très bon ». Sensiblement.

Dès lors, dans ma recherche d'un cap pour le parcours au terme duquel ressentir « c'est très bon », il m'apparaît logique et naturel que, contrairement à l'idée reçue, la meilleure stratégie possible soit la bienveillance en tant que *volonté de veiller à ce qui fait du bien.*

> Toutes les écoles de pilotage l'enseignent : dans les situations délicates, limites, le pilote va à ce qu'il regarde. Ceux qui reviennent en disant : « Je voyais la glissière, je la voyais ! », y sont allés. Ceux qui ont tenu la route sont ceux qui ont regardé passionnément, plutôt que la glissière ou le fossé, la route.

De même dans la vie, orienter sa vigilance, nourrir sa veille, tourner sa conscience vers ce qui fait du bien m'apparaît la plus sûre façon de se préparer à être, au seuil de l'action, dans une position favorable et des dispositions favorables pour réussir.

Pour qui a veillé dans la volonté de trouver ce qui fait du bien de part et d'autre, l'action, quelle qu'elle soit, atteint à l'aisance du tireur à l'arc dans l'art zen. Elle surprend, par sa perfection, le tireur lui-même :

– aisée parce qu'elle répond aux désirs du cœur et de la raison de leur auteur, puissante de cette *unité*,

– aisée parce qu'elle répond aux désirs du cœur et de la raison de l'environnement, qui n'offre pas de résistance. Il accueille. Mieux : il coopère, il prend les relais !

LA BIENVEILLANCE : POSITION TOPOGRAPHIQUE

Dans une stratégie personnelle, ce qui fait du bien, ce qui signe la victoire d'une rencontre, c'est que chacun trouve en l'autre un partenaire avec qui nouer alliance.

Dès lors Je peux conduire les priorités de ma veille, qui sont que Je sois présente :

– au bien que Je peux T'offrir : ce qui, parmi Mes qualités, peut répondre à Tes besoins, servir Tes objectifs et participer de Ton rêve ;

– au bien que Je peux recevoir : ce qui, parmi Tes qualités, peut répondre à Mes besoins, servir Mes objectifs, participer de Mon rêve.

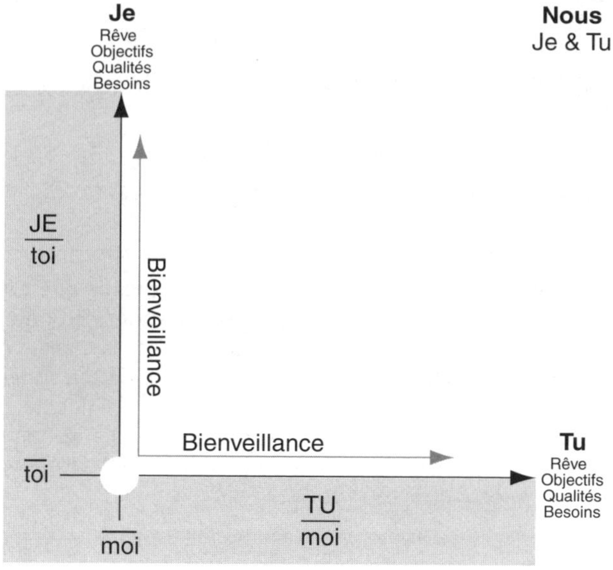

Première force stratégique : la bienveillance

Cela suppose que J'oriente délibérément, volontairement ma veille vers :

– la connaissance de mes besoins, mes qualités, mes objectifs et mes rêves ;

– la découverte de tes besoins, tes qualités, tes objectifs et tes rêves[1].

La bienveillance est la force par laquelle Je m'éveille, vigilante à ce qui fait du bien aux Sujets, aux Auteurs de la rencontre. Pas aux acteurs soumis à un texte écrit d'avance, souvent par d'autres. Aux Auteurs. Dont les « bien » respectifs créent au présent l'espace stratégique et en posent les limites.

Force aussi qui fait cet espace ouvert. Elle ne l'enferme pas dans ce « cadre » dont j'entends si souvent parler et qui exaspère nos espoirs d'infini. Elle nous reconnaît au contraire pleinement notre statut d'enfants de l'Univers et notre besoin, comme lui, d'obéir à la loi de l'expansion.

La bienveillance stratégique répond à notre besoin légitime que nos rencontres offrent des chances illimitées. Par sa façon de définir le terrain des rencontres, elle fait mieux que ménager ces chances : elle les offre.

LA BIENVEILLANCE STRATÉGIQUE : UNE DÉCISION

La bienveillance stratégique est la décision que Je peux prendre, d'orienter mon énergie de veille, ma vigilance en faveur de Je et Tu.

> Par la bienveillance stratégique, Je m'éveille à l'espace que crée la rencontre de ces deux sens, bons parce que ce sont ceux de Je et de Tu. Je prends cette décision parce qu'elle est la meilleure, la plus sûre et la seule chance que Je puisse m'offrir de me situer sur le terrain stratégique, terrain de mes chances.
> Je la prends parce que Je peux la prendre en toute autonomie et parce que Je suis la seule personne qui puisse la prendre en mon nom : Je suis le seul directeur de Je.

1. Comment faire ? Tu es un mystère pour Je ! Voir le chapitre 12 consacré aux mouvements stratégiques.

Je décide seule si, quand je reçois un cadeau qui me fait plaisir, je dis : « Il ne fallait pas », ce qui est malveillant pour l'autre et pour moi, ou « Oh vraiment merci, ça me fait tellement plaisir ».

Je décide seule si, quand quelqu'un me propose son aide, j'accepte ou pas cette aide. En bienveillance pour moi, je la prends si et seulement si elle me rend service, grâce à quoi je serai reconnaissante à l'autre de m'avoir apporté une aide précieuse. Je n'accepte pas une aide pour « faire plaisir » : cela m'entraînerait à être agacée d'une aide qui m'encombre, donc malveillante envers moi et finalement aussi l'autre.

La bienveillance stratégique, c'est l'énergie que J'envoie vers Je et vers Tu, sujets particuliers, pour éclairer leurs chances d'entente, en leur laissant toutes leurs chances d'entente avec leurs environnements respectifs, chacun selon sa sensibilité et sa situation.

Elle est ce par quoi J'augmente considérablement mes chances de rencontrer le stratège que Tu peux être aussi. Cela ne m'est pas garanti à tous les coups : Tu es le seul directeur de Tu. Mais si Je le fais à tous les coups, alors Je rencontre beaucoup plus de Tu que si Je ne le fais pas. Donc beaucoup moins de mangeur et de mangé de part et d'autre.

Or à chaque rencontre avec un Tu, la puissance de la bienveillance stratégique est démultipliée et la dimension de ce qu'il devient possible de réussir, aussi. Rencontrer souvent le stratège que Tu peux être, qui que Tu sois, est la meilleure chose que Je puisse me souhaiter et la plus puissante façon de me faire évoluer favorablement.

Décision et veille personnelle, exigible de soi seul, la bienveillance stratégique donne le pouvoir de se situer au centre d'un microclimat favorable. Ici. Maintenant.

C'est pourquoi elle demande une veille permanente : ici, maintenant, cela change tout le temps. Elle est une décision à renouveler sans cesse. Un choix toujours offert.

Chacun connaît de soi et des autres, à l'issue d'une rencontre, ce qu'il a choisi d'en voir et entendre. Une rencontre humaine est riche de facettes et chacun choisit celles qu'il retient. Chacun prend là des options par lesquelles il se définit, choisit son territoire sur la carte de la relation. Chacun ainsi est responsable de décider de chercher en sujet Je, les sujets Je et Tu que la rencontre peut révéler, confiant qu'en chaque rencontre chacun espère (et peut) être reconnu, se lever, devenir auteur d'une création.

Or de cela, pauvre de moi mangé, fasciné par l'autre, mangeur, est incapable. Et JE mangeur est de son côté bien trop occupé à saliver sur la faille de l'autre. Quant à ON ! ON n'a quand même pas la naïveté de croire que ces choses-là n'arrivent pas. Si cela était, ça se saurait ! et cela est pourtant, mais ON ne veut pas le savoir.

> Ma volonté de réussir n'a pas mieux à faire que de donner pouvoir à Je, veilleur capable de lire les différences comme autant de richesses et de chances, capable d'en faire jaillir ensemble la pêche, la paix et la prospérité.
> À quelle instance de notre personnalité laissons-nous, donnons-nous la parole en nous-mêmes, c'est un choix qui se joue en chacun de nous.
> Ce choix, chaque humain l'a. La bienveillance stratégique, décision personnelle, acte de volonté, commence par la décision que ce soit Je, en soi, qui veille à la santé de Je.

Les besoins, qualités, objectifs et rêves que je tiens pour les miens, sont-ils vraiment ceux de Je ? S'ils le sont, ils sont bien alignés. S'ils ne s'alignent pas ou s'ajustent mal, si c'est douloureux, J'ai toute autorité pour les écouter, peut-être les réajuster :

– Ce besoin est-il libre ou lié à quelqu'un ? Puis-je le satisfaire avec quelqu'un qui y sera bien disposé ou bien est-il besoin d'obliger quelqu'un de précis à faire ce qu'il n'a pas envie de faire ? Auquel cas ce n'est pas un besoin émanant de Je, mais de JE, qui me conduit à la guerre.

– Cette qualité qui me coûte si cher à entretenir, est-ce bien la mienne ou celle que, mangeur-mangé, je me suis imposé de revendiquer, prenant en cela le relais, probablement, de quelqu'un qui la tient pour capitale… simplement parce que c'est la sienne, celle de son père ou d'un de ses maîtres ?

– Cet objectif, est-il encore celui qui conduit à mon rêve, ou bien en est-ce un qui au contraire m'en détourne ?

– Ce rêve, si je l'atteins, est-ce que Je vivrai ce « Je me sens bien », « Je sens que c'est bien » si fort et puissant qu'il affirme enfin, en toute plénitude, l'évidence d'une vérité et d'un bien clairement, intensément ressentis ? Ou est-ce un fantasme : de ces rêves qu'il ne fait bon que caresser… Ou encore est-ce le rêve dont un autre m'a chargé ? Ou enfin est-ce un rêve que j'ai emprunté à un autre et qui n'est ni à ma taille, ni à mes couleurs ?

À présent, comment mes besoins, qualités, objectifs et rêve s'alignent-ils ? Puis comment rejoignent-ils les besoins, qualités, objectifs et rêves de mon environnement ? Les circonstances, toujours changeantes, peuvent inviter à de nouveaux réajustements. Et c'est bienveillance pour soi et pour l'autre aussi, que de veiller en personne, en sujet, vigilant à ce renouvellement.

LA BIENVEILLANCE STRATÉGIQUE DANS LE DÉSACCORD

Le désaccord : passage à l'action et solitude

Le désaccord, dans l'esprit de la Stratégie de la bienveillance, est le moment suprême du contact, de l'action. C'est lui en effet qui, appuyé sur les ressemblances autant que sur les différences, sépare les individus et les laisse seuls : pas d'accord.

Nul n'échappe à ces moments de solitude qui surgissent souvent à l'improviste. Restée seule, sur quel terrain suis-je ?

Restée seule, je donne naturellement le pouvoir à qui, en moi, est prêt à le prendre : JE mangeuse écrasante, pauvre de moi prête à être mangée ou Je stratège ? La plus prête à prendre le pouvoir en moi est celle qui l'avait déjà. Qui ai-je mis aux commandes pendant ma veille ?

Si Je veillais en stratège, c'est le stratège qui prendra le plus naturellement la parole. Et s'adressera naturellement à son alter ego en l'autre : Tu stratège, doué de qualités, mû par des besoins, des objectifs voire des rêves et intéressé à trouver une issue *avec* moi.

De sorte que quand je veille en stratège, j'augmente considérablement mes chances qu'en l'autre, même si veillait un mangeur ou un mangé, ce soit le stratège qui réponde.

Je n'ai pas le pouvoir de *faire* répondre le stratège en l'autre. Mais J'ai celui de l'appeler, et de l'entendre dès qu'il répond.

Dans le désaccord, chacun, déstabilisé, peut déraper en mangeur ou en mangé. Le stratège de la bienveillance n'y peut rien, sinon exploiter à fond son pouvoir de décider à qui confier les rênes dans la paisible veille, à qui les confier dans l'inconfortable désaccord :

– JE, prêt à manger l'autre ?

– Pauvre de moi, prêt à me laisser manger ?

– Ou Je, veilleur du terrain stratégique où rencontrer le stratège que Tu peux être aussi ?

La décision de qui parle et écoute en soi au contact du désaccord est déterminante. Elle est le reflet du choix fait avant le désaccord, en « écran de veille », de donner la parole en soi à Je, ou aux mangé-mangeur.

J'ai le pouvoir là-dessus. J'ai là-dessus les pleins pouvoirs, même s'ils sont parfois difficiles à exercer.

Comme c'est déterminant, autant décider en connaissance de cause quelle instance veille en moi en général. C'est elle, probablement, qui passera à l'action quand surgit le désaccord.

– Le mangé en moi ne verra en l'autre que le mangeur, et l'éveillera.

– Le mangeur en moi ne cherchera en l'autre que le « mangeable », le mangera peut-être (ou peut-être pas « dans la guerre, on ne peut rien dire à l'avance », disait Sun Tsu) en tout cas éveillera le mangeur de l'autre.

– Et ON ne sera jamais d'accord pour savoir-qui-a-commencé-à faire-mal-à-l'autre-ni-qui-a-fait-le-plus-mal-et-ce-qui-est-le-plus-grave-entre-commencer-à-faire-mal-et-faire-le-plus-mal. Alors ON continuera de s'abîmer dans la fascination de l'étude du mal, mal-veille, jusqu'à l'épuisement des forces… qui n'auront servi qu'à se faire mal, qui n'auront servi que ce qui fait mal.

– Seul, Je stratège est capable d'entendre et trouver Tu pour, ensemble, passer l'obstacle : trouver le tremplin caché devant, prendre de l'altitude et accéder ensemble à un autre plan, plus savoureux ensemble que le précédent. Sortir gagnants de l'épreuve de la rencontre.

Ce n'est qu'ancré dans la vigilance à ce qui peut Nous être bon, campé dans le territoire stratégique, que Je peux jouer les désaccords comme autant de chances.

Chances de me préserver des ravages des guerres, chances de découvrir d'autres aspects du monde, d'autres regards, d'autres visions.

Chances d'apprendre ce que Je ne savais pas encore, comprendre ce que je ne comprenais pas encore, sentir ce que je ne sentais pas encore et tout ceci, non pas à la place mais en plus de ce que je savais, comprenais, sentais.

Chances aussi d'entendre les signaux des changements et de distinguer la voie pour monter en altitude, élever la trajectoire : chance, souvent, d'accélération, et parfois de fulgurance.

Cela chacun dans son sens, ensemble ou séparément, car ce qui compte, ce n'est pas de rester liés, c'est d'avoir des chances de se sentir bien.

> Voir un désaccord comme l'occasion d'un changement qui fait progresser l'un et l'autre chacun vers soi-même, c'est un immense bénéfice de la bienveillance stratégique, de la veille de ce qui est bon à l'un et à l'autre.
>
> Si vous savez voir cela et le proposer, alors le désaccord au lieu de devenir décourageant, conflictuel, appauvrissant voire destructeur, devient l'occasion d'un accord plus excitant, plus serein, plus prospère. Il devient source de renouvellement. Et cela est désirable pour tous les joueurs qui, autour de vous, sont plus intelligents que malveillants.
> Bon stratège parce que vigilant depuis longtemps et constamment à ce qui fait du bien, voici que vous attirez les coopérations. Votre art d'évoluer sur un théâtre d'opération jusqu'au moment de la rencontre décisive vous place en configuration favorable.

Quand surgit le désaccord dans la vie, l'équation de la bienveillance peut-elle être résolue pour chacun ?

En général, non. Telle est la réponse grossière de la malveillance qui vous invite à veiller, du coup, en permanence à comment se faire mal mutuellement pour être celui qui fera alors le plus mal à l'autre.

Pourtant en particulier oui, elle le peut. Pourvu qu'ayant fait le parcours en bienveillance, vous ayez visité les particularités favorables de la situation particulière. Alors, au moment du contact, votre veille vous aura amené en face des chances que recèle la situation, parmi lesquelles se trouve la vôtre.

LA BIENVEILLANCE STRATÉGIQUE DANS LA GUERRE

Vous pouvez, bien sûr, rencontrer quelqu'un qui a des raisons de vouloir le conflit, le duel. La malveillance lui dit – et il ou elle la croit – que sa seule chance de survie est d'affaiblir par l'insulte ou la calomnie, le saccage ou le pillage, ceux qu'il ou elle voit « aller bien ».

Le dominateur a bâillonné en lui ou elle le vrai sujet et donc ses vraies chances d'aller bien. Il, elle ne peut avoir avec vous d'autre relation que de domination. Et se lance dans une guerre.

Si vous vous sentez vous perdre dans une étreinte aussi cruelle que passionnée avec la personne que vous pensez cause de votre souffrance, sachez qu'en vous, c'est /moi qui s'active, /moi qui se pend à TU et vous conduit à JE/toi, salaud. De cette étreinte vous n'avez aucune vraie réussite à attendre, que celle de devenir le salaud à votre tour, aux yeux, vraisemblablement, de l'entourage.

Donnez plutôt la parole à Je, interrogez celui de vos besoins qui souffre, et envoyez toute l'énergie que vous vous apprêtiez à investir dans la guerre dans la satisfaction de ce besoin. Ce peut être d'être reconnu comme victime. Il est encore meilleur, néanmoins, de trouver plutôt directement votre voie de réussite et être reconnu comme vainqueur de la difficulté que vous avez surmontée avec cette rencontre-là, ou comme réussissant ce dans quoi la guerre est venue vous déranger.

Avancez vers Je plutôt qu'accepter de laisser toutes vos forces s'engloutir dans une guerre contre un TU, orientez toute votre vigilance et votre énergie vers ce qui vous fait du bien et fait du bien au reste de votre environnement, capable de coopérer. Le comportement de l'autre a levé en vous une immense vague de colère ? C'est autant d'énergie à votre disposition. Utilisez-la en stratège. Plutôt que contre l'autre, utilisez-la pour vous.

Souvenez-vous que Je est autonome : parmi vos trois représentants possibles (Je, JE et /moi), il est le seul capable de marcher seul. Il peut, et lui seul le peut, refuser de donner vos énergies en pâture à un TU et un /toi insistants.
C'est ce Je qui peut retenir les chiens : /moi et JE, avec lesquels les chiens de l'autre sont prêts à en découdre.
Je, seul en vous, est capable de rompre. Parce qu'il sait marcher seul et rencontrer les chances de l'environnement.
Je, stratège, capitaine de haute mer, premier de cordée, fait la route vers et sur le terrain stratégique.

Débriefing de mon histoire de guerre

Dans la situation de guerre que j'ai vécue avec mon cabinet (p. 34 et 60), le danger était précisément de me laisser couler dans le conflit avec le cabinet : le cabinet me faisait mal. Cela pouvait mobiliser toute mon attention, ma veille et ma vigilance : « Quel mal va-t-il encore me faire ? » Question qui m'aurait entraînée à : « Comment me débarrasser de cette menace ? » Puis, très logiquement : « Quel mal puis-je lui faire ? »

Le comportement du cabinet tendait à me distraire de ma stratégie à peine née, à m'écarter de la bienveillance. Rien pourtant, ne m'obligeait à aller sur ce terrain où j'aurais bien probablement tout perdu. Certes son comportement avait levé en moi une énorme énergie que chaque nouvel événement ranimait. Tout le jeu a consisté à orienter cette énergie au bénéfice de ce que Je voulais.

Quel rêve ? C'est là que j'ai osé me rêver « pour de vrai » la vie professionnelle de mes rêves : être mon propre patron. Ah ! et puis aussi travailler avec des sportifs. Et avec des artistes. Transmettre entre l'entreprise, le sport et les arts les meilleurs secrets de réussite des uns et des autres. Mon rêve à lui seul, en s'élevant, me décollait de ma rage : il était aussi intense, et tellement meilleur.

Quels objectifs alors ? Reprendre mon souffle d'abord, retrouver mon équilibre et reprendre des forces. Ensuite ? Partir. Comment ? Avec un cabinet qui… coopère avec moi. Ce sera ma victoire et celle de ma stratégie, non pas sur le cabinet, j'accepterai de coopérer avec lui en respect de ses intérêts, mais sur les forces qui, aujourd'hui, l'animent contre moi.

Quelles qualités ? Avec le conseil (en marketing et communication), la formation (en management, stratégie, communication et développement personnel), le coaching en entreprise, je maîtrise trois métiers. J'ai en exclusivité ma stratégie que je suis prête à partager et une grosse longueur d'avance en tant que praticienne et chercheuse. Et mes résultats me disent que je peux réussir des choses réputées impossibles, que je suis capable d'innover et d'innover en sécurité.

Quel besoin ? J'ai d'urgence besoin de me défaire de la pire ennemie du stratège : la haine brûlante. Je la sens, je sens sa folie destructrice, sa démence. J'ai besoin de paix. J'ai besoin de rompre tout contact avec le chef de projet. Et de m'écarter du cabinet.

> Cette orientation de mon esprit m'était infiniment plus confortable que la tourmente qui me brûlait...
> Là les choses se sont mises en place.
> J'ai découvert dans la situation ce qui me permettait de résoudre l'équation.
> Je pouvais m'éloigner tout de suite du cabinet. En effet je n'y avais jamais prêté attention, mais il encourageait ses consultants à travailler chez eux : cela libérait des postes de travail.
> Je pouvais couper tout contact avec le chef de projet, il suffisait de lui rendre mon tablier. C'était risqué, mais possible parce que mes confrères du cabinet avaient besoin de ce que j'offrais et étais seule à offrir.
> J'avais ainsi du temps devant moi pour reprendre mon souffle – objectif premier. Et envisager tranquillement ma sortie.

Si la bienveillance est stratégiquement plus forte dans la guerre que la malveillance, c'est parce qu'elle ne se soumet pas au jeu de dupes qu'est la guerre : elle n'y entre pas.

Le jeu de dupes où la guerre entraîne les humains, c'est de les laisser penser qu'à se combattre ils iront plus vite à leurs rêves. Alors que la guerre ne fait que freiner les belligérants, fussent-ils gagnants.

> ***La force que donne la bienveillance, c'est la force d'avancer***
>
> Que certains veuillent de la guerre, c'est leur affaire et la Stratégie de la bienveillance n'a pas l'ambition de faire la guerre aux guerres. Elle s'en tient à proposer une ligne de conduite qui permet de réussir à ceux qui veulent gagner beaucoup plus et beaucoup plus sûrement que ce que peut leur offrir la guerre.

LIMITES DE LA BIENVEILLANCE STRATÉGIQUE : CE QU'ELLE N'EST PAS

Elle n'est pas positivisme à tout crin

Quand tout ou partie vous fait souffrir, la bienveillance stratégique vous invite à le reconnaître.

Reconnaître que vous ne vous sentez pas bien, que ce n'est pas de cette façon que vous vous sentez bien.

Rien n'est plus décourageant, quand vous souffrez, que de vous entendre dire : « Positive, regarde tout ce que tu as pour être heureux ». C'est donc contre-stratégique. Nier que vous souffrez parce que vous ne savez pas identifier ce qui vous fait souffrir, ou nier ce qui vous fait souffrir, c'est déjà entrer en/moi, c'est subir, c'est encourager un phénomène qui, tôt ou tard, vous mènerait à JE exaspéré.

La bienveillance stratégique dans la souffrance invite d'abord à reprendre pied en orientant sa vigilance sur ses appuis. Moins il en reste, plus ils sont précieux :

– De quoi est-ce que Je ne souffre pas ?

– Qu'est-ce que J'ai comme forces, où est ma chance ?

Ce sont les qualités de Je à ce moment-là : les chances de Je souffrant sur lesquelles reprendre pied. Quand Je les ai trouvées, Je peux me demander :

– De quoi ai-je besoin ? (Pas le besoin que TU... te laisses enfin manger mais le besoin qu'éprouve Je *pour* Je).

– Qu'ai-Je en moi, autour de moi, pour le satisfaire ?

– Que puis-Je faire de ce que J'ai pour le satisfaire : prendre du repos, du champ ? Avancer, m'avancer ? Accepter ? Élargir l'environnement ? Reconsidérer mon objectif, vérifier s'il est le plus capable de me conduire au rêve ? Reconsidérer le rêve, l'ajuster à ce que J'aimerai vraiment ?

C'est le moment peut-être, de reconsidérer l'alignement de mes rêve, objectifs, qualités, besoins, pour trouver celui qui va à Je au présent, ici et maintenant.

Confiant qu'il en existe un, propre à Je, ici, maintenant.

Les interdits de la bienveillance stratégique

La bienveillance stratégique vous interdit de vous laisser embarquer en son nom dans le projet d'un autre d'une façon qui vous serait néfaste, où vous savez que vous ne serez pas à votre place, où vous aurez mal. Vous sortiriez alors immédiatement du terrain où la bienveillance stratégique exerce sa protection : ce serait se laisser manger et, bientôt, chercher à être le mangeur à votre tour.

Elle vous interdit tout autant d'exhorter l'autre : « Sois bienveillant », pour lui extorquer ce que vous voulez qui lui serait néfaste, dont en tout cas il ou elle ne veut pas. Utiliser l'incantation à la bienveillance pour inciter l'autre à jouer contre son camp vous rapporterait peut-être ce point-là, mais vous sortiriez immédiatement du terrain où la bienveillance stratégique exerce sa protection, pour manger l'autre. Qui, lassé, chercherait à être le mangeur à son tour.

LA BIENVEILLANCE, CHOIX HUMAIN… CONFIANT DANS LA NATURE

Les minéraux à leur façon, les végétaux, les animaux aussi veillent. Toute la nature veille à sa survie et à son renouvellement. Au sein de chaque espèce, les individus orientent leur veille dans l'obéissance aux lois qui sont les leurs, n'y dérogeant qu'à la marge. Nous les humains, sommes dans le flou quant aux lois de notre espèce.

C'est que chacun fait les siennes. *Chacun est une espèce à part entière* qui cherche avec plus ou moins de constance, de conscience, d'adresse et de réussite, son « bon » fonctionnement et ce qui lui fera du « bien ».

Ce que nous avons en commun, nous les humains, c'est le choix et donc l'obligation de choisir. Par exemple celui de l'orientation de la veille qui assurera notre survie et notre renouvellement. Ce choix est entre nos mains et il est notre exclusivité dans la nature :

- veille intelligente, orientée vers ce qui peut nous faire du bien en profitant à notre environnement, vigilance à ce qui peut nous inscrire au centre d'un écosystème pacifique et prospère ;
- veille maligne orientée sur ce qui peut nous faire du mal, sur ce qui peut nuire à notre environnement, vigilance à ce qui peut nous faire gagner des guerres… ce qui suppose de les faire.

> Malveillance et bienveillance, veille à ce qui peut faire mal et veille à ce qui peut faire du bien, ce choix est une exclusivité humaine. Il est nôtre. Donc ce choix, nous l'avons.

Que la malveillance nous indique que nous sommes obligés à la guerre, c'est dans sa nature : elle oblige, déjà elle fait mal. Et elle oblige à ce qui fait mal. Mais nous ne sommes pas plus obligés à la malveillance qu'à la bienveillance. La liberté est égale de part et d'autre. Nous *avons* le choix.

Même si nos héritages individuels sont plus ou moins chargés de part et d'autre, chacun de nous peut choisir. À chaque instant tout au long du parcours de notre vie.

Pour nous humains, chaque individu choisit chacun de ses instants. Avec d'immenses marges d'erreur. Et une extrême félicité quand une succession de choix se trouve confirmée par la sensation : c'était bien, ça fait du bien, c'est très bon.

Le terrain stratégique balisé par la bienveillance conjuguée pour deux sujets renferme un « très bon » pour soi au goût unique et sublime, qui est très bon aussi pour l'autre.

« Très bon » du couple amoureux, de la rencontre d'amis pleinement réussie, du travail bien fait que salue un environnement respectueux et un marché qui s'ouvre, de la rencontre entre l'œuvre artistique et l'émotion du public.

« Très bon » aussi de ceux qui savent, en petites et grandes choses, trouver souvent, savourer longtemps ce « très bon » infiniment meilleur que le simplement bon des autres espèces.

Ce « très bon » nous avons, nous les humains, à le choisir.

Avec pour alternative le « qui fait très mal » que nous pouvons, aussi, rendre infiniment plus douloureux et destructeur que les autres espèces ne sauront le faire.

La bienveillance stratégique invite à croire que tout humain, comme toute espèce minérale, végétale, animale, a sa juste place dans le monde ; une place plus difficile à trouver pour nous que pour les autres espèces peut-être, place existante néanmoins, repérable à ce qu'elle est bonne pour soi et bonne pour l'environnement.

Trouver cette place est une activité qui occupe largement la veille humaine puisque c'est une place à retrouver sans cesse tant, (comme changent les arbres, la couleur du ciel, les marées et la distance entre les planètes), chacun, chaque jour dans le monde changeant change, nécessitant de nouveaux équilibres.

Et puisque l'humain s'avère si puissant qu'il modifie les équilibres naturels, il peut, s'il le veut, s'intéresser aux équilibres qu'il peut modifier pour le bénéfice de chacun.

LA BIENVEILLANCE STRATÉGIQUE ET LES SOURCES CULTURELLES DE NOTRE ÈRE

Je sais bien que traiter de bienveillance sous l'ère chrétienne, c'est inévitablement chatouiller le lien que chacun entretient – heureux ou malheureux, distant ou rapproché, croyant ou incroyant – avec la chrétienté. Dès lors, la question peut se poser pour certains d'entre vous de savoir comment la bienveillance stratégique se positionne à cet égard.

Et comme les histoires qui se transmettent de génération en génération sont souvent la façon la plus éloquente d'illustrer un propos, voici comment la bienveillance stratégique lit un très grand classique de culture chrétienne : la parabole du bon Samaritain.

> **Le Samaritain** est un voyageur que son voyage conduit à l'endroit où gît un blessé et qui, ayant vu le blessé, est touché de compassion. Bien loin d'un esprit de sacrifice, le Samaritain qui s'approche du blessé *reste sur sa propre route et obéit à ses propres sentiments.* Que fait-il ? Il verse sur les plaies de l'huile et du vin et il les bande. C'est qu'il a cela sur lui : ce sont ses qualités, qu'il utilise. Puis il emmène le blessé. Non non, il ne se casse pas le dos à le porter, il a un cheval ! Il met le blessé sur son cheval. Ensuite il conduit le blessé à une hôtellerie dont c'est le métier d'accueillir des gens pour qu'ils se reposent. Le lendemain – donc l'hôtellerie lui a servi à lui aussi, à passer la nuit – il offre deux deniers d'argent à l'aubergiste et annonce qu'il paiera le reste à son retour. S'il parle de son retour, c'est qu'il n'a pas fait un crochet, c'est qu'il est sur son parcours naturel, celui par lequel il repassera pour rentrer. Donc il ne s'est pas dérouté. Il ne s'est nullement oublié, sacrifié.
> L'aventure lui a-t-elle coûté de l'argent ? Ce voyageur avec cheval en avait sur lui et pensait en avoir encore au retour. Il y avait aussi ce qu'il n'avait pas, ce qui lui faisait défaut et paraissait inaccessible, son besoin, peut-être un rêve pour lui. Être de Samarie était alors source d'opprobre dans toute la Palestine. Et le voici devenu un exemple « mondial », depuis plus de 2000 ans, de *qui* il fait bon aimer : l'histoire du Samaritain est racontée par Jésus de Nazareth en réponse à la question : « Ce prochain que tu nous dis d'aimer comme soi-même ; qui est-il ? »
> Il est celui qui s'aime en même temps qu'il aime l'autre ou, cela revient au même, aime l'autre en même temps qu'il s'aime : celui qui sait réussir une rencontre.

★ *Récapitulons* ★

LA BIENVEILLANCE : REINE, CAP, PHARE ET REFUGE STRATÉGIQUE

Dans le calme et l'urgence, le rituel et la surprise, le stratège tient son cap :

- quand il oriente sa veille, sa vigilance (écoute, observation, attention), vers ce qui fait du bien en l'un et en l'autre, à l'un et à l'autre ;
- quand il accueille ce qui fait du bien, quand il accueille, donc aussi ce qui fait du bien aux environnements dont l'un et l'autre ont besoin ;
- quand il recherche l'aspect bienfaisant de toute situation, que celui-ci soit suffisant et à savourer, ou insuffisant et à augmenter.

Le stratège de la bienveillance cherche volontairement à se trouver au centre du bien-être de Je, en relation avec le bien-être d'une multitude de Tu. Il cherche cette place sachant qu'elle existe, même s'il ne la voit pas encore.
Il sait que cette place, mobile puisque le monde est changeant :

- respecte les *rêves* de chacun, aussi différents soient-ils ;
- rapproche chacun de ses *objectifs*, aussi différents soient-ils ;
- offre reconnaissance, expression, expansion aux caractéristiques de chacun qui ainsi peuvent devenir des *qualités* ;
- satisfait les *besoins* grâce aux qualités.

La bienveillance stratégique invite chacun à servir ses rêves – bienveillance pour soi – en les articulant avec ceux d'autrui – bienveillance pour l'autre.
Sa force est que l'autre, s'il est plus intelligent que malveillant, coopérera. L'expérience du jeu montre que ces autres-là sont en nombre statistiquement suffisant, même – surtout – s'ils cherchent à gagner.

Cette bienveillance a la force de mener aux vrais objectifs : ceux qui conduisent à la réalisation des rêves bons à vivre.

Cela suffit. La bienveillance suffit.

« Aime et fais ce que voudras », tout est dit en six mots aussi, par saint Augustin.

Partir équipé du seul cap de la bienveillance expose pourtant au risque d'en perdre les dimensions.

Pour que la bienveillance garde sa force, ne la laissez pas voyager sans ses dames de compagnie : la réciprocité, la clarté et la liberté d'innover.

9

LA RÉCIPROCITÉ

> Donnant-donnant gagne en étant prête à riposter à la première attaque, et prête à nouveau à coopérer dès le premier signe de coopération : sa bienveillance est protégée par une stricte réciprocité.
> « Pratiquer la réciprocité dans la coopération comme dans la défection » est d'ailleurs le seul conseil positif que donne Robert Axelrod à qui veut extrapoler Donnant-donnant à la vie réelle.
> En effet, la réciprocité de la coopération permet l'éclosion d'une relation bienveillante tandis que la réciprocité dans la défection, en dissuadant l'agressivité, protège la bienveillance des stratégies agressives.

RÉCIPROCITÉ : LE MOT

Du latin *réciprocus* qui va en arrière après avoir été en avant, le mot contient le « re » de retour et le « pro » de pour, en avant.

Utilisé en latin pour nommer le mouvement des marées, il signifie : alternant, renversé, répercuté. Son sens, et c'est assez rare dans notre langue, n'a pas varié avec le temps, peut-être parce que contenant à la fois l'aller et le retour, il est vaste permanence.

Signifiant le retour de ce qui est allé, il annonce que ce qui reviendra sera de la même eau que ce qui est parti.

Née pour désigner avec les marées un mouvement de la nature sur lequel l'humain a encore moins de prise que sur le climat, la réciprocité est un repère irremplaçable dans les grandes disciplines humaines. Présente dans la grammaire, la logique, les mathématiques (l'algèbre autant que la géométrie), le droit et le commerce, la réciprocité qualifie « une action, une relation entre deux personnes qui s'exerce de façon équivalente à celle d'un premier terme sur un second et du second sur le premier »[1]. Souvenons-nous cependant que ces disciplines humaines n'ont pas inventé, mais seulement apprivoisé la réciprocité, qui règne sur la Terre et au-delà même, dans l'espace où toutes les planètes s'éloignent de leur soleil pour y revenir.

La réciprocité est chimique, biologique, cosmique.

Et poétique : les grands mythes, qu'ils soient grecs, judaïques ou de l'autre bout du monde, sont des variations sur le thème inépuisable du travail de la réciprocité entre les humains.

Elle est présente en tout système, active dans toutes les relations quelle que soit l'échelle du système et la nature des relations.

> Permanente, puissante, étendue, observée dans la nature avant d'entrer dans ce qui rassemble les humains, telle est la réciprocité dont le joueur de Donnant-donnant a su faire son alliée.

LA RÉCIPROCITÉ : POSITION TOPOGRAPHIQUE

La réciprocité étend bien sûr son règne dans tous les territoires de la relation. Le conflit est réciprocité de malveillance entre mangeurs et mangés. Quant à la confusion, elle est perte réciproque de repères.

Mais ce qui nous intéresse ici, c'est la place de la réciprocité dans le territoire stratégique. Car la bienveillance n'est une force, une valeur référente et stratégique que si elle s'applique à tous : à l'un et l'autre et aux autres encore.

La bienveillance n'est stratégique que si elle est réciproque

Garde du corps de la bienveillance, la réciprocité qui fait que l'autre gagne à me faire gagner et que je gagne à faire gagner l'autre, est l'étai du territoire stratégique.

Elle nous rappelle, et nous en avons souvent besoin, que la bienveillance pour l'autre n'est performante que si elle est accompagnée de bienveillance pour soi... et réciproquement.

---

1. Robert Historique de la Langue Française.

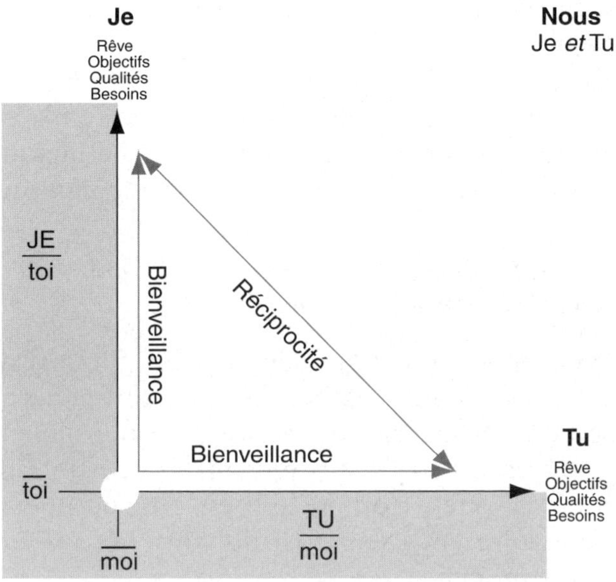

Deux valeurs ou forces stratégiques

La bienveillance pour l'autre a besoin de sa réciproque, la bienveillance pour soi.

Se tourner vers l'autre avec le genre de bienveillance qui fait s'oublier, c'est jouer de malveillance envers soi – malveillance dont la réciprocité s'empare.

Sans revenir à la malveillance que nous initions quand, démissionnant de nous-mêmes, nous incitons l'autre à nous manger[1], considérons l'oubli de soi qui conduit à se « mettre à la place de l'autre ».

Bonne intention, mais de celles qui pavent l'enfer des relations. Car non seulement prendre à la place de l'autre consiste à quitter sa propre place en face de l'autre et le laisser comme seul. Mais encore cela revient, prenant sa place, à l'en chasser. Se mettre à la place de l'autre, c'est se considérer plus légitime que l'autre à occuper sa place ; cesser de l'écouter ; et le manger en prétendant savoir mieux que lui ce qu'il doit sentir, penser, vouloir ou faire. Imposture qui, le plus souvent, s'ignore, se mettre à la place de

1. Cf. p. 95 et 96.

l'autre c'est se laisser manger par la situation de l'autre et, finalement, le manger.

L'empathie, si saine et précieuse, consiste plutôt à écouter l'autre en s'entendant soi-même. Et, de sa propre place, offrir ses propres émotions, impressions, ressentis. Grâce auxquels l'autre pourra mieux distinguer, reconnaître et voir reconnus les siens.

Réciproquement, la bienveillance pour soi a besoin de sa réciproque, la bienveillance pour l'autre.

Foncer vers soi-même sans bienveillance pour l'autre, c'est verser dans une autocomplaisance qui pousse très vite à user de la calomnie, du pillage ou du saccage d'environnements peu défendus ; c'est passer en JE suis plus malin que toi sans défense. Vous pourriez, en effet, tromper qui est plus occupé à honorer, échanger, construire, qu'à se garder de vous. Mais vous ne tromperiez pas la réciprocité.

Car cela offre des réussites faciles (dans la vie comme au jeu, attaquer ou faire cavalier seul en face de qui coopère est payant dans l'immédiat), si faciles qu'elles envahissent bientôt toute la stratégie personnelle. Celle-ci ne sait plus réussir sans calomnier, piller ou saccager autour de soi de temps en temps – puis de plus en plus souvent. La force de cette habitude augmente en même temps que l'ignorance de la façon de réussir autrement. Autour de soi alors, les environnements accueillants, ouverts, généreux, peu défendus soit meurent exterminés, soit se préservent en se détournant.

Le monde est-il assez grand pour que se renouvellent des gisements frais d'entourages prospères, généreux et peu défendus ? C'est presque vrai : le monde est grand… même s'il s'avère de plus en plus petit au fil de notre avancée en âge où la réciprocité nous ramène… des rencontres anciennes. Là où c'est complètement faux, c'est que le monde mental de chacun est, lui, à l'exacte mesure de chacun. Quiconque insulte, pille, saccage autrui pour survivre et y rencontre quelque succès, perd de vue qu'il y ait un autre moyen de réussir. L'agression lui devient alors légitime, normale, banale au point d'alimenter – voire de rendre nécessaire – la conviction que c'est ce que tout le monde fait. Dans cet état d'esprit, je ne peux voir l'autre que comme un niais à piller autant que comme une menace. Je me déplace peut-être d'environnement frais à environnement frais, mais ce que je déplace, c'est une solitude amère dans un monde mauvais. Solitude qui, pour trouver un peu de compagnie, cherche à convaincre le plus de monde possible que le monde est devenu mauvais. Sans voir que ce n'est pas le monde autour que ce discours dénonce, mais la façon dont son auteur l'a transformé : son impact sur son environnement.

Ce développement paraît-il trop théorique ? Alors il reste la netteté du résultat statistique : les stratégies malveillantes ont perdu devant Donnant-donnant et devant, d'ailleurs, la plupart des stratégies bienveillantes. Même dans le tournoi, commencer en mangeur offre au détail une réussite facile mais fait échouer en mangé. Œuvre de la réciprocité.

Nous naviguons entre ces extrêmes en tendant d'un côté ou l'autre. La stratégie ne s'avance pas à déterminer, entre les deux bienveillances non réciproques, laquelle est préférable à l'autre. Elle constate seulement que les bienveillances non réciproques précipitent la relation dans les territoires non stratégiques où naît le conflit.

Et voilà que je vous ai montré les fossés ! Alors faisons au moins ensemble la remontée sur la piste, chemin de crête au-dessus des deux ravins.

Car l'excellente nouvelle stratégique à la sortie de ces deux cauchemars, c'est que si le monde m'est mauvais en réponse à mes erreurs, alors J'ai à tout instant – quand Je le décide – le pouvoir de me préparer un monde meilleur grâce à mes corrections.

> Le soir[1] où, rentrant tard à la maison, je ne pouvais pas faire face aux questions que me posait Nicolas, j'étais attirée d'un côté par la pente sacrifice : pousser mes forces jusqu'à épuisement puis reprocher : « Regarde ce que tu me fais faire ». À moins que, me taisant à ce moment-là, je bassine plus tard mes amies avec des « mon mec, il est pas possible ! ». De l'autre côté, une pente « attaque » m'attirait aussi : « Mais enfin tu le fais exprès, je sais très bien que tu cherches à me culpabiliser de rentrer tard… ». Et puis le chemin de crête que j'ai finalement choisi d'emprunter : « Attends. D'abord je retire ce que je viens de commencer à dire. Ensuite, donne-moi dix minutes et je t'écoute et je te réponds. »

1. Cf. p. 25 et 26.

Au stratège alors, connaissant les deux pentes dangereuses de l'attaque et du sacrifice, d'ouvrir le chemin de crête et de se concentrer dessus assez à fond pour qu'il puisse porter et soi et l'autre.

Ce sentier est trop mince pour qu'il soit possible d'y trouver l'équilibre en regardant les abîmes. Il est présent pourtant et suffisant si, concentrée sur lui, je m'y avance pas à pas. Alors – réciprocité – il renvoie en démultiplié ce qu'il a reçu et devient terrain stratégique où chacun devient une chance pour l'autre.

JEU DU STRATÈGE AVEC LA RÉCIPROCITÉ

Puisque la réciprocité est une loi de la nature, elle n'est pas une décision humaine. Le stratège ne la « décide » donc pas. Ce qu'il décide et choisit, c'est de la reconnaître, elle et son écologie :

- la réciprocité rapporte de la malveillance à qui en a émis pour soi-même, ou pour l'autre ou pour les deux, ou pour leur environnement ;
- la réciprocité rapporte une bienveillance incertaine au coup par coup mais statistiquement imbattable sur la distance, à qui en a émis régulièrement pour soi-même, pour l'autre et pour les autres.

Ce qui revient au stratège, c'est le choix d'être beau joueur avec la réciprocité. Et pour commencer, de la considérer avant d'y être forcé.

Reconnaître la réciprocité d'abord dans la bienveillance

Ce qui nous fait mal ou peur mobilise davantage notre énergie que ce qui nous fait du bien, aussi sommes-nous tentés de nous laisser fasciner par ce pôle-là, et de n'envisager la réciprocité que du côté de la souffrance. Ne penser réciprocité que pour les coups et blessures, pour rendre coup pour coup. Mais attention, c'est de cela alors, que la réciprocité charge son aller et bientôt son retour ! Oh, ce n'est pas magique, c'est tout simplement mécanique.

Entretenir le souvenir de la souffrance voire méditer de se venger, c'est prolonger en pensée, en parole, en humeur, l'effet de ce qui nous a fait souffrir. C'est donner à ce ou à ceux par qui nous avons souffert un pouvoir plus durable – donc plus grand.

Quant à se venger effectivement, c'est s'investir sur un champ de bataille défini par un autre. Et se détourner de sa propre direction.

Il ne reste plus alors assez de mémoire vive pour se souvenir de ce et ceux qui étaient bons, plus assez d'énergie pour se tourner vers ce et ceux qui seront bons. Et voici que, non contents de nous détourner de notre direction, nous négligeons ce qui est prêt à y coopérer !

La plainte entraîne toute l'énergie du souvenir – toute la culture, donc, sur les souffrances passées et entretient en soi l'identité de victime.

La vengeance oriente toute l'énergie vers la souffrance. Elle entretient en soi l'identité du mangé, qui justifie de se faire mangeur.

Le boomerang de la réciprocité est chargé. Mais quel dommage, il l'est de ce qui fait mal.

Le stratège de la bienveillance décide plutôt de reconnaître d'abord ce qu'il est, ce qui lui arrive de bon, ceux par qui il lui arrive du bon et dans quelles conditions il se sent bien. Il décide d'encourager ces énergies-là, de favoriser autant que possible les conditions de leur développement.

Le stratège de la bienveillance joue cela avec lui-même, avec chacun *a priori*, avec ceux qui se sont montrés capables de jouer ce jeu-là, tant qu'ils jouent ce jeu-là. Et avec l'ensemble de ce qui lui arrive.

Cela se décide au quotidien.

Cela peut se commencer à l'instant et s'avérer payant à l'instant.

À vous alors de reconnaître le résultat. Alors vous oserez continuer et plus vous pratiquerez, plus ce que les événements vous renverront vous sera bénéfique. Votre microclimat change significativement : vous faites la puissante expérience de l'alliance entre réciprocité et bienveillance.

Vendée Globe 2004. À sa vacation radio avec le PC course et la presse, peu après la passage du cap Horn, **un concurrent** fort bien placé n'en peut plus : rien ne va, les vents lui sont systématiquement contraires. À peine finit-il ses épuisants virements de bord que le vent tourne. Il se retient tout au bord du mot « poisse », mais tout son discours indique qu'il y pense très fort. Son attachée de presse est une de mes amies. Je lui envoie par mail un message pour son champion :

« Voici ce que je connais de plus sûr pour renouer avec sa chance : trouvez vos chances, trouvez pourquoi vous êtes content d'être là où vous êtes, là où vous en êtes. »

Gwénola s'inquiète alors : « Comment vais-je lui passer ? M'écoutera-t-il seulement, il a l'air fumasse ». Je lui dis... un peu la même chose qu'à lui : « Quelles chances as-tu qu'il t'écoute ? » Elle cherche une probabilité. Je

reprends : « Pas quel est ton pronostic de chances, mais quelles sont tes chances, où sont-elles ? »
– Ah ! Je suis son attachée de presse, je suis légitime à le joindre et en capacité de le faire, j'ai ce message pour lui dont je pense qu'il a besoin, qu'il peut lui être utile.
– Saisis ces chances et tu verras : si ce message est ce dont il a besoin, il t'écoutera. Sinon, c'est qu'il n'en a pas besoin. »
Dès la vacation du lendemain, je savais qu'ils avaient saisi leurs chances.
Gwénola m'a raconté plus tard s'être isolée dans un hôtel parisien, avoir décroché son téléphone satellitaire. Et avoir trouvé son coureur plus réceptif qu'il ne l'avait été jusque-là avec elle. Ils ont eu ensemble la plus longue conversation qu'ils aient jamais eue en course : « Ça lui faisait du bien, je le sentais et lui aussi puisqu'il en redemandait. » Oublié, le vent capricieux, oubliés les concurrents. Le navigateur solitaire s'est recentré sur sa chance d'être en mer, sa chance d'être en course, sa chance d'être dans cette course, sa chance de la courir sur ce bateau, sa chance d'avoir cette place, sa réussite auprès du public, la satisfaction de son sponsor, déjà, quelle que soit la place à l'arrivée : ses qualités, ses chances à lui. Il a trouvé son vent.
Il n'a plus perdu une seule place jusqu'à l'arrivée.

> Vous seul pouvez décider de cette priorité : être reconnaissant de vos chances.
> Vos chances, ce sont vos qualités, votre progression et tout ce qui vous est favorable et tous les gens qui vous sont favorables ici, maintenant.
> Reconnaissant de vos chances, vous trouvez en elles votre unité et initialisez dans la bienveillance votre jeu avec la réciprocité.

Je ne vous laisserai pas sur cette seule promesse pourtant. Car cette priorité, pour performante qu'elle soit, n'offre aucune garantie contre la déception voire la haute trahison. Et là, comment jouer une réciprocité stratégique ?

Réhabiliter une forme de susceptibilité

En coopérant systématiquement à tous les coups qui coopèrent avec lui, le joueur de Donnant-donnant reconnaît tout ce qui lui est favorable. Et il ne connaît aucune trahison : nulle partie où il aurait coopéré longtemps avec un joueur qui pendant ce temps joue pour lui seul. Parce qu'il sait réagir à la première défection. Le joueur de Donnant-donnant est « susceptible ». Susceptible de réagir dès la sortie du terrain stratégique de la coopération.

La susceptibilité ! Nos aînés l'ont combattue en nous, après que leurs aînés l'ont combattue en eux. C'est vrai que la susceptibilité de l'enfant – par quoi l'enfant déclare maladroitement donc brutalement ses dégoûts et tout ce qui offense sa dignité personnelle, est une gêne pour les aînés. Aînés qui, comme ils l'ont appris eux-mêmes, combattent cette susceptibilité jugée mauvaise. Elle est pourtant la manifestation d'une sensibilité spécifique à chacun. Qui d'autre que soi-même peut, et quand donc si ce n'est au fil des événements, en informer l'entourage pour qu'il en respecte les limites ?

La susceptibilité stratégique, c'est la réaction à la première défection : quand la sortie du territoire stratégique n'est pas encore une offense, quand le retour est facile. Elle permet de réagir, non pas en réparation d'un grand dommage, mais en information : « Voici mes limites, mes contours, respecte-les. » Elle permet aussi d'intervenir avant d'être exaspéré ou blessé par la répétition, donc de réagir dans la sérénité, de façon mesurée.

Mesurée à quoi ? À la susceptibilité de l'autre ! C'est ainsi qu'elle abaisse considérablement la progression des écarts, donc des tensions et des risques de guerre.

> Tel ami que vous avez aidé à réussir quelque chose de difficile n'a pas pensé à vous au moment où il y est arrivé. Au point que vous avez appris sa réussite par la bande, ce dont vous avez été peiné.
>
> Tel compagnon de projet à qui vous annoncez que vous avez, ensemble, fait une erreur de jugement qu'il importe de redresser rapidement, vous reçoit en montrant les dents. Vous tombez mal ? Vous ébranlez ses certitudes ? Ce que vous avez à lui dire le dérange ? Il vous envoie sur les roses en tout cas, vous posant un problème supplémentaire là où vous attendiez le secours de son intelligence.
>
> L'invitée avec qui vous passez un séjour que vous faites tout pour rendre agréable appesantit le climat et épuise votre moral en rejouant devant vous, intactes, ses vieilles colères...

Un jour, l'autre vous réserve une première surprise qui ne vous est pas bonne. Comment réagir, alors :

- « C'est la première fois, ce n'est pas si grave, passons » ? Sauf que cela fait mal. Ne pas réagir du tout à ce qui vous fait mal, c'est accepter de séjourner en TU/moi ;
- « Je les prenais pour des gens bien, mais finalement c'est des salauds ? » Ce serait se jeter en JE/toi à partir d'une maladresse, d'un malentendu ou simplement à partir de cette réalité : personne n'est toujours parfait.

Dès la première défection

Le stratège parfait, maître de l'écologie de la réciprocité, a la bienveillance pour soi de réagir dès que cela Le dérange, Lui fait mal : dès la première défection.

Comme c'est la première fois que l'autre vous dérange, vous êtes à peine dans /moi. Vous pouvez donc facilement donner la parole à Je, assez serein et présent encore pour dire ce qui vous peine, freine ou pèse et capable de le dire de façon tranquille, calme, ajustée à la relation. Vous pouvez encore vous adresser à l'autre de telle sorte que ses qualités, besoins et objectifs vous entendent : dans le territoire stratégique, donc. Ce Tu capable de Vous entendre est ce que vous connaissez de l'autre quand vous rencontrez sa première défection. Vous savez lui parler.

Alors que le TU qui maintenant vous fait mal est un inconnu encore. Vous pouvez assez facilement éviter de vous adresser à lui... ou au /toi.

Donc en réagissant à la première défection, le stratège préserve les chances de l'un et de l'autre de revenir vite au territoire stratégique, de comprendre ce qui s'est joué et de se réajuster.

> Le jour où j'ai pris mon courage à deux mains et dit – en l'interrompant – à l'invitée qui assombrissait mon microclimat de ses vieilles colères, qu'en faisant cela elle me pesait et épuisait mon énergie, j'ai eu la surprise de la voir immédiatement se radoucir et être... émue. Au point de me dire sa reconnaissance : elle avait appris quelque chose que personne ne lui avait jamais dit.

À chaque défection

À la première défection et à chacune ! Ce n'est pas parce que vous avez dit à quelqu'un ce qui ne vous convient pas, qu'il ou elle cesse aussitôt. Et ce n'est pas non plus parce qu'il ou elle ne cesse pas aussitôt qu'il ou elle se moque de vous ou refuse de changer. Croyez-vous que l'invitée qui ressasse ses vieilles colères puisse s'arrêter comme ça ? Bien sûr que non.

> J'ai commis l'erreur de ne plus réagir. J'ai ainsi laissé s'installer près de moi quelque chose qui m'était toxique et que pourtant je voyais. Ne tenant pas mon invitée en respect sur ce qui était visible, connu, je la laissais m'envahir. Jusqu'à ce que je découvre qu'elle avait aussi, à la faveur de ses séjours chez

moi, mené sans que je le sache des actions qui, de mon point de vue, relevaient du pillage, du saccage et de la haute trahison.
Pour me consoler de cette mésaventure, j'ai choisi de retenir au moins la leçon et je la partage avec vous : réagir à chaque défection est une condition de sécurité pour vivre dans la Stratégie de la bienveillance.

Alors comment faire quand l'autre répète ce qui me pèse, me gêne, m'empêche ?

Jean est de très mauvaise humeur en me racontant une situation à laquelle, très vite, je m'aperçois que je ne comprends rien. Je m'accroche à fond. Peine perdue. Je n'arrive pas du tout à le suivre. Je suis noyée, son discours m'arrive comme une bouillie incompréhensible dont pourtant je connais tous les mots. Et je commence à m'inquiéter car je ne me sentirai pas à l'aise de lui dire, quand il se taira après une demi-heure ou plus, que je n'ai rien compris.
Que puis-je faire ? Qu'est-ce qui est à ma portée ? Dès que j'ai trouvé, je l'arrête : « J'entends dans votre ton que vous n'êtes pas content, mais je ne comprends pas ce que vous me dites. Pouvez-vous parler plus lentement s'il vous plaît ? »
Un peu surpris, Jean s'arrête et reprend un peu plus lentement. Pourtant je ne comprends toujours rien à ce qu'il me dit. L'idée – extrêmement perturbatrice – que je suis soudain devenue mauvaise… ou qu'il est mauvais, me percute et me déstabilise mais je distingue assez vite sa qualité inutile, donc toxique, pour la laisser passer sans la retenir.
Je reviens alors à ce que dit Jean : dans sa parole un peu ralentie, ralentissement qui est déjà un résultat de notre coopération débutante, à moi de trouver de quoi avancer.
Et là, je l'entends : ce tout petit mot, le plus petit de notre langue et le sujet de la confusion : « on », sujet de presque tous ses verbes conjugués. « On » dévore dans sa parole, presque toutes les distinctions : tous sauf lui, lui seul, lui et l'équipe qu'il manage, les services interlocuteurs du sien, son patron, le grand chef, l'entreprise, d'autres encore peut-être… tous ou presque sont noyés dans « on ». Normal que je ne comprenne rien !
« Qui ? »
Jean a un mouvement de recul – c'est la deuxième fois que je l'interromps en moins d'une minute – et me regarde d'une façon que je peux très facilement interpréter comme : « Vous vous moquez de moi » ?
Le sentier ! Je veux m'en tenir au sentier. Je me projette en pensée sur le chemin de crête de la Croix de Fer, au-dessus de Chamonix, où le vertige m'a saisie l'été dernier. Un pas, l'autre. Que ça. Surtout ne pas plonger le regard dans les pentes des deux vallées de part et d'autre. Ne pas chercher d'avance une réponse à la question que Jean ne m'a pas posée, qui n'existe pas. Le sentier seulement, là, à mes pieds, avec sa terre pâle. Nouveau « on ».
Droit dans les yeux pour que Jean puisse, s'il le veut, voir sans ambiguïté que je lui pose ma question sincèrement curieuse d'une réponse que je ne peux pas connaître sans lui : « Qui ? » L'instant est fragile, vibrant. Jean en effet croise mon regard. Et répond. Puis très vite, un nouveau « on ». Et un nouveau « Qui ? » Un temps de suspens et il donne la réponse : différente de celle du premier « on ».

À chaque interruption, Jean me regarde quelques secondes avant de choisir comment réagir. De mon côté, je suis tendue dans l'effort de le comprendre, de garder l'ensemble du récit en tête, de l'interrompre pour pouvoir comprendre, de le faire de la façon la plus brève possible (« Qui ? ») et de tenir la route en me maintenant à chaque fois, y compris dans la répétition, sincèrement curieuse de sa réponse et rien d'autre.
Je conduis l'entretien en bordure de ravin et je le sais. Chacun de mes « Qui ? » augmente la tension. Et là j'ai le choix entre aller là où je ne veux pas aller (expliquer ce que mes « qui ? » ne sont pas et aller à la crise de crainte qu'elle ne vienne à moi) ou continuer malgré la pression qui monte et, inlassablement, me montrer sans fard dans l'état exact dans lequel je suis : dans l'attente de la réponse.
Les sujets de l'histoire émergent du chaos. Je commence à mieux comprendre mais la fréquence de mes « Qui ? », réglée sur celle de chacun des « on », devient insoutenable. Le phénomène entre nous est devenu tellement présent et insolite qu'il nous faudra bientôt en évacuer la pression.
Pour cela je ne vois que la colère ou le rire. Nous approchons à une allure accélérée de ce carrefour-là et je peux choisir. Je choisis le rire. J'espère que Jean voudra bien de ce choix aussi. Et au moment où cette pensée me traverse, un sourire monte d'autorité tandis que, les yeux dans les yeux : « on » – « Qui ? »
Jean répond à la question et au sourire. Et la pression nous précipite dans un éclat de rire libératoire. Sur ses gardes mais souriant, il me demande : « À quoi vous jouez ?
– J'ai vraiment besoin de savoir de qui vous parlez à chaque fois que vous dites « on », parce que la réponse n'est pas la même à chaque fois.
– Tiens, c'est vrai ! »

Souvent depuis, j'ai remarqué que la réciprocité stratégique offre à ceux qui ont l'audace de satisfaire à son exigence de réagir dans la bienveillance à toute défection, le cadeau génial de l'humour.

★ *Récapitulons* ★

Pour que l'autre puisse accueillir vos réactions à chacune de ses « défections », il a besoin de sentir que vous ne marchez pas contre lui en domination (tu-ne-fais-pas-comme-il-faut) mais pour vous. « Je Te pose la question parce que J'ai besoin de comprendre et Je suis confiante que Tu me répondras car Tu connais la réponse ».

Vous avez intérêt aussi, quand vous faites cela, à trouver la formule la plus brève. Brève, droite, simple, calme comme une main de médecin (donc ne vous tortillez pas avec des exaspérants « si je peux me permettre », « c'est pas pour vous ennuyer, mais... »).

Et souvenez-vous que ce n'est pas l'autre que vous soignez à ce moment-là, mais vous-même et votre relation avec la réciprocité.

Limites de la susceptibilité

C'est la réciprocité *toujours* qui permet au joueur de Donnant-donnant de gagner l'ensemble du tournoi et d'acquérir la bienveillance de la réciprocité. Manifester sa susceptibilité dès la première défection puis à toute défection, c'est beaucoup. C'est donc bien assez. De sorte qu'ayant satisfait à ces deux exigences, le stratège peut se laisser aller au plaisir – et alors c'en est un ! d'accueillir les coopérations qui lui viennent. Dans l'histoire que je viens de vous raconter, chaque réponse de Jean à chacun de mes « qui ? », son sourire en réponse au mien, son rire, sa question : « À quoi vous jouez ? » étaient autant de signes de coopération qui me faisaient plaisir puisque je ne subissais pas les « on ». Donc rien ne m'était plus facile que d'y coopérer…

> Le comportement stratégique par rapport aux défections peut avantageusement s'inspirer de celui du nourrisson : une réaction dès que quelque chose ne va pas et un apaisement total dès que la gêne a disparu.
> Ainsi le stratège informe son environnement de ses contours.

Pratiquer la correction favorable et prendre, reprendre l'initiative

Quand la situation se déséquilibre, que la relation a permis à l'un, plus qu'à l'autre, d'avancer vers son objectif et que cela met la relation en danger, chacun a le choix entre :

– freiner ou faire reculer le plus avancé, affaiblir le plus fort (que ce soit soi ou l'autre). C'est la réaction que tente d'imposer la jalousie qui, malveillante, calomnie, pille et saccage les plus avancés même coopératifs, quitte à scier les branches sur lesquelles se reposer, quitte à faire sauter les locomotives ;

– accélérer qui est en retrait, renforcer qui est le plus faible, surtout si celui-ci est en arrière pour avoir fait la courte échelle ou affaibli d'avoir offert ses forces. C'est la correction favorable.

Le stratège sait qu'il est gagnant à chercher toujours le retour à l'équilibre du côté de la correction favorable.

Si c'est l'autre qui a besoin d'avancer, les choses sont faciles : l'autre accepte toujours que vous cherchiez à voir comment, ensemble, lui faire rattraper un pas de retard.

Si c'est le stratège qui est en retrait, il demande à l'autre de l'aider à se rétablir. Si l'autre ne l'aide pas, le stratège se concentre pour obtenir, seul ou avec d'autres, la progression qu'il attendait de la première relation.

> **Serge** (p. 32) avait raison de ne pas s'en tenir à une solution où il ne sentait pas la réciprocité équilibrée.
> Et ce qui s'est avéré pour lui difficile à décider a aussi été le plus jouissif, efficace et réaliste : trouver comment être aussi avantagé que le directeur des achats auquel il avait abandonné les négociations avec les sous-traitants, plutôt que de chercher comment retenir ou retirer quelque chose au directeur des achats.

Ainsi le joueur de Donnant-donnant gagne le tournoi, non contre ceux qui font défection, mais grâce à ceux qui acceptent de jouer avec lui. Joueurs dont le tournoi montre qu'une population humaine décidée à gagner en fournit largement assez pour ménager une victoire éclatante.

Reconnaître la réciprocité dans la bienveillance d'abord, pratiquer la susceptibilité dès la première défection, à toute défection et aux seules défections, pratiquer la correction favorable : cela, comment le faire quand c'est l'autre qui a « le pouvoir » ? C'est vrai, c'est difficile. Donc faites-le quand c'est vous qui avez le « pouvoir », l'initiative.

Vous verrez alors l'étonnant retour de la réciprocité, capable même de vous donner du pouvoir dans votre relation avec ceux qui ont sur vous « le pouvoir ». Voici qu'ils se tournent vers vous avec bienveillance. C'est qu'ils y trouvent leur intérêt.

Alors où avez-vous l'initiative ?

Dans la famille

Les choses commencent par un pouvoir parental total : pouvoir de vie ou de mort, prolongé pendant 18 ans par le pouvoir légal.

Avec tous les soucis d'adulte qui pèsent sur eux auxquels s'ajoute le puissant et impérieux envahissement enfantin, les parents sont tentés de s'appuyer sur pareil pouvoir, rebaptisé « autorité parentale », pour écraser les pouvoirs des enfants qui sont fragiles : charme de leur personne, charme de l'enfance. Si les parents cèdent à cette tentation, ils font alors souffrir à leurs enfants leurs principes (quels qu'ils soient) ou les caprices de leurs caractères et ceci, sans égards et sans observation fine de la réaction – réciprocité – de chacun des enfants. Mais à cette solution facile dans l'immédiat répond pour chacun, tôt ou tard, la souffrance très réelle de voir l'enfant dysfonctionner, réciprocité bien involontaire des pesanteurs, peurs, abandons ou trahisons parentales.

Ce n'est pas tout à fait par hasard à mon avis que les champions quand ils gagnent sont si nombreux à commencer par remercier leurs parents, tandis que les souffrants quand ils souffrent, sont aiguillés par les thérapeutes vers le droit, enfin, de critiquer les leurs...

Les parents respectueux de leurs enfants et d'eux-mêmes, qui ont pendant la période d'éducation été soucieux d'élever – plutôt qu'abaisser – leurs enfants, eux-mêmes, leur conjoint, ceux-là utilisent leur pouvoir à trouver le territoire stratégique de la famille et y orienter les relations familiales : ils recréent en permanence la bienveillance pour les enfants et le couple, pour chaque enfant et pour chacun des membres du couple.

Et il me semble permis de penser que la déesse réciprocité déploie une large part des intenses joies et détresses que chaque famille renvoie à ses auteurs, à ceux qui en ont eu l'initiative.

Dans l'entreprise

Chacun a, dans la ligne hiérarchique, l'initiative de la relation avec ses collaborateurs, qu'il les ait choisis ou non. Et là encore, la réciprocité est de la partie.

Les managers qui se croient en sécurité en investissant toute leur patience et leur capacité d'adaptation vers leurs supérieurs au point de ne plus en avoir pour leurs collaborateurs, se trompent. Quel que soit le talent des collaborateurs, chacun est meilleur quand ses qualités sont reconnues, ses besoins satisfaits et qu'il se sent progresser vers ses objectifs. Or ce sont les collaborateurs qui produisent les résultats que le manager présente à son patron et qui mesurent sa valeur.

Le refus de bienveillance avec soi-même a aussi sa réciproque. Fatigué, usé de faire le travail à la place de collaborateurs qu'il n'encourage pas à travailler eux-mêmes, le manager qui croit se sacrifier, sacrifie en réalité aussi ses collaborateurs et finalement l'entreprise. En prenant le plus délicat, donc le plus excitant du travail de ses collaborateurs, il les prive de l'intérêt de leur travail et les démotive. En faisant le travail des autres en plus du sien, il n'a plus le temps de faire... le sien, qui est de trouver les sources de motivation. En démotivant d'une main et s'empêchant de trouver les sources de motivation de l'autre, ce manager qui s'épuise au travail, travaille sans le savoir contre l'entreprise... et contre lui-même.

Au contraire, le manager qui exerce en professionnel le métier du management, honorant par là ses nouvelles responsabilités et son salaire de manager, est gagnant. Ce métier méconnu, souvent nié, que les gens de terrain – manuels comme intellectuels – acceptent comme une gratification, est un métier à part entière. Très peu de ceux qui en acceptent le salaire et la responsabilité, à tous les niveaux hiérarchiques, l'exercent en professionnels. Ce qui à mon avis explique la détresse des « cadres », le malaise de la vie en entreprise et le succès des messages décourageants sur l'entreprise, qui mettent ensemble les entreprises, leurs salariés et leurs sociétés en souffrance autant qu'en danger.

Le manager, presque toujours d'abord professionnel accompli dans un autre métier, s'est vu offrir par l'entreprise des responsabilités non plus sur sa matière initiale, mais sur le travail d'autrui. Et c'est un nouveau métier qui se présente. À ceux qui reçoivent et acceptent de recevoir ce deuxième apprentissage, la réciprocité offre avec le management un des métiers les plus jouissifs du monde.

Le manager professionnel est un stratège, auteur de la coopération verticale entre l'amont et l'aval, à l'initiative de la coopération avec l'aval.

Bienveillant pour l'aval, le manager professionnel fait métier d'être à l'initiative de cette autonomie professionnelle : combinaison épanouissante de compétence et motivation pour une fonction, ainsi que de cet « esprit d'équipe » que chacun rêve de vivre de l'intérieur. Il crée et entretient les conditions dans lesquelles des gens de genres, d'âges, d'origines culturelles, géographiques et sociales, de tempéraments et parfois de métiers différents, qui ne se sont pas choisis, trouvent dans le travail une dignité. Il protège le respect et l'amour des métiers quels qu'ils soient, l'intérêt des questions que pose le travail, le plaisir de trouver des réponses. Il maintient en éveil la fierté de bien faire, met en lumière la part de réussite de chacun, avec d'autres, dans quelque chose de plus grand que qui que ce soit. Il offre à ses collaborateurs ce luxe de ne pas avoir à choisir entre relations et résultats : relations et résultats s'encouragent l'un l'autre, formant ainsi un cercle vertueux.

La réciprocité lui offre en retour de n'avoir plus jamais à suppléer au travail de ses collaborateurs, qui le font très bien eux-mêmes. Serein, ce manager sait ses collaborateurs capables de se sortir de situations inattendues. Il les sait aussi capables de le prévenir exactement au bon moment et de la bonne façon quand cela devient réellement trop difficile pour eux, puisqu'ils n'ont pas peur de leur patron. La réciprocité de la bienveillance stratégique initiée dans la relation aval permet bientôt au manager de confier certaines de ses tâches à ses collaborateurs les plus avancés, qui se préparent ainsi à lui succéder. La réciprocité offre au manager qui fait son métier, le temps de lever la tête du guidon et prendre du recul : temps et état d'esprit dont il a besoin pour faire bien ce métier.

Cadeau bonus de la réciprocité au manager sur le front des collaborateurs : il reçoit leur respect si ce n'est leur admiration.

Ces effets de la réciprocité sont d'une rapidité qui étonne les managers qui entrent, avec l'aval où ils ont l'initiative, dans le comportement stratégique.

Et voici que du côté de l'amont la réciprocité se manifeste aussi : une hiérarchie en quête de performance respecte le manager professionnel qui apporte de bons résultats en même temps que la paix sociale, la fidélisation des salariés, un faible taux d'absentéisme et d'accidents, voire une pépinière de collaborateurs motivés. Elle a tendance alors à offrir le plus grand volant d'action possible à ce manager précieux à l'entreprise.

Un directeur de site opérationnel de grand groupe mettait un point d'honneur à garder son téléphone allumé pendant nos entretiens. Il était fier à juste titre de me montrer ainsi que son unité, qui faisait d'excellents résultats, pouvait parfaitement tourner sans le déranger pendant les deux heures que nous passions ensemble. Il dirigeait alors une unité d'une centaine de personnes, qui couvrait l'activité de l'entreprise à l'échelle d'un département. Je n'ai pas été étonnée quand j'ai appris sa nomination directement à l'échelle d'un pays.

La réciprocité est généreuse avec le manager qui a pris l'initiative – et lui seul peut la prendre – d'être stratège dans sa relation avec ses collaborateurs. Et quand bien même, car cela existe, la hiérarchie d'un tel manager jouerait au maillon faible avec celui qui, manageant trop bien, dénonce ses carences à elle, la réciprocité veille toujours sur le stratège. En effet, le management professionnel est, de tous les métiers, celui qui offre la plus grande employabilité : il est commun à toutes les entreprises et à tous les niveaux de responsabilité hiérarchique.

Pour les dirigeants d'entreprises, la pente ordinaire – et la situation dans laquelle la plupart des dirigeants reçoivent l'entreprise qui leur est confiée – est que le client pèse sur le fournisseur. De sorte que beaucoup de patrons d'entreprise, sentant peser sur eux le marché, sont tentés de se reposer de cette tension en interne. Et c'est vrai qu'ils n'y recevront aucune sanction immédiate s'ils se libèrent de leur angoisse en déversant là impatiences, agacements ou colères. Ils ne recevront pas non plus de blâme si, fatigués par l'effort consenti à l'extérieur, ils renoncent à préparer leurs interventions internes qui sont pourtant leurs véritables interventions de direction. La réciprocité avec eux prend son temps. Les membres du comité de direction travaillent quoi qu'il arrive. Cependant, ils comprennent que « c'est comme ça qu'on fait » ici en cas de forte pression et ils sont soumis à forte pression : celle du patron. Le patron peut bien dire « faites ce que je dis, pas ce que je fais », en dessous on n'est pas fou : s'il fait ce qu'il fait comme il le fait, c'est que c'est comme ça qu'il faut faire ici. Et d'ailleurs « on ne voit pas comment faire autrement ». Ce qui se transmet partout dans l'entreprise comme modèle de ce qui se fait ici, c'est ce que le patron donne à voir : le modèle c'est le patron… ce qui est pléonasme en couture reste, partout ailleurs, une réalité imposée par la réciprocité.

Jusqu'à la maîtrise. Seule ligne de management qui ne manage pas de managers, elle est la seule qui reçoit une sanction immédiate si elle se libère de son angoisse sur ses collaborateurs. Ses collaborateurs, gens du terrain, reçoivent de plein fouet des maladresses qui ont pris leur élan depuis le haut de la structure et dont ils ne peuvent se défausser sur personne. Leurs réponses, conscientes ou inconscientes sont de perdre moral et motivation, se blesser souvent, bloquer ou se rebeller ou se retirer en arrêt maladie, faire appel aux partenaires sociaux qui en appellent à la RH ou à la direction. La maîtrise voit toute l'entreprise se retourner contre elle si elle manage « comme ça se fait ici », dans les entreprises où le patron n'a pas de temps ou d'énergie pour initier la bienveillance stratégique auprès de ses collaborateurs.

Une solution alternative souvent adoptée par la maîtrise est de traiter ses collaborateurs comme ses enfants. Mais ce sont des adultes. Ils tolèrent, mais l'exaspération s'exprime à l'occasion d'un changement que l'entreprise veut lancer. L'ultime retranchement pour la maîtrise quand le modèle de management venu de la direction n'est pas assez performant pour s'appliquer au terrain, est de se ranger auprès de ses anciens collègues. Partager avec les gens de terrain – et ainsi encourager dangereusement – le fantasme que l'entreprise puisse augmenter plus souvent et plus, tout le monde et aussi ceux qui en font plus, tout en donnant de la sécurité d'emploi, en créant des postes sans en supprimer et sans tout changer parce-qu'à-part-le-salaire-et-le-fait-qu'on-n'a-pas-assez-de-temps-ou-de-personnel-pour-faire-le-travail, -on-était-bien-comme-ça. Mais bientôt le terrain déçu reprochera à la maîtrise son impuissance à réaliser ce rêve ; et contestera son autorité…

Maladresses, accidents, erreurs, morosité voire grèves fragilisent la « qualité » : la satisfaction du client. Ce qui fragilise les parts de marché. Ce qui fragilise les marges. Ce qui fragilise les comptes d'exploitation. Ce qui oblige à serrer les coûts. Ce qui fragilise le climat social. Ce qui accélère le turnover du personnel. Tout cela revient dans la chambre d'échos du dirigeant. Harcelé par les problèmes, il se voit obligé pour au moins les contenter en cela, d'offrir son agenda aux actionnaires, partenaires sociaux et clients qui, directement ou indirectement, lui donnent de plus en plus de travail, dévorent son temps, le mettent sous tension. Il a de moins en moins de temps et d'énergie à consacrer à ses collaborateurs directs sur lesquels il pèse de plus en plus lourd, d'autant plus qu'il est de plus en plus fatigué, tendu, irascible, pressé… fatigant, stressant, irritant, pressant. Nouveau tour de vis ?

Les collaborateurs, de plus en plus haut dans la chaîne hiérarchique, inclinent à ne plus voir dans la « direction », souvent impersonnelle, qu'une instance qui leur demande toujours plus sans rien donner. La principale question devient pour chacun : comment s'en sortir ? Les stratégies de survie prennent largement le pas sur la stratégie d'entreprise à laquelle, même très haut, on n'a plus l'air de croire. Et le grand, l'immense problème est que les stratégies de survie sont à la fois insatisfaisantes et tellement multiples qu'elles s'entrechoquent. Et font du travail une guérilla :

Si la bête – l'entreprise – est grosse, chacun peut imaginer qu'elle tiendra assez longtemps et peut choisir alors de :

- se servir sur ceux qui se laisseront piller ;
- se laisser piller et se décourager – bonjour paresse –, devenir pillard passif ;
- s'exaspérer de la situation au point d'en devenir insupportable aux autres et être expulsé ;
- s'exaspérer ensemble, jouer la relation sociale dans une guerre qui appauvrit et peut mettre en danger une entreprise dont pourtant tous attendent un avenir et de la richesse ;
- préparer son départ, puis s'en aller.

Le dirigeant qui n'a pas utilisé l'énergie de la réciprocité bienveillante là où il a l'initiative totale, c'est-à-dire avec ses collaborateurs directs, est cerné par des problèmes trop grands pour un seul homme. Il est dans une impasse.

> Quels que soient les pouvoirs qu'une personne a sur le papier, nul n'a de vrai pouvoir sur ce qui lui arrive s'il ne saisit pas celui qui est à sa portée, son vrai pouvoir : son pouvoir d'initier un cercle vertueux de bienveillances réciproques là où l'initiative lui revient, d'envoyer la réciprocité dans le territoire stratégique de la coopération.
> Pour le dirigeant, c'est dans l'entreprise. Et c'est payant.

Ricardo Semler, le patron de SEMCO, élu *Global Leader of Tomorrow* au forum de Davos en 1993, top 40 des meilleurs chefs d'entreprise de *Fortune* et auteur de *À contre-courant, vivre l'entreprise la plus extraordinaire du monde*

(Dunod, 1993), raconte comment il a révolutionné son entreprise, pour échapper à un stress sévère, clinique, de dirigeant à l'âge de 24 ans. Le chapitre du virage à 180° qui lui permet de devenir un brillantissime dirigeant pas du tout stressé, est intitulé *C'est dans la tête que ça se passe*. Il s'agit de la sienne. Une de ses toutes premières réformes a été de supprimer la fouille du personnel à la sortie de son usine, fouille qui avait toujours existé, pour vérifier si les ouvriers n'avaient rien volé. Il écrit que « mieux vaut partir de la présomption d'innocence et entretenir la dignité de chacun ».

Toute sa réforme consiste, ainsi qu'il le dit dans une interview à CNN en 2004, à éliminer *the corporate oppression*. Tout contribue à alléger ce qui pèse sur les salariés pour ne garder du travail que ce qui est performant et gratifiant. Ses services RH se sont par exemple défaits de la tâche fastidieuse de calculer et négocier les rémunérations des cadres et ce, de la façon la plus simple du monde : les cadres fixent eux-mêmes leur salaire ! Oui, chacun a ce qu'il demande, puisque chacun demande ce qui est raisonnable... parce que les salaires des cadres sont tout simplement affichés dans un couloir, accessibles à tous.

Son entreprise a réalisé un développement stupéfiant. Entre 1983 et 1993, la société familiale augmente son activité de 600 %. Quant à lui, il a ainsi échappé au stress sévère qui s'était emparé de lui tandis qu'il tentait de... sauver son entreprise de la faillite. À la fin de son livre, il annonce qu'il joue beaucoup au golf. Il concentre ses efforts sur son job, qui est d'entretenir une « société capable de relever le plus difficile de tous les défis : faire en sorte que les gens soient heureux de se rendre à leur travail tous les matins ». Et moins il a besoin d'intervenir pour cela, plus il est content. L'entretien avec CNN montre qu'il vient de passer dix nouvelles belles années sur cette ligne de conduite...

L'actionnaire, le président qui pratiquent la réciprocité stratégique savent qu'il n'est pas plus vrai dans l'entreprise que dans la matière, que le fort puisse se reposer longtemps sur le faible. Ils ne se voient pas comme devant être soutenus par des collaborateurs moins bien payés qu'eux, moins puissants qu'eux.

Ils se servent de leur pouvoir pour initier la coopération, conscients qu'ils ont l'initiative de la relation avec l'aval du système. Et, dans la bienveillance pour eux-mêmes, ils jouent la bienveillance là où ils le peuvent.

Ces patrons-là initient une relation hiérarchique où le plus puissant soutient le moins puissant. Ils savent reconnaître les qualités et les besoins de leurs collaborateurs, d'une façon que même l'argent ne peut pas acheter. Ce faisant, ils enseignent à toute la ligne hiérarchique ce savoir-faire qui, arrivé au niveau de la maîtrise, est sans prix. Ils savent donner à leurs collaborateurs la possibilité de servir leurs objectifs personnels dans l'œuvre collective. Et cela se réinvente tout du long de la ligne. Ils en reçoivent des collaborateurs animés d'une motivation infiniment plus active et durable que celle née de la satisfaction d'avoir arraché une augmentation ou une prime. Et cela aussi se répand aussi sûrement que l'eau coule le long d'une montagne. Ils savent que cette somme de motivations non seulement saura réaliser des produits ou des services que voudra le marché au moment où le marché les voudra, mais encore saura évoluer avec le marché. Leur entreprise devient comme le guerrier de Sun Tsu, comparable au Shuoran, fameux serpent de la montagne Chang dans le Zhejiang : « Attaquez sa tête et sa queue vous frappe, attaquez sa queue et sa tête vous frappe, attaquez le milieu, tête et queue vous frappent »[1]. Grâce à cette somme de motivations intelligemment articulées, l'entreprise est en prise avec son marché. Elle génère naturellement des comptes d'exploitation où augmentations et primes, en prime, deviennent possibles ! Alors la pression sur le patron se relâche. Il lui reste le plaisir de diriger en haute mer un navire intelligent. C'est une stratégie de leader qui peut prospérer avec d'autres leaders, chacun de la taille qu'il a voulue, chacun dans sa vocation.

Tous ceux qui agissent de cette façon réussissent et parlent de chance.

Je ne compte pas, parmi les personnes qui ont approché la Stratégie de la bienveillance, ceux qui ont vu alors la chance venir au-devant d'eux.

Le plus difficile pour eux est souvent de reconnaître qu'ils ont commencé par prendre la route qui va vers elle.

> Le journaliste gastronomique **François Simon** prend beaucoup de soin à ne pas être reconnu ni reconnaissable : visage inconnu des médias, paiement scrupuleux de tous ses repas. De sorte qu'il n'y a aucune possibilité de relation corrompue entre lui et les restaurateurs.
>
> Il est ainsi bienveillant pour le lecteur à qui il offre ce qui l'intéresse : le récit de l'expérience d'un client anonyme dans tel restaurant. Bienveillant pour lui-même, François Simon a déjà gagné, en payant son déjeuner et refusant de se laisser reconnaître, une totale liberté de parole. Relayée par un évident plaisir de décrire et d'écrire : un plaisir qui tient autant d'un talent que François Simon laisse aller avec jubilation, que de la liberté qu'il s'est offerte sur le fond.

---

1. *Stratégies de succès. L'art de la guerre de Sun Tsu,* Tsai Chih Chung.

Ainsi ses papiers sont pour le lecteur des gourmandises autant que des informations de première main. Cela fait de François Simon le journaliste gastronomique dont l'avis a le plus de poids en France, celui dont les louanges sont les plus précieuses aux restaurateurs... je ne sais pas si c'est ce qu'il visait. Le plus souvent, les gens qui arrivent à obtenir de leur environnement cette qualité de respect, n'ont cherché qu'à bien faire leur travail parce qu'ils l'aiment et ont envie de le faire longtemps... Bienveillance pour soi.

Vous pouvez décider du climat dans lequel vous voulez vivre et vous seul pouvez en décider, car vous seul en êtes le centre.
Vous avez l'initiative. Pas partout, mais vous l'avez quelque part.
Et là, c'est à vous de choisir : la réciprocité vous rendra ce dont vous l'aurez nourrie.

LA RÉCIPROCITÉ STRATÉGIQUE DANS LE DÉSACCORD

La réciprocité est la première alliée du stratège qui cherche une issue haute, heureuse, au désaccord. Vous n'êtes pas d'accord et cela est réciproque : là-dessus au moins vous pouvez reprendre haleine : cela est vrai incontestablement pour l'un et l'autre. Cette phrase : « nous ne sommes pas d'accord », vous trouvera d'accord.

N'être pas d'accord avec l'autre est paniquant pour les habitués des stratégies malveillantes qui, dans le désaccord, voient déjà la guerre.

Mais le stratège de la bienveillance voit dans le désaccord tout autre chose que le profil de la guerre. Il y voit la liberté humaine. Il ne sait pas encore si le désaccord est la manifestation de la liberté humaine à avoir chacun un avis, un goût, une histoire, une perspective, une sensibilité propre ; ou s'il s'agit de la liberté humaine de se tromper. Et dans ce dernier cas, le stratège est conscient du fait qu'il ignore encore qui se trompe. Qui va apprendre quelque chose de nouveau ? Lui ? L'autre ?

Dans le désaccord, le stratège qui voit la liberté humaine n'est pas furieux comme le va-t-en-guerre déjà désespéré par la perspective du conflit, déjà tentant de forcer l'autre à la retraite.

Dans le désaccord, le stratège est curieux.

Le très célèbre adage de la réciprocité « Œil pour œil, dent pour dent » est né de ce texte biblique dont Jésus de Nazareth a dit qu'il n'en enlevait ni ajoutait un iota. Il y a donc une autre interprétation que violente à cet adage.

Œil pour œil : regard pour regard,

Dent pour dent : souffrance pour souffrance, et aussi nourriture pour nourriture.

La réciprocité stratégique de la bienveillance dans le désaccord, c'est l'audace supérieure à la guerre : celle de présenter ses visions dans un sens et dans l'autre, ce qui fait mal à l'un et l'autre, ce qui intéresse l'un et l'autre.

C'est oser opposer les points de vue pour construire quelque chose de nouveau, meilleur à l'un et l'autre que ce qui existait avant que le désaccord ne soit connu.

LA RÉCIPROCITÉ STRATÉGIQUE DANS LA GUERRE

Le stratège sait non seulement qu'il peut y avoir une solution bonne pour l'un et l'autre, mais aussi qu'elle sera plus performante pour l'un et l'autre.

Mais que se passe-t-il s'il croise le chemin de quelqu'un qui ne veut pas savoir cela, qui ne peut pas y croire ? Que se passe-t-il quand le stratège de la bienveillance rencontre quelqu'un qui est déterminé à la guerre ?

La guerre surgit souvent d'un désaccord né de la liberté humaine de se tromper. Si celui qui se trompait ne s'accorde pas le droit à l'erreur, alors il ne voit pas d'autre solution pour, croit-il, sauver sa face, que de se lancer dans la guerre contre celui par qui il a vu qu'il se trompait. C'est rien moins que le motif du premier crime de l'humanité dans le poème biblique : Caïn tue Abel, son frère, parce que celui-ci a réussi quelque chose que Caïn a raté.

Ainsi, l'autre veut vous tuer parce que votre existence ou votre performance dénonce quelque chose qu'il ne veut pas voir ou savoir sur lui, et qu'il croit pouvoir supprimer en vous supprimant. Que faire ?

Faites comme le joueur de Donnant-donnant : faites cavalier seul.

Interpréter Donnant-donnant dans le quotidien, c'est montrer son accord quand tout plaît et sa sensibilité à la première gêne.

Interpréter Donnant-donnant dans le désaccord, c'est montrer son désaccord quand l'autre se désaccorde de soi.

Interpréter Donnant-donnant dans la guerre, c'est faire cavalier seul.

Dans la période où j'avais le sentiment que le cabinet pour lequel je travaillais me faisait la guerre, j'ai perdu des forces tant que j'ai lutté contre lui. Je les ai retrouvées dès que j'ai pu me détacher de ma colère, pour chercher ce que Je voulais, indépendamment de lui. Et là j'ai tout réussi : reprendre des forces, réaliser un rêve qui, peu de temps avant, m'apparaissait inaccessible, et me faire très très plaisir : un plaisir durable. Ce en quoi j'étais plus gagnante encore que si j'avais – ce qui était très aléatoire sinon invraisemblable – gagné une guerre contre un cabinet... qui aurait gardé le pouvoir de me la déclarer de nouveau quand bon lui aurait semblé.

J'ai rencontré bien sûr, depuis, d'autres guerres. Seule, affichant une « Stratégie de la bienveillance » et des résultats pouvant exciter jalousie ou convoitise, je pouvais paraître une proie facile et tentante. Donc oui, j'ai reçu des approches de guerre. Et là encore, j'ai perdu des forces et de l'énergie, j'ai perdu des journées entières : celles où je me laissais entraîner par l'ivresse des plans de guerre. J'ai perdu du temps à concevoir des plans mais heureusement, ma stratégie me retenait de les mettre à exécution. Je me suis alors de nouveau adressée, en Je, à Tu. Qui m'a répondu !

La guerre est un jeu de dupes : mes interlocuteurs me livraient en clair et à leur insu, leur intention de me diminuer, m'inféoder, prendre ma place. Ils me livraient explicitement, parfois même par écrit, la clé de leur comportement agressif envers moi !

J'ai gagné en rompant net ces relations pour me concentrer sur la réussite de mes projets. Pourquoi dépenser mon énergie à faire mordre la poussière à mes agresseurs ? C'est le travail ingrat et dangereux de la réciprocité, ce n'est pas le mien.

En face de qui a besoin de votre mort pour se sentir survivre, vivez. Donc ne faites pas la guerre.

Si ce à quoi l'autre vous invite, c'est de mourir ensemble embrassés dans un conflit, faites cavalier seul. Prenez vos distances. Rompez s'il le faut.

Laissez la réciprocité faire le sale boulot. Pourquoi vous en charger ? Et que croyez-vous que vous renverra la réciprocité si vous lui prenez son travail ?

Quand l'autre ne sait plus voir ce qui va bien en vous sans se haïr de ne pas en avoir autant ; quand il ne sait pas résorber cette haine de soi autrement qu'en vous la renvoyant au point de vouloir que vous mouriez, alors c'est le moment de vous souvenir que le monde est grand, foisonnant, plein de vie.

C'est le moment de replacer votre jeu du côté où il y a pour vous du bon, du bien : dans la réciprocité de la bienveillance.

Rompez avec ceux qui ne voient avec vous de relation que guerrière. Si vous avez satisfait à la quatrième condition stratégique et joué la bienveillance dans beaucoup de vos rencontres, vous pouvez le faire.

> À la place de la guerre, développez votre veille de ce qui, en vous, vous va bien ; de ce qui, en l'autre, vous va bien.
> Et de ce qui partout ailleurs vous va bien.

LIMITES DE LA RÉCIPROCITÉ : CE QU'ELLE N'EST PAS

Elle n'est pas retour exact de ce que vous avez envoyé à l'autre.

Tant mieux !

Dans la vie, ce que nous attendons de l'autre n'est que rarement ce que nous lui avons envoyé. Ce que nous en attendons, c'est autre chose : quelque chose de différent, que nous n'avons pas, qu'il a et dont nous avons besoin. Ce que nous donnons, nous le donnons pour recevoir autre chose… ou la même chose, mais dans un autre contexte, à un autre moment, venu d'autre que nous… ce qui suffit à la rendre différente.

Donc nous ne pouvons pas jouer exactement à Donnant-donnant. Mais nous pouvons en apprendre.

Ni garantie que tous ceux à qui vous avez fait du bien vous en feront…

Il dit vrai, le candide de la bienveillance que nous avons tous été, qui s'écrie : « Ça ne marche pas ! J'ai été sympa, généreux, aimable, altruiste même… et l'autre m'a piétiné tandis que je le voyais ramper devant d'autres, beaucoup moins généreux que moi ! » Ce n'est pas parce que vous êtes stratège que tout votre entourage le devient !

Le joueur de Donnant-donnant a rencontré des joueurs qui ont joué cavalier seul toute la partie, alors qu'il avait commencé par coopérer. Cela ne l'a pas empêché de gagner !

Untel ou Unetelle à qui vous avez fait du bien peut se dérober, c'est toujours possible. Même si cela vous fait souffrir et prend place au centre de vos préoccupations, sachez remettre cela à sa vraie place : une place marginale par rapport à tous ceux qui répondent à la coopération par la coopération. Si vous avancez dans le comportement stratégique, vous rencontrerez très probablement des défections, même importantes. Néanmoins votre environnement, globalement, aura changé. Sachez le reconnaître, sachez reconnaître l'œuvre de la réciprocité même si, au moment où vous choisissez d'arrêter votre bilan, elle n'est pas totale. Qui peut se targuer d'être total dans le monde ?

Ainsi, plutôt que reprocher à la réciprocité ses limites, mieux vaut faire alliance avec elle et, reconnaissant de ce qu'elle a déjà fait pour vous, l'honorer et devenir un ou une de ses protégés.

Elle n'est pas non plus garantie que l'autre se négligera ou se sacrifiera pour vous si vous l'avez fait pour lui.

D'ailleurs mieux vaut probablement qu'il ne le fasse pas. L'un et l'autre négligés, vous plongeriez au plus vite dans la plus grande confusion, ne sachant plus ni l'un ni l'autre ce que l'autre aime et n'aime pas.

Comprenez plutôt qu'en vous sacrifiant, vous avez joué de malveillance envers vous-même. Malveillance que la réciprocité vous a renvoyée.

Protester – ou laisser penser – que ce qui vous fait mal n'est pas grave, c'est annoncer à votre environnement qu'il peut vous faire mal autant qu'il le souhaite. Et encourager la malveillance envers vous. Malveillance que vous risquez, selon la loi de la réciprocité, de vouloir renvoyer… à l'envoyeur ou à quiconque vous semble plus à votre main.

Dire de ce que vous offrez que « ce n'est rien », c'est annoncer que vous n'attendez rien en retour, ce qui est toujours faux : vous en attendez au minimum une forme de reconnaissance, mais disant « ce n'est rien », vous ne laissez à l'autre que l'alternative :

– de vous croire et vous refuser la reconnaissance que vous attendez de vos actes. Ce qui vous fera mal et fera mal à votre relation ;
– de ne pas vous croire et vous refuser la reconnaissance que vous attendez de vos paroles. Ce qui vous fera mal et fera mal à votre relation.

Sous prétexte de bienveillance pour l'autre encore, donner à l'autre ce que vous voudriez qu'il vous offrît, c'est à votre insu malveillance pour vous… et éventuellement pour l'autre, si ce « don » n'est pas ce dont, lui, a besoin ou envie.

Ainsi la réciprocité nous alerte sur le fait que bienveillance ne signifie ni diviniser l'autre à ses dépens, ni se diviniser aux dépens de l'autre.
Ou alors, divinisez si vous le voulez, les deux : Je et Tu. Qui font ce Nous dans lequel l'un et l'autre sont présents.
Et tant que vous y êtes, divinisez aussi les humains qui vous entourent et divinisez la nature interlocutrice et hôtesse de l'humanité, puis jouez avec les dieux.

RÉCIPROCITÉ, HUMANITÉ ET NATURE

Nous sommes des enfants de l'Univers donc bien sûr, nous sommes soumis à la loi de la réciprocité. Mais… d'une façon particulière.

La réciprocité est servie avec exactitude, parfaitement reconnue par la matière inanimée, les végétaux et les animaux gouvernés par la biologie, la chimie et la physique respectueuses de la réciprocité. Et par une génétique qui inscrit l'empreinte de l'expérience de toute espèce animale dans les gènes de ses individus, installant ainsi une mémoire grâce à laquelle, d'instinct, les animaux répondent exactement à leur environnement tel qu'il est devenu.

Et puis il y a nous, les humains. Très peu éloignés des animaux d'un point de vue chimique : nos gènes diffèrent des grands singes de 2 % seulement. Et complètement différents, contraires même, du point de vue de la réciprocité. Car dans nos 2 % de différence, il y a une absence : nos gènes n'ont pas inscrit l'expérience des rencontres faites par les milliers de générations qui nous précèdent. Nos gènes ne nous dicteront donc pas la façon exactement réciproque de réagir aujourd'hui aux événements d'aujourd'hui.

Donc l'exacte réciprocité de la nature, où chaque vivant sait devant ce qui lui arrive quel parti prendre (refus, coopération) et comment (manière et intensité), cette réciprocité que nous n'avons pas dans nos gènes, c'est à chacun de nous de la trouver.

Dans nos gènes, à la place de cette absence nous avons autre chose : le choix. Un choix presque trop vaste, un choix vertigineux.

Or nous avons enregistré chacun, dans nos histoires individuelles, une première expérience de déficit de réciprocité, puisque les humains peuvent échapper non pas au retour de la réciprocité, mais à son obéissance immédiate. C'était au début de la vie, nous étions faibles, nous y avons évidemment eu le dessous. Depuis, nous avons peur. Ainsi quand se présente devant nous le choix vertigineux, il peut nous sembler rassurant de couper au plus court.

Alors, faisant semblant d'être un animal, nous pouvons choisir de croire naturel pour un humain d'utiliser sa force quand il est plus fort, l'intimidation quand il est plus impressionnant, la ruse quand il est plus malin, pour sacrifier l'autre à son intérêt. Choisir en somme de jouer, à chaque fois que l'occasion se présente, le jeu malveillant de mangeur-mangé.

Or ce que nous dit la réciprocité – et ce qu'elle réalise pour nous – c'est que quand nous faisons ce choix de nous prendre pour des animaux, la malveillance que nous avons initiée nous revient. Comment est-ce possible ? De façon naturellement humaine.

Au moins parce que nous jugeons alors nécessaire de justifier notre conduite en nous convaincant qu'elle était nécessaire, normale. Ce qui revient à nous convaincre du fait qu'elle est nécessairement celle des autres. Dès lors, il ne nous reste plus qu'à les craindre.

À craindre, ceux que nous estimons plus faibles ou pauvres que nous parce que nous les croyons « obligés », pour devenir plus forts ou riches, de vouloir nous piller, saccager, insulter. Obligés de nous manger

Et à craindre, ceux que nous estimons plus puissants que nous, donc « obligatoirement » plus aptes à nous manger.

Il nous reste à tenter de satisfaire nos besoins d'appartenance parmi nos égaux. Mais qui sont ces égaux ? Personne n'est en tout l'égal de l'autre parmi les humains où chacun, à bien y regarder, est ici plus fort et là plus faible. Les aptitudes physiques, mentales, sociales, artistiques, globales possibles pour l'humain sont tellement variées !

L'étau alors autour de soi se resserre : chacun tout autour est tôt ou tard potentiellement dangereux. Nous nous sentons « obligés » de veiller au mal que l'autre peut nous faire et, pour y répondre vite voire pour l'anticiper, nous voici aussi obligés de bien réfléchir au mal que nous pouvons lui faire.

Toute notre attention tendue vers ce qui peut faire mal à l'un et à l'autre, nous ne pouvons plus regarder la route agréable, confortable. Toute notre capacité de jugement orientée à guetter les fautes, les failles, les coups à porter, nous n'en avons plus pour faire une route personnelle, originale, juste. L'espace stratégique lui-même a complètement disparu de notre champ de vision puisque nous lui tournons le dos. Nous signons un territoire d'où les stratèges de la bienveillance se tiennent éloignés, se retirent discrètement ou brusquement selon la vitesse avec laquelle ils nous démasquent. Nous voici bel et bien environnés alors de ceux auxquels nous sommes liés par les conflits. Conflits qui accaparent et épuisent. Pourtant, nous ne sentons pas un vrai désir qu'ils s'apaisent. Parce qu'ils nous divertissent.

Ils nous divertissent de l'écœurement qui nous gagne quand nous considérons ceux qui, près de nous, nous supportent encore alors que par notre seule méchante humeur, nous savons que nous les tourmentons. Bien entraînés à regarder du côté qui fait mal, nous ne pouvons pas interpréter la présence de ces supporters immérités, autrement que par leur lâcheté ou leur convoitise. Ce ne sont pas de vrais compagnons, mais une présence qui nous dégoûte de nous-mêmes. Pourtant nous en sommes dépendants car nous avons besoin de nous reposer de nos conflits ; et la solitude nous est insupportable, qui nous laisse en tête à tête avec un grand désert intérieur.

Nous savons que nous avons obéi à la malveillance. Mais c'était bien obligé ! Ce que nous découvrons comme résultante peut nous paraître pire que ce que nous avons infligé à d'autres. Toute cette souffrance envoyée qui revient d'un seul coup, portée par la réciprocité, c'est violent. La veille exercée à servir et traquer ce qui fait mal est servie : ça fait très mal.

C'est la réciprocité qui parle à l'humain. Qui lui rappelle qu'il n'est pas un animal et que ses agressions contre autrui, non inscrites dans ses gènes, sont ses choix. Choix qu'elle nous renvoie même si nous croyions la tromper.

Oui, c'est difficile d'être humain. Difficile de se résoudre à sortir du champ animal. Difficile de trouver son chemin dans l'inconnu. La réciprocité, puissante éducatrice, nous accompagne sévère, généreuse, juste.

Et c'est sublime aussi d'être humain, humain dans l'intelligence de la réciprocité. Et délectable, après s'être fourvoyé à contre-courant de la réciprocité, que de naviguer dans son courant et sous son vent.

> C'est ainsi qu'**un directeur de la comptabilité** – métier bien ancré dans l'enregistrement du réel – me faisait part, après quelques entretiens stratégiques, de sa surprise à voir les problèmes se résoudre « presque d'eux-mêmes ».
>
> Et qu'**un directeur technique** – métier bien ancré dans la matière – me disait en souriant en préambule d'un entretien de coaching où je lui demandais de ses nouvelles depuis l'entretien précédent : « Eh bien on dirait qu'il y a un bon Dieu. » Puis de me raconter comment les choses se sont très bien passées même si rien, bien sûr, ne s'est passé comme nous l'avions imaginé. Les surprises étaient devenues bonnes.

LA RÉCIPROCITÉ STRATÉGIQUE ET LES SOURCES CULTURELLES DE NOS CIVILISATIONS

L'expérience ancestrale des humains, c'est la culture qui la porte, culture transmise aux petits par l'enseignement des adultes. Or il existe dans l'enseignement un courant qui « élève » les petits à réduire toute leur bienveillance à la bienveillance pour l'autre. Dans ce courant de pensée, la bienveillance pour soi est mauvaise.

Quelques secondes de raisonnement logique permettent de constater que cet enseignement abaisse trop évidemment pour pouvoir prétendre « élever » ceux qu'ainsi il ne fait qu'exercer à la soumission, au déni d'eux-mêmes.

Il est très largement imputé par notre époque au judéo-christianisme. Pourtant, rien n'est moins sûr...

Le travail de Marie Balmary sur les textes de la judéo-chrétienté montre qu'ils ont été souvent transmis à contresens : selon elle, ils *interdisaient* la renonciation à soi-même... ce qui explique mieux leur extraordinaire retentissement dans l'humanité et leur capacité à fonder des civilisations florissantes. Ces textes ont transmis une expérience ancestrale saine, tant qu'ils étaient lus avec la fraîcheur que le travail de Marie Balmary leur a rendue.

Ainsi en ce début de troisième millénaire judéo-chrétien, nous vivons l'époque passionnante où voir la réciprocité à l'œuvre : notre époque s'est détournée de ces textes utilisés pour abaisser l'humain. Ainsi la lecture qui abaisse l'humain est par lui abaissée et réciproquement, notre époque qui s'est détournée de ses grandes bases culturelles souffre concrètement de manque de repères et points de ralliement. Passionnante époque aussi où la science humaine rend aux poèmes originaux ce qui leur a donné tant de charme, de puissance, d'intérêt.

Peu importe ici que l'on croie ou pas à l'existence du dieu chanté dans le poème biblique, à l'existence ou à la nature divine de Jésus de Nazareth. La Bible et les Évangiles, œuvres au moins artistiques chacune à sa façon, ont eu assez d'importance et de pouvoir de ralliement pour fonder une ère et donner un élan prodigieux aux civilisations qui s'en sont nourries.

La restauration de certaines de leurs balises peut intéresser le lecteur, par exemple en ce qui concerne le droit d'être bienveillant aussi envers soi-même, envers Je.

Voici comment Marie Balmary traduit le premier commandement des tables de la loi : « Je, YHWH, Elohim de toi qui t'ai fait sortir de la terre d'Égypte, de la maison des esclaves, il ne sera pas pour toi d'autre Elohim que les faces de Je ».

Habituellement traduit par « tu n'auras d'autre Dieu que moi », ce commandement présente le dieu biblique comme un autre « mangeur ». Certes, il a libéré le peuple d'Israël du Pharaon ; mais où est la liberté si à présent ce peuple doit se soumettre au dieu ? drôle de dieu ! Qui est-il ? Justement, il a commencé par se présenter : Je, YHWH, Elohim de toi. Elohim signifie esprit.

Dès lors le dieu biblique devient « Je, esprit de toi qui t'a fait sortir de la maison des esclaves » ! Et le commandement : « Il ne sera pas pour toi d'autre esprit que les faces de Je ». Et ce qu'avait d'aliénant ce premier commandement disparaît, pour laisser la première place à l'esprit personnel, esprit de Je qui libère de l'esclavage.

Ainsi le premier commandement peut se lire comme le commandement d'être en personne, ordre de la liberté d'être soi !

Traduction complaisante à l'individualisme supposé de notre temps ?

Elle trouve pourtant un écho direct dans le fameux « Je suis celui qui suis » du Nouveau Testament. Fameux et mystérieux, jusqu'à ce qu'éclairé par cette nouvelle lumière sur l'Ancien Testament, il l'éclaire en retour : Je suis celui qui se conjugue au verbe être et à la première personne du singulier. Loin, donc, de renoncer à être et d'y appeler, en se disant aussi « fils de l'homme » et « frère de tous », le Jésus des Écritures définit l'humanité comme le peuple de ceux qui « sont » à la première personne du singulier.

Il y a certes le fameux « Si tu veux me suivre, renonce à toi-même, lève ta croix et suis-moi. » Or les paroles telles que Marie Balmary les découvre littéralement dans le texte original sont : *« Si quelqu'un veut accompagner derrière Je, qu'il dise non à lui-même. Qu'il prenne sa croix et qu'il accompagne Je. »* La première remarque de Marie Balmary est qu'« accompagner derrière Je » c'est suivre en effet et… renoncer à soi-même, tandis qu'« accompagner Je », c'est marcher librement à côté. Et que disent les paroles évangéliques ? Elles disent à celui qui veut « accompagner derrière », de renoncer. Renonce à ce projet de renoncer à toi. Prends plutôt ta croix : la croisée de qualités, besoins, désirs qui te fait unique et accompagne librement Je libre.

Marche ta propre route, Je avec un autre Je qui marche sa propre route. Ne te laisse pas manger, ne mange pas l'autre (malveillance réciproque) marche en compagnie, vis en bienveillance réciproque.

Autre citation fameuse, « si vous vous réunissez en mon nom, je serai là au milieu de vous ». Dont le texte original dit : *« Si vous vous réunissez au nom de Je. »* Si, en se réunissant, chacun est présent en personne ?

L'idée de la renonciation à soi-même est particulièrement développée dans un opuscule datant des premières années du XVe siècle, opuscule dont la fonction politique et sociale a été immense et… qui se fait gloire d'être un écrit anonyme ! *L'Imitation de Jésus Christ* n'est enfin marginalisé que depuis quelques décennies. Il y est question en permanence de se prosterner devant le Christ en se considérant soi-même comme un « misérable vermisseau ». Or imiter le Christ des Écritures, c'est précisément refuser de se prosterner devant qui que ce soit et à la demande de qui que ce soit. En effet, celui qui demande au fils de l'homme de se prosterner devant lui, c'est le diable au désert. Et le Christ – qui jamais ne s'est traité de misérable vermisseau ou autre animal, ni de rien de moins noble ou plus prétentieux que « fils de l'homme » – se garde bien d'obéir à cette funeste injonction. C'est même précisément à cette injonction : « prosterne-toi devant moi », que Jésus au désert reconnaît le Satan, l'adversaire : celui qui exige prosternation, renonciation à soi-même.

Enfin, personne comme cet humain n'a d'un bout à l'autre de sa vie été fidèle à ce qui l'animait, à son extraordinaire originalité. Vivante dans le cœur d'une quantité impressionnante de gens pendant les deux mille ans qui ont suivi sa mort, la figure de celui qui n'a jamais renoncé à lui-même offre avec le recul une étonnante démonstration de succès.

Donc ce qui vous demande de renoncer à vous-même, ce n'est ni l'authentique judéo, ni l'authentique christianisme. L'authentique judéo-christianisme n'exige de personne qu'il renonce à ses rêves et objectifs, se laisse fasciner par les qualités qui lui font défaut, nie ses besoins au bénéfice d'autrui. Il est bien plus subversif que cela aux dominateurs de foules.

Ce qui peut exiger cela de vous, c'est une habitude culturelle de lecture de ces textes. Habitude qui tient tout simplement au fait que de tous temps – évidemment depuis des temps bien plus reculés que ces textes – les aînés aimeraient bien que les plus jeunes se tiennent tranquilles, obéissants… le plus longtemps possible. Y compris quand les aînés – plus forts, sont devenus les vieux – plus faibles.

Ce rêve que la génération suivante ne dérange pas la précédente, que les petits ne gênent pas les grands mais les servent ou les adulent, est pervers parce que son accomplissement ne donne rien de vraiment bon à vivre à personne. Ceux qui transmettent cela l'ont reçu comme enseignement eux-mêmes. Ils ne savent pas que c'est malveillance, comme nous ne voyons plus que c'est malveillance de dire du mal de soi-même. Au point qu'une des assertions les plus « culturellement correctes » de notre temps est celle qui affirme que l'humain est mauvais, qu'il est une mauvaise espèce sur la planète.

Les humains, mauvais ! Alors qu'ils sont probablement la seule espèce de toute la planète capable de se soucier de la survie des autres espèces. Au point que parmi eux des individus et des groupes consacrent leur existence à cela : sauver d'autres espèces que la leur !

Nous avons ensemble de beaux haltères culturels à soulever pour nous élever ensemble à l'état humain où la réciprocité se joue sur un terrain bon à chacun. Soi compris, l'autre compris, fût-il aîné ou cadet, fût-il puissant ou fragile, fut-il humain ou non humain.

★ *Récapitulons* ★

LA RÉCIPROCITÉ STRATÉGIQUE

Loi de la nature, la réciprocité est promesse de retour, l'effet retour.

Bonne à qui la reconnaît, douloureuse à qui l'a ignorée, elle jouera à son heure et selon son coefficient, « pour » ou « contre » selon ce que nous aurons initié avec elle.

Elle est extrêmement favorable au stratège qui a favorisé le départ d'une parole ou action bienveillante à l'autre et à soi-même et aux environnements respectifs de l'un et de l'autre. Pour cela le stratège :
- reconnaît la réciprocité dès le territoire stratégique, dans la bienveillance ;
- respecte les susceptibilités : la sienne, celle de l'environnement ;
- réagit dès la première « défection », quand il est encore serein ;
- et à toute défection, même si celles-ci se répètent ;
- répond à toute coopération ;

☞

☞

– il pratique, quand la relation se déséquilibre, la correction favorable ;
– et cela partout où il a le pouvoir, l'initiative.

Il cherche et choisit les options qui laissent à chacun ses chances de satisfaire ses besoins, exercer ses qualités, atteindre son objectif, approcher son rêve.

Elle n'est pas retour exact, par l'autre, de ce que vous avez envoyé à l'autre, ni garantie que chacun de ceux à qui vous avez fait du bien ou du mal vous fera du bien ou du mal, ni, quand vous vous êtes sacrifié au bénéfice d'un autre, garantie que l'autre en retour se sacrifiera pour vous.

QUESTIONS CLÉ DE LA RÉCIPROCITÉ STRATÉGIQUE

Si la bienveillance déployée pour autrui ne semble pas revenir à soi :
– Ai-Je été bienveillant pour moi aussi ?

Si une bienveillance déployée pour soi semble ne rien donner :
– Ai-Je été bienveillant pour autrui aussi ?

Et dans les deux cas, pour être plus fort la prochaine fois :
– Où était la solution de réciproque bienveillance – ou bienveillante réciprocité, de cette situation ?

Est-ce tout ?

Puisque la bienveillance peut suffire, le couple bienveillance et réciprocité peut suffire. Dans le jeu du tournoi, cela suffit : commencer toujours par coopérer puis, pratiquant une exacte réciprocité, jouer exactement ce que l'autre a joué au précédent coup permet de gagner à coup sûr, soit tout seul une grosse valeur absolue, soit avec d'autres une valeur absolue encore plus importante.

Mais dans la vie nous le sentons bien, ce n'est pas suffisant. Les coups que nous échangeons sont d'une infinie variété. Comment lire, évaluer les positions ?

Comment, pour respecter la réciprocité, savoir en cours de route où j'en suis ?

C'est là que se présente le besoin de clarté.

10

LA CLARTÉ

BIENVEILLANCE ET RÉCIPROCITÉ conduisent la stratégie d'Anatol Rapoport au succès, mais d'autres stratégies aussi étaient bienveillantes et réciproques. Une, par exemple, supportait deux refus avant de répondre par deux refus. Bienveillante, réciproque, mais moins performante.

En effet, les autres joueurs, encouragés par le succès de leur première attaque, découragés par la deuxième attaque retour s'ils avaient recommencé à coopérer, distinguaient mal comment gagner avec une telle stratégie. Moins claire que celle d'Anatol Rapoport.

Ainsi c'est l'alliance de bienveillance, réciprocité *et* clarté qui fait la réussite certaine et permet, jusque dans la compétition, à Rapoport d'obtenir la coopération de ses concurrents.

Il réalise cette alliance dans le jeu grâce à ses refus immédiats de coopérer au refus de coopération, puis par ses coopérations immédiates aux retours à la coopération.

Et nous, dans la vie si chaotique, tellement moins claire que le jeu ?

CLARTÉ : LE MOT

Drôle de démarche que de chercher le sens d'un mot si limpide dans un dictionnaire, fut-il étymologique. Ma curiosité n'a pas été déçue.

Clarté vient de « clair », lui-même issu de différents mots latins :

– *clarus* apparenté à *calare* qui a donné « nomenclature », « intercaler ». Il est question ici de rangement…

– *classis*, classe : du rangement à nouveau et…

– *clamare* : clamer ! Nous voici dans le son produit par l'humain.

Cette étymologie explique la quasi-simultanéité des deux sens de l'adjectif *cler*, né au XIe siècle pour désigner ce qui est éclatant à l'œil comme à l'oreille. Deux terrains bien distincts.

Puis très vite, la rencontre du son et de l'image dans le mot *cler* produit, plutôt qu'un conflit où l'un serait détruit au bénéfice de l'autre, un troisième sens : l'intelligibilité.

L'esprit est-il troublé d'informations éclatantes émanant de différentes sources ? La clarté vient de ce qu'il accueille l'une et l'autre information et, sans rien leur enlever, leur offre quelque chose en plus : du sens, le sens qu'elles ont ensemble.

Littéralement, il prend ensemble, con-prend : il comprend[1]. Voici la clarté, produit du travail de l'esprit qui peut alors s'apaiser. Il a compris.

LA CLARTÉ : POSITION TOPOGRAPHIQUE

Quand l'éclat d'un « Je » clair rencontre l'éclat d'un « Tu » clair, l'un et l'autre espèrent de la rencontre non seulement qu'elle leur laisse la vie sauve, mais encore qu'elle les fasse progresser. Le sens de la rencontre, c'est ce sens commun favorable à l'un et à l'autre : un nouveau « bon sens », sens de Nous, où plusieurs bons sens sont respectés.

La force de ce sens, c'est qu'il bénéficie du concours naturel de la bienveillance et de la réciprocité. Plus fort encore : il favorise leur conjonction.

1. Comprendre : *cumprendere* puis *comprehendere*, littéralement « saisir ensemble » puis, intellectuellement, saisir par l'intelligence de la pensée.

Entre la clarté et le couple bienveillance-réciprocité, s'instaure une puissante relation réciproque, favorable à chacune des forces.

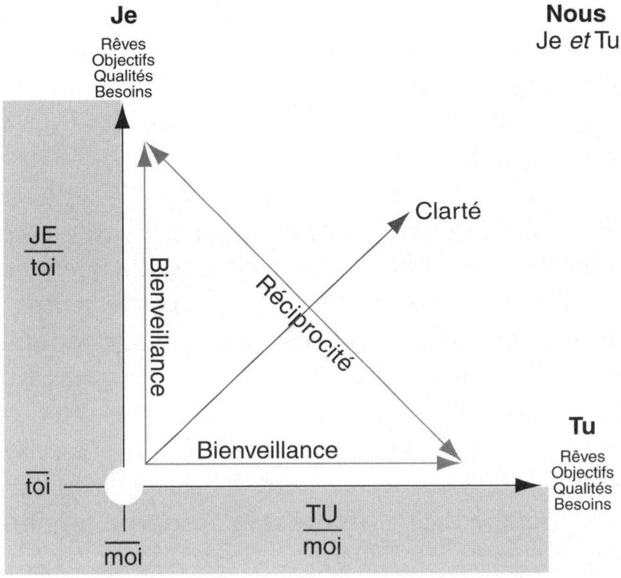

La clarté : sens de Nous qui contient la progression de Je *et* de Tu

La clarté, repère commun à Je et à Tu, est ce que Nous pouvons viser ensemble.

Pour autant elle est fragile, fugitive.

La clarté dans la famille

Les « entreprises » humaines les plus clairement fondées sur la bienveillance ont toutes, à un moment donné, besoin de clarté pour que continue l'entreprise commune qu'est le couple ou la famille, entrepris ensemble par et pour ce cristal de bienveillance réciproque qu'est l'amour.

Un élan clair a poussé deux personnes l'une vers l'autre par un sentier connu de chacun seul. Lors de leur rencontre, un carrefour secret connu d'eux seuls s'est distingué. Puis ils ont commencé à éclairer ensemble un chemin nouveau : celui de leur histoire commune.

Mais que l'un, l'autre ou les deux se soient laissés aller, par ignorance ou désinvolture, à laisser trop d'ombre ou trop de lumière, à taire ou exprimer trop d'impressions, de sensations, de désirs de l'un ou de l'autre, de l'un et de l'autre, et le chemin commun se brouille.

Vient le jour où il ne leur reste plus assez de clarté pour avancer sur ce qui est devenu avec le temps une route bien visible du dehors : des enfants, s'il y en a, ont les yeux braqués dessus comme sur les clés du monde. Puis, ayant grandi, ils sont aux premières loges pour mesurer les écarts entre les indications et le tracé réel, à moins qu'ils ne s'épuisent à le combler par des actes ou comportements qui désolent les parents. Le clair chemin secret est devenu une route publique et chaotique, couturée par le temps : les variations de climat, les variations géologiques du parcours, les poids lourds et légers qui ont circulé dessus, l'ont éprouvée. Et brouillée.

Ses auteurs peuvent ne plus s'y retrouver, ne plus y distinguer ce qui vient de soi et de l'autre, ce qui va vers soi et vers l'autre, s'abandonner à l'impression que toute l'énergie et la lumière vient de soi pour se perdre dans l'ombre de l'autre, ou au contraire que toute la lumière vient de l'autre. La bienveillance réciproque est en danger, malgré le désir que chacun a de la retrouver.

C'est la clarté qui manque.

La clarté dans l'entreprise

Quant aux entreprises, elles commencent toutes aussi dans un esprit de bienveillance réciproque entre les fondateurs qui, toujours, se choisissent. Puis viennent les difficultés.

Les start-up en avaient fourni un excellent terrain d'observation : leur plus grosse source de « chute », bien avant que le Nasdaq ne plonge, était la difficulté à s'entendre entre associés qui pourtant se voyaient un avenir ensemble et l'envisageaient dans la bienveillance réciproque.

Prenons à présent des fondateurs qui ont su entretenir la clarté de leur relation et celle de la relation de leur entreprise commune avec l'environnement économique. L'entreprise grossit. Vient le temps où « on ne peut plus faire confiance comme avant », « on ne s'y retrouve plus », « on n'y comprend plus rien ». Les relations internes, externes, se multiplient à une vitesse vertigineuse : relations binaires, puis tissu serré d'interrelations entre les personnes, les métiers, les registres d'intervention. Les priorités semblent se multiplier à des échelles elles aussi démultipliées. L'enchaînement des causes et des effets devient plus difficile à lire, les décisions plus difficiles à prendre. Et le dirigeant, à qui n'apparaît pas spontanément la solution stratégique (bonne pour une telle quantité de personnes, d'enjeux et de valeurs), peut alors cesser de croire qu'elle existe. Cessant d'y croire, il en abandonne la recherche pour se frayer un chemin dans la jungle des compromis et y choisir la moins mauvaise solution. De chacune de ces moins mauvaises solutions naissent des tensions qui atteignent aussi ceux pour qui ces solutions avaient commencé par être indolores. Les tensions, les difficultés ricochent les unes sur les autres, freinent la production et le plaisir de produire, handicapent le désir de réussite de chacun. Et l'idée que c'est normal, inéluctable, s'installe puis se transmet jusqu'à l'épuisement ou l'exaspération de ceux qui voudraient croire autre chose : tous. C'est le nombre et la masse qui, alors, comme une cause fatale, sont incriminés. Mais c'est surtout la clarté qui manque. Certes, elle est devenue plus difficile à produire.

Pourtant les scientifiques cherchent, sans renoncer, la clarté dans le monde naturel. Et que nous disent-ils ? Si au départ « tout était rose », d'où vient que du seul fait de l'abondance de ce « tout », qui est rose, la vision bascule dans le « tout est noir » ? La réponse de l'optique est que le passage du rose au noir ne saurait provenir d'abondance de matière rose, mais bien plutôt d'une variation de réglage entre ombre et lumière, où l'une l'emporte sans laisser de place à l'autre. Chute de clarté.

LE TRAVAIL DU STRATÈGE POUR LA CLARTÉ

Si la bienveillance est une décision personnelle et la réciprocité une réalité naturelle, la clarté au fil de l'eau est le produit d'un travail. Travail que le stratège de la bienveillance choisit de faire.

Amicale, la clarté invite d'abord le stratège dans le jardin où se reposer et savourer sa présence légère, agréable et nécessaire. Simple bienveillance pour soi-même et pour elle, compréhension première du principe de réciprocité, savourer les situations simples et le sentiment d'unité offert par les coïncidences harmonieuses est le premier exercice de clarté, l'initiation. Et déjà c'est un succès sur l'esprit de confusion qui exige, quand les choses vont bien, à la fois de s'en inquiéter parce que ce n'est « pas normal », et de ne pas s'y intéresser parce que c'est « normal ». La clarté, elle, permet que le normal soit délicieux et que le stratège y puise des forces.

Jusqu'à ce que survienne, insolite, le contradictoire : explosion des sens alors. Et changement de braquet pour le stratège à qui il incombe de retrouver la clarté perdue, la relever si elle est tombée, la protéger et l'aider à renaître alors même qu'il subit, lui aussi, des divisions.

Division pour division, en voici une par laquelle le stratège peut, quand ce qui était convergent s'oppose et ce qui était uni explose, accéder à la puissance de l'accord.

Le stratège chevalier

Le travail le plus simple et le plus difficile, le plus humble et courageux au service de la clarté est, pour recueillir ce qui est, de repousser tout ce qui se bouscule au portillon et pourtant, « n'est pas ».Vous croyez peut-être ici que je plaisante. Mais non.

Le travail de clarté commence dans le trouble d'une divergence. Des informations, des événements, des « nouvelles » ont surgi qui vous troublent, vous divisent. Voici qu'apparaissent deux sens... différents. Surpris, l'esprit ne voit qu'une chose : ces sens s'éloignent l'un de l'autre. Déjà il les voit opposés. Il est divisé, il est troublé. Il a perdu la clarté.

– **Votre tante** que vous aimez beaucoup vous sert à votre grande surprise à déjeuner des tripoux que vous détestez. Et en plus elle vous demande si vous aimez !

– Alors que vous vous voyez comme un « bon », vous découvrez que **quelqu'un fait beaucoup mieux** que vous...

– Vous vous considérez comme « quelqu'un de bien » et vous découvrez que **vous avez fait une grosse bêtise**, une succession de grosses bêtises...

– Vous attendiez quelque chose de quelqu'un et **vous en recevez tout l'inverse**...

– Vous êtes pris **entre deux demandes** au départ légitimes, mais que vous découvrez incompatibles...

– Ou bien **vous vous sentez coincé** dans l'alternative de deux très mauvaises solutions...

Voici votre esprit devant l'incapacité de « tout prendre » : de « comprendre ». Déséquilibré, confus, en échec. Tempête sous un crâne c'est le chaos.

Cet instant est à haute intensité dramatique. C'est une croisée des chemins, lieu où la voie stratégique et la voie ordinaire se séparent. Car la clarté, à ce moment-là, prend un risque extraordinaire : celui d'être très exigeante au moment où elle est le plus fragile.

En effet le seul constat clair pour l'esprit, son seul point d'attache avec la clarté, c'est le constat de son échec. Or à cet idée, l'esprit humain se cabre. L'esprit humain cabré au-dessus de l'insolente petite clarté qui lui dit son échec, c'est cela la croisée des chemins.

Une voie est de piétiner l'insolente : de la même main, la faire taire et se consoler avec une victoire rapide sur elle et la manger. En effet l'esprit humain a pouvoir de brouiller les cartes. Avec une imagination que les esprits des autres vivants dans la nature n'ont pas, il peut, pour ignorer ce qui est, produire ce qui n'est pas.

– Sur place chez votre **tante** : « si si, j'aime bien les tripoux ». Ce qui ouvre un avenir de tripoux chez la tante. Si bien qu'en sortant de chez elle : « elle est complètement folle de recevoir des gens avec ce genre de plat » et vous voici en train de désavouer quelqu'un que vous aimez. Une relation claire s'obscurcit.

– **Ce qu'autrui a si bien réussi** et qui me fait douloureusement me sentir moins bon que je ne pensais ?

Il n'y a qu'à dire ou laisser comprendre que j'en suis l'auteur. Quitte à écarter l'auteur réel. Ainsi l'esprit humain est capable de l'énorme travail d'imposture, où il dépense son énergie à alimenter une version de soi sans réalité et à perdre de vue qui il est, quelle est sa valeur. Ce qui est contre-stratégique même pour les stratèges de guerre : pour Sun Tsu, l'auteur de *L'art de la guerre* lui-même, la connaissance de soi fait la moitié des chances de réussite.

Ou tenter de minimiser la réussite : ce n'est pas grand-chose, voire c'est nul, c'est ridicule. Et cet esprit de confondre la réussite avec le nul et le ridicule.

Ou la salir, et polluer une source d'inspiration.

Ou la saboter. Et c'est à la fois se mettre en danger d'être découvert, et gaspiller son énergie à faire dans l'ombre quelque chose qui ne permet d'avancer ni dans une compétence, ni dans la conviction d'y être bon.

– **Mes erreurs ?** Je n'y suis pour rien. La preuve : quelqu'un d'autre en est responsable ! Et l'esprit passe à côté de ses chances d'être éclairé par ses erreurs, se prive de ce par quoi les champions progressent.

Quelles erreurs ? Ce n'est pas des erreurs puisque j'étais obligé, puisque d'autres le font aussi, puisque… L'esprit qui ne les reconnaît pas ne les interrompt ni ne les répare ni ne les transcende. Et les laisse, telles des caries pas soignées, forer les vies.

Ou encore, niant non pas l'erreur, mais la peur de la payer cher, l'esprit fanfaron ordonne de la raconter partout en se faisant du tort.
– « **L'autre ne fait pas ce que j'en attendais**, c'est donc qu'il est mauvais ». L'esprit qui s'offre cette victoire sur la clarté à chaque surprise que lui réserve l'autre est bientôt seul bon dans un monde mauvais. Il ne comprend bientôt plus – et se sentirait déshonoré de comprendre – un monde trop mauvais pour lui. Donc il ne sait plus s'y conduire et en reçoit, naturelle réciprocité, des réponses mauvaises à vivre. Voici l'environnement devenu effectivement si mauvais qu'il n'est même plus possible d'y être bon.
– Plutôt que reconnaître qu'il ne sait pas encore comment traiter **deux demandes**, l'esprit humain peut décider arbitrairement qu'une, ou les deux, sont illégitimes. S'offrant ainsi l'illusion de n'avoir pas été en échec plus que le temps d'un clignement de paupières, il a produit dans son environnement un ou deux foyers de mécontentement.
– Quant à l'esprit qui ne voit encore que **deux mauvaises solutions** s'ouvrir à lui, il peut, plutôt qu'accepter l'énigme et le moment où il ne comprend pas, s'écrier tel Agamemnon sur le port d'Aulis : « Cruel est mon sort si je désobéis, cruel aussi s'il me faut déchirer mon enfant »[1] puis décider « animé d'une pensée impie, criminelle, sacrilège »[2], de « sacrifier sa fille pour entretenir la guerre ». Peut-être reviendra-t-il vainqueur de cette guerre-là. Mais une autre l'attend « car il reste à la garde de la maison une intendante terrible qui se lèvera un jour, la Colère insidieuse, qui n'oublie pas qu'elle a une fille à venger ». Ainsi, même de retour à la maison, même nu au sortir de son bain, n'en a-t-il jamais fini avec le chaos et les souffrances de la guerre.

Pris de confusion, nous recevons tous le secours d'une imagination fertile, insistante. Mangeuse de clarté, elle s'y substitue, prête à nous offrir en pâture à la confusion plus grande encore de ses versions inexactes, avant de nous précipiter dans le conflit. Vouloir nier le trouble, c'est s'y enliser.

Rencontrer cette imagination malveillante (elle veille à ce qui n'est pas) et tourner bride devant ses options séductrices est un combat où l'esprit stratégique joue sa vie.

Remporter ce combat intérieur *avant* la rencontre rejoint peut-être l'idée de Sun Tsu, le maître stratège, selon qui l'armée vainqueur l'est *avant* le contact.

L'esprit stratégique qui accède à une réussite certaine fait le plus difficile d'abord en renonçant aux versions qu'il est encore capable de savoir fausses pour se tourner vers la petite clarté qui lui dit, en effet, pour commencer, qu'il est perdu.

---

1. *L'Orestie,* Eschyle.
2. *Ibid.*

Chevalier de la clarté isolée, le stratège reçoit là, réciprocité, la force de reconnaître qu'il est troublé.

Force première de revenir à soi, *première personne* stratégique, seule sur qui J'ai le pouvoir ; sur qui J'ai *tous* les pouvoirs.

L'enfant stratège

En acceptant le trouble avec l'humilité de l'enfant, *le stratège se retrouve.* Aussi sûrement que le jour renaît de la nuit, la clarté renaît de la traversée du trouble. Et déjà sourit sur l'autre rive :

– Moins perdu ?

– Un peu, à peine.

– Comment te sens-tu alors ?

– Tendu !

– Entre quoi et quoi ?

> – Ah ! Entre le dégoût des tripoux et l'affection pour la **tante**.
> – Et si j'acceptais simplement qu'ils soient là tous les deux ? « Ma tante votre question m'embarrasse parce que j'ai horreur des tripoux et que vous, je vous aime beaucoup ».
> La clarté, qui accepte ce qui est, pousse à des paroles neuves. Paroles qui vous étonnent vous-même et vous font sourire tandis que vous les prononcez. Votre tante, interloquée d'abord puis émue et ravie par votre confession, éclate de rire. Vous n'aurez plus jamais de tripoux chez elle et elle vous adore plus que jamais.

Après avoir déjoué le plus grand risque de la pente ordinaire qui consiste à augmenter encore le chaos quand vient le chaos, il reste que tout est à faire. À nouveau faiblesse, confusion et obscurité s'imposent. Comment avancer ?

Si la clarté c'est que l'esprit ne peut pas avancer, alors l'enfant stratège lui obéit. Tout simplement il se laisse guider par la clarté. Il n'avance pas. Il s'arrête. Et tant qu'il n'en sait pas plus long il se tait. Il en profite pour faire une pause, une pause bienfaisante. Il se repose dans la pensée d'un espace stratégique capable de tout accueillir. Il ne voit pas encore cet espace, mais il sait que peut exister ce qu'il ne voit pas encore. Alors il le rêve tout éveillé.

Et, prenant la main du chevalier qui l'a défendu tout à l'heure des assauts du chaos, il entre chez l'artisan.

Dans l'atelier de l'artisan

L'artisan reçoit livraison de sa matière à travailler : « ce qui est ». Ce qui est clair pour lui, c'est que puisque tout cela existe, tout cela peut coexister. Tout cela, c'est quoi ?

Une matière encore brute, à nettoyer d'abord, à dégager des amalgames, préjugés, jugements péremptoires, idées reçues, généralités et grossièretés. Si l'espace stratégique n'est pas visible de loin, c'est que son accès est un étroit passage qui suppose un esprit de finesse, le sens de la spécificité. C'est dans l'originalité de la situation que repose la solution stratégique, la passe qui conduit à l'espace où tout se réconcilie.

Et l'originalité de toute situation humaine, c'est l'originalité de chacun des sujets : Je et Tu, Il, Elle distincts, leurs rêves, objectifs, qualités et besoins propres… aujourd'hui.

Tel est le matériau que l'artisan dégage de la gangue des amalgames, qu'il extrait de la confusion au moyen d'un outil très accessible : la simple question. Pas la question sophistiquée, l'insinuatrice interro-négative. La simple interro-positive des enfants :

> – Que veux-Tu ? Quelle est ta demande et derrière ta demande, quel besoin veux-tu satisfaire, quel objectif poursuis-tu et en direction de quel rêve ?
> – Quelles sont tes qualités personnelles, professionnelles, statutaires, par rapport à la situation, par rapport aux besoins environnants ?
> – Quelles sont les qualités de la situation, celles de l'autre et des autres ?
> – Quels sont ses besoins, leurs besoins ?
> – Comment pourrais-tu articuler cela ?

Avec les réponses, l'artisan construit le terrain stratégique[1]

> – Si la réponse à « que veux-tu ? » est « qu'il m'obéisse », l'artisan s'arrête : vouloir soumettre l'autre, cela n'est voué à réussite ni certaine, ni durable. Quel besoin se cache derrière cette réponse ? Un besoin de sécurité ? D'accord, l'artisan peut repartir de là. Symétriquement, si la réponse est « lui faire plaisir », l'artisan s'arrête aussi : cela non plus n'est voué à réussite ni certaine, ni durable. Quel besoin se cache ? Ah ! là aussi, besoin de sécurité ! Non ? Besoin d'appartenance ? Si c'est ce que Tu dis, Je prends.
> – Si la réponse à « que veut-il ? » est « frimer », l'artisan propose une traduction dans le langage stratégique : « de la reconnaissance ? » Oui, mais bien visible ! D'accord, une reconnaissance éclatante. Si c'est « se moquer du

1. Cf. cas pratiques chapitre 15, p. 285 et suivantes.

monde », le stratège propose « le frisson du risque, le jeu avec les limites, l'excitation du défi ». Le chevalier et l'enfant se regardent et sourient : oui, c'est peut-être ça qu'il veut ce IL que l'artisan est en train de retailler en Il.
– Si la réponse est « on veut », l'artisan demande : « Qui ? » Dans ce « on veut », que veux-tu et que veut l'autre, avec quels besoins, distincts, à satisfaire de part et d'autre ?
– Et si la réponse est « je ne veux pas qu'il », l'artisan reprend : « ne me dis pas ce que tu ne veux pas, dis-moi ce que tu veux. Et pas ce que tu veux pour lui, mais pour toi. »

L'artisan clarifie aussi le langage grossier. Quelque chose de précis se cache derrière les expressions grossières et l'artisan a besoin de savoir quoi :

– « Ça me fait chier » peut signifier « je ne sais pas comment prendre cette situation ; je ne sais pas faire ça ; je préfère faire autre chose ; je suis épuisé et je n'ai plus de forces pour cela ; j'ai déjà fait cela cent fois, maintenant, je voudrais changer ; cela m'empêche d'avancer ; cela contrarie mes projets… »
– « C'est un con » peut signifier « il est naïf ; il n'a pas compris ce que je veux dire, ce que je veux faire ; il ne veut pas faire ce que je voudrais qu'il fasse ; il a des opinions différentes des miennes ; il s'avère très différent de ce que j'avais pensé ; il a tel comportement qui m'exaspère, m'ennuie, me fatigue ; je me sens si petit devant lui dans tel domaine, que je me rattrape en le regardant de haut dans tel autre domaine ; il est en colère contre moi et je le crains ; il m'a fait mal et je ne sais pas comment m'en consoler… »

L'artisan de la clarté ne fait pas son marché parmi tant de possibilités laissées par son interlocuteur. Il préfère demander laquelle est juste.

Est-il nécessaire de le préciser, l'artisan demande à ON, sujet de la confusion, de rester à la porte de son atelier, exactement comme le chien au seuil de la boulangerie. Et « ON » fait exactement comme le chien, il revient à l'assaut. Et l'artisan l'accueille avec la même patiente question : « Qui exactement ? »

Il refuse en riant quelques expressions comme « très objectivement » : tu n'as pas besoin de prétendre à l'objectivité ! Mieux vaut te souvenir que tu es une subjectivité qui a pleine valeur en soi. Et que ce que nous cherchons, c'est comment l'articuler avec d'autres.

Quant à « je suis lucide », il n'y répond rien ; il attend gentiment que vienne le/moi (je suis lucide, je sais bien que je ne suis pas à la hauteur) ou le/quelqu'un (je suis lucide, je vois bien que c'est un vrai voyou) que cette « lucidité » écrase, et se prépare à relever les sujets abaissés.

Le travail de l'artisan est une veille active aux sujets. Aux sujets distincts les uns des autres : une chose claire, certaine, naturelle, c'est que l'unité humaine c'est l'individu ; veille aux sujets distincts aujourd'hui de ce qu'ils étaient hier : les rêves, objectifs, qualités et besoins de chacun évoluent, voire changent brutalement.

Où en sont-ils aujourd'hui ? C'est cela que cherche l'artisan, avec cela qu'il construit le territoire stratégique d'aujourd'hui.

Il en a le temps parce qu'il ne perd pas de temps avec les humains objets du conflit ni avec le ON de la confusion. Il cherche assez peu le pourquoi des difficultés. Cela lui laisse le temps de chercher *comment en sortir.*

Alors, en compagnie des sujets qui peu à peu émergent du chaos de la confusion, l'artisan, l'enfant et le chevalier laissent mûrir, laissent monter – ou descendre – les questions, les réponses, les hypothèses. Quelles sont les particularités de la situation ? Quelles sont celles des sujets aujourd'hui ? Comment tout ce qui semble s'opposer pourrait-il se rejoindre dans un espace stratégique tout neuf ?

À l'écart de l'ordinaire lamentation, l'esprit stratégique se centre sur ce qui, pour le stratège, est vraiment important, vraiment limpide, vraiment éclairant. Même si c'est tout petit au départ.

– **Cette réussite de l'autre** qui me fait me sentir moins bon ? Et si c'était simplement que je suis le premier, ou parmi les premiers à me rendre compte qu'il est très bon ? Et si je m'en inspirais ? Et si j'en profitais pour enfin, être un « ami d'avant », un proche de toujours de quelqu'un qui demain sera très courtisé et donc difficile à rencontrer ? Et si c'était ma chance aussi ?
– **Mes erreurs ?** Si je suis en difficulté c'est que j'en ai fait. Où sont-elles ? Je veux le savoir. Dis-le moi et dis-le moi assez gentiment pour que je puisse l'entendre. Déjà à cause d'elles, j'ai mal. Alors est-ce que je les fais encore et qu'ai-je à changer pour faire plutôt, à leur place, ce qui me ferait du bien ? Si elles sont faites, que puis-je en apprendre ? Puisque j'en paie le prix, comment faire au moins de ce coût un investissement ? Comment le rentabiliser en gagnant d'apprendre quelque chose que je n'aurais pas su autrement ?
– **L'autre qui me surprend ?** Qu'est-ce que cette surprise m'apprend de lui, de moi, de la relation entre les gens, que je ne savais pas encore ou dont je n'avais pas pris la pleine mesure ? Qu'y a-t-il de bon à accueillir dans la surprise de sa réponse ?
– Quelles satisfactions attendent l'un et l'autre de **ces demandes incompatibles** ? Y a-t-il un autre moyen pour l'un et pour l'autre de satisfaire ce besoin, approcher son objectif, exercer ses qualités ? Quel est le meilleur moyen pour l'un, pour l'autre, d'atteindre ce résultat ? À quelles

conditions les deux demandes deviennent-elles compatibles pour l'environnement ? Est-il possible à l'environnement de réunir ces conditions ? Est-ce intéressant pour l'environnement de réunir les conditions qui permettraient aux deux demandeurs d'avoir l'un et l'autre satisfaction ?
– Qui demande à un homme de lui sacrifier la vie de son enfant ? La déesse de la nature, bienveillante aux petits ! C'est très étonnant qu'elle demande la vie d'une enfant. De quoi menace-t-elle le père, Agamemnon, s'il désobéit ? Ah ! De l'empêcher de déclencher la guerre… Pleine d'humour, cette déesse ! Monsieur votre sort est très doux, vous pouvez rentrer chez vous avec votre enfant bien vivante et **l'esprit clair** encore : c'est un ordre divin !

L'artisan accueille et range, le chevalier repousse les faux, automatismes et amalgames les plus tenaces. Dans l'atelier de l'artisan, les qualités sont convoquées, chose inhabituelle, sans les défauts ; l'enfant accepte de ne pas savoir encore.

De cet espace serein créé par l'esprit stratégique au milieu du chaos, commence à poindre la solution d'un Nous encore secret, où Nous se crée. Et c'est depuis ce frémissement que l'esprit stratégique voit monter la clarté en pleine majesté.

La grande puissance, née de la justesse.

La solution de la justesse a une saveur à aucune autre pareille : celle de Notre vérité. Subjective et réelle, elle conduit à un résultat matériel et mental bienfaisant à l'un, à l'autre et alentour. Matière et esprit s'y rejoignent, cœur et raison s'y retrouvent, individus et collectifs s'y accordent. Dans cette solution l'esprit trouve une paix si magistrale qu'elle est bien plus qu'un soulagement. Elle est plénitude.

> Ici, maintenant, pour ceux qui sont là, avec ce qui est là, le bonheur est fait pour être atteint sur la Terre.
> Et aussi clair que l'enfer existe sur Terre, le paradis y a une place aussi.

LA CLARTÉ ET LE DÉSACCORD

Le désaccord arrive à l'improviste : « Je pensais que Tu trouverais ma solution excellente, Je pensais que Tu serais d'accord et non ! Tu pensais que Je te proposerais quelque chose qui te plaise et non ! » L'un et l'autre surpris l'un par l'autre, nous voici l'esprit troublé, les nerfs tendus.

Ou bien le désaccord était prévisible. « Je savais bien que Tu ne serais pas content de ma demande d'augmentation et Tu savais bien que je ne serais pas content de t'en voir mécontent. » Quand il n'y a pas de surprise, les nerfs sont tendus en réalité depuis... longtemps, les esprits fatigués, l'esprit troublé par l'appréhension.

Comment retrouver la clarté dans le désaccord, pour rester dans le territoire stratégique à ce moment crucial où nos avis, désirs, intentions divergent ?

Je ne connais qu'un seul antidote : savoir que *le désaccord est normal*, saine manifestation des libertés humaines d'être différents. Lui donner sa part dans le jeu de la vie. Cela et cela seul peut permettre de garder l'esprit clair au moment où la clarté est la plus nécessaire : dans le désaccord.

Le désaccord n'est pas faute. Bien au contraire, il est signe de deux présences distinctes. Et signe que le moment est venu pour l'une et l'autre de se dépasser ensemble pour retrouver l'espace stratégique où ce qui Nous attend, c'est un changement de plan, un saut créatif. Nous ne sommes pas tenus d'être d'accord. Nous avons le droit de diverger. Donc le droit de chercher la solution qui s'élève au-dessus de notre divergence. Pour cela, qui est difficile, Nous avons besoin de la sérénité qu'apporte la clarté.

La clarté est la meilleure alliée des sujets dans le désaccord, c'est pourquoi savoir entretenir la clarté dans le désaccord est un des talents les plus nécessaires et les plus déterminants du stratège.

> Ainsi, **Athéna** dans *Les Euménides* d'Eschyle. Déesse de l'intelligence, Athéna est seule capable d'échanges sereins et courtois avec les hideuses furies issues du fond des âges – et qui exaspèrent Apollon. La force d'Athéna est d'offrir assez de respect à celles qui lui apportent la contradiction pour que celles-ci – réciprocité – deviennent capables de l'entendre. Alors, il devient possible à Athéna et aux furies de dénouer l'un après l'autre les nœuds qui les divisent, jusqu'à ce que les furies vengeresses se métamorphosent en déesses bienveillantes d'Athènes.

LA CLARTÉ ET LA GUERRE

Pour être claire sur la guerre, je me suis adressée à celui qui m'est apparu faire le mieux autorité dans ce domaine, et dont je vous ai déjà parlé : Sun Tsu, le maître stratège de la période des Royaumes Combattants dans l'Empire du Milieu.

Dès son premier article il définit la guerre : « c'est l'art de duper[1] ». Ainsi la guerre, c'est tout le contraire de la clarté.

Puis dans le deuxième article, il indique que « si l'on peut entendre parler d'opérations malhabiles trop précipitées, on n'en a jamais vu d'adroites qui durèrent longtemps » et que « les soldats apprécient les victoires, pas les opérations prolongées[2] ».

La seule chose claire qui émerge de la guerre, c'est le désir de victoire et le désir… que la guerre finisse. Désir des états-majors, désir des soldats et désir des civils.

La guerre, art de duper, fait croire aux humains qu'ils doivent y chercher la victoire pour avoir la paix ensuite. Or la victoire offerte par la guerre est non seulement aléatoire, mais elle est fragile : le perdant, amer, peut éprouver ce besoin de revanche qui anime les conflits sans fin.

> Mon expérience dans la Stratégie de la bienveillance, c'est que, pour avoir la victoire, mieux vaut viser la paix.

La paix vous permet d'atteindre des victoires beaucoup plus pleines, beaucoup plus sereines, beaucoup plus jouissives, beaucoup plus durables que celles de la guerre. Parmi lesquelles celle de vivre l'esprit clair le plus clair du temps.

Ainsi vous pouvez être amené à mener des combats. Pas des guerres contre quelqu'un. Des combats pour.

> Quand le monsieur fraîchement recruté pour tenir le poste de DG d'un **projet** que je montais depuis plus de deux ans, a déclaré qu'il était « le coach du projet », j'ai compris que ses méchantes petites phrases à mon égard, ses : « font chier ces Parisiens », « le pouvoir, ça se prend », « c'est ça, casse toi » ; mes appels téléphoniques sans réponse ainsi que les choses qu'il ne faisait pas tandis que nous comptions sur lui, avaient pour origine le fait que ne sachant pas prendre la place que nous lui proposions, il voulait la mienne.
> La guerre qu'il me faisait avait besoin d'une proie, bien sûr. Et comme, jouant ma stratégie, je ne retournais pas la guerre, la guerre n'a bientôt trouvé à se mettre sous la dent que… son auteur. C'est ainsi que notre DG s'est fait l'auteur d'un spectaculaire dérapage verbal, confus et interminable, en

1. Sun Zu, *L'art de la guerre*, traduction de V. Niquet Cabestan.
2. *Ibid.*

présence des partenaires qui pouvaient donner vie au projet. Dérapage qu'il concluait en se disant, donc, le coach. Cruelle à son auteur, la guerre lui faisait alors subir la cuisante humiliation non seulement de dévoiler lui-même un but qu'elle lui commandait de tenir secret, mais aussi d'entendre séance tenante un de nos hôtes s'adresser à moi, « je m'adresse au coach », pour me recommander de faire travailler ce DG sur son comportement en réunion. À la sortie, toujours embrassé dans une guerre qui pourtant ne lui avait offert que déconvenues, notre DG désignait comme responsables de son dérapage d'abord les hôtes qui venaient de nous recevoir, puis ceux qui n'avaient pas été là. J'ai convoqué en moi le chevalier pour réfuter immédiatement ces thèses mensongères, dangereuses pour la clarté et donc pour notre réussite. Alors notre DG m'a désignée moi, comme responsable de son échec. C'était tellement énorme que l'enfant en moi, interloqué, ne sachant que répondre sans entrer dans la confusion du conflit, s'est tu.
Puis l'artisan est intervenu. Les forces qui lèvent la motivation de ce projet sont celles de son champion : amitié et professionnalisme, humilité et courage. Professionnalisme, humilité et courage notamment pour chacun, de tenir sa place et reconnaître ses erreurs pour en sortir vite. Et voici un DG qui plutôt qu'accepter sa place en dispute une pour laquelle il ne se croit qualifié que parce qu'il en ignore tout et qui, plutôt que corriger ses erreurs, pollue d'accusations son entourage. Il joue contre nos forces !
Retour à nos forces alors. Reconnaissons vite *notre* erreur, erreur de casting. Sortons de la pente où tous, DG compris, courent à l'échec. Trouvons la sortie indolore pour lui et, pour nous, le chef qui *ajoutera* ses forces à celles du projet. Et gagnons.
Ce programme s'est avéré possible et, trois mois après, gagnant.

LIMITES DE LA CLARTÉ STRATÉGIQUE : CE QU'ELLE N'EST PAS

Elle n'est pas brutalité

L'objection que j'entends le plus souvent opposer à l'option de la clarté est l'idée qu'elle est, dans le désaccord, incompatible avec la bienveillance.

Probablement parce que, quand un des deux sujets se décide enfin à donner clairement son point de vue, il ouvre des vannes déjà sous haute pression, frappe très fort dans ce que l'autre reçoit comme une violente attaque et conclut : « J'ai horreur des tripoux ! C'est clair cette fois ?

– Oui, c'est clair. » répond l'autre, médusé.

Mais en réalité, tout est devenu très confus. La seule chose vraiment claire est la violence de l'agression, la surprise et finalement… la confusion dans laquelle se trouve celui qui, l'esprit brouillé par la brutalité de l'attaque, a reçu le « c'est clair » dans une totale stupeur.

C'est souvent par peur de rencontrer le désaccord que beaucoup d'entre nous dans la vie personnelle et dans l'entreprise, ont pris le pli de penser flou et de s'exprimer de biais pour éviter la confrontation des visions, comme si elle devait fatalement mener au conflit et à la destruction.

Se taire, puis procéder par allusions, sous-entendus, insinuations, flous où ni le désaccord ni les zones d'accord ne sont plus discernables, c'est pourtant « se laisser manger » par la confusion. Jusqu'à ce que l'un ou l'autre, à bout de retenue, explose et vide son sac. Mais c'est un sac trop plein, qui explose à la figure de l'autre et le « mange ». Si les mots sont enfin clairs, le ton est devenu si brutal que l'autre en est étourdi : incapable d'entendre clairement et donc de recevoir sereinement ce qui est enfin dit.

Cette clarté soudaine, brutale voire abrutissante, qui jaillit avec d'autant plus de puissance qu'elle part de visions et d'échanges confus, est une version dégénérée de la clarté. Traîtresse, elle dissuade de pratiquer toute forme de clarté en particulier sa forme saine qui a tant à offrir à l'un *et* à l'autre.

Elle n'est pas transparence

La transparence n'a pas plus de place chez l'humain que dans la nature : elle en a un peu, mais ne l'a pas toute.

Nul n'est parfaitement transparent, déjà à lui-même. Comment prétendre l'être à l'autre ? Chacun garde des secrets, volontaires et involontaires.

La clarté consiste à le reconnaître : Je ne te dois pas de « tout » te dire ou montrer. Il y a des choses que Je ne te dis ou montre pas.

Et réciproquement : Je ne sais pas « tout » de toi. Tu es vivant et qui plus est, humain. Je peux avoir fait le tour de certains de tes comportements, mais croire que Tu es un objet dont j'ai fait le tour, voire un matériau transparent, ce serait te « manger ».

Mieux vaut être clair là-dessus plutôt que croire à des transparences qui n'existent pas et laisseront l'un ou l'autre, un jour ou l'autre, déçu.

Prétendre à la transparence, c'est comme prétendre à l'objectivité : c'est prétendre que ce que JE sais, montre, dis, est TOUT. TOUT ce qu'il y a à savoir, voir et considérer. Mais rien ni personne ne peut s'ajuster à cela. Ce n'est donc juste d'aucun point de vue.

Elle n'est pas exploration des territoires non stratégiques

La clarté qui conduit à distinguer chez soi, chez l'autre, ce qui est fructueux, favorable, désiré et à les articuler avec bonheur, a la sagesse de laisser vivre le reste... dans l'ombre.

Elle n'exige pas que je traque pour le détruire tout ce que je n'ai pas désiré, ni les auteurs de ce que je n'ai pas désiré. Laissons dormir la nuit, pourvu que le jour se lève. Il y a dans la nature et dans l'humanité, en moi et en toi, des zones sombres et des papillons de nuit utiles à d'autres coopérations que la nôtre. Dont nous aurons besoin, peut-être demain. La clarté demande de les reconnaître en les respectant. Chaque coopération n'a pas forcément pour vocation d'explorer toutes les dimensions de chacun.

Elle n'est pas un forçat

Ouvrière d'accord, mais pas aux travaux forcés. Il ne s'agit pas, au nom de la clarté, de dépenser toute son énergie à distinguer tout ce qui peut être distingué. Ni de s'astreindre à tout comprendre.

Elle n'est même pas... toujours là

Enfin voici les moments où la clarté est aussi petite et ténue... qu'elle était hier ou sera demain, pleine, ronde, rayonnante. Réchauffons-nous à ses étés et acceptons aussi ses soirs, ses matins et toutes leurs nuances qui sont, dans les manifestations des ciels, ce que nous connaissons de plus admirable. Comme la nature, faisons coopérer ce qui est là.

Et quand la seule chose claire, c'est que rien n'est clair ?

La clarté, souvenez-vous *classis*, range, classe. Son ordre est dans l'ordre, simple : « Reviens à la *première* personne de la coopération. Reviens à toi, Je.

Puis, bienveillance, pour Je, respire et prends le temps de *te* rêver. *Distinct* de l'autre qui te trouble. Quels parcours peuvent te conduire à ton rêve ? Quelles étapes, ou objectifs, sont accessibles d'ici et maintenant ? Quelles sont tes qualités pour les atteindre ? Il t'en manque ?

Choisis à présent ta *deuxième* personne de la coopération, qui les a. Comment pourrais-tu réussir l'alliance entre ce dont tu as besoin et ce que tu as à offrir ? »

> **Le monde autour répondra. Pas forcément comme vous l'avez imaginé mais il répond. À vous d'avoir l'esprit alors assez serein, assez clair pour voir la réponse et l'accueillir.**

LA CLARTÉ ET LA NATURE

Que fait l'esprit humain ou l'instinct animal quand il reçoit des yeux la surprise d'une brutale et intense lumière, puis des oreilles la surprise d'un grondement furieux ? Cherche-t-il à choisir ? Met-il les informations en balance ? Réfute-t-il l'une pour mieux s'intéresser à l'autre ? Il prend l'ensemble et dans le couple de l'éclair et du tonnerre, *sait* l'orage. Il ordonne alors de se préparer à le recevoir. Il est stratège.

Ce Nous de la topographie, nous le *savons* aussi tous, dès le départ. Embryon confondu avec notre mère puis nourrisson incapable de se différencier d'elle, chacun est Nous avant d'être Je. Et tout est clair, limpide.

Le premier trouble vient de l'irrésistible pulsion : devenir Je. Je suis ton fils, ta fille et Je ne suis ni toi ni le rêve que tu as fait de moi. Chacun à sa façon dit cela un jour ou l'autre à des parents présents ou absents. Et tous, nous le disons collectivement à la nature, notre mère commune. « Je suis Humain, enfant de la nature, Je ne suis pas la nature », dit l'Humain qui ainsi se distingue de ses origines.

Dès lors nous ne sommes plus en position de *savoir* la nature, notre environnement, comme par exemple les atomes d'hydrogènes, qui se faufilent jusqu'au centre des métaux chauffés au rouge et occupent l'immensité de l'espace, la *savent*. Nous *allons* à l'aventure faire sa connaissance. Cela est prodigieusement excitant, cela nous distingue de tout le reste, cela nous expose à des surprises, cela nous demande de *faire* la clarté.

Cela nous autorise à nous bercer d'illusions quand nous arrivent des informations qui troublent notre *statu quo*.

Cela nous autorise à ne pas savoir toujours et à chercher jusqu'à refaire naître la clarté.

Nous avons ce choix.

Saurons-nous être collectivement stratèges avec le très grand Tu de notre environnement naturel ? Saurons-nous faire le travail premier de la clarté : accueillir l'information qui est là, même si elle est dérangeante, la poser sur l'établi ? C'est parce que nous n'avons pas encore trouvé comment tout articuler que nous pouvons y travailler.

CLARTÉ ET CULTURE

« Et on a décidé…
– Qui ?
– Euh… mon patron et moi
– Pourtant j'ai cru comprendre tout à l'heure que cette décision ne vous plaisait pas
–… Oui, c'est vrai.
– Et vous dites « on » a décidé, lui et moi ?
–…
– C'est sa décision, c'est lui qui l'a prise, pas vous puisqu'elle ne vous plaît pas !
– Oui, si vous voulez, mais comme c'est mon patron…
– C'est quand même sa décision à lui. Vous l'acceptez parce que c'est votre patron et parce que c'est une décision qui relève de son niveau d'intervention. Mais cela ne vous oblige pas à vous confondre avec lui et à dire que vous avez pris la décision aussi.
–… sourire et : Qu'est-ce que ça change ?
– Quand vous dites « on a décidé » à partir de la décision de votre patron, vous ne pouvez plus voir que vous-même, à votre place, n'avez encore rien décidé du tout. Cette confusion vous prive de la visibilité de votre espace de décision, de votre responsabilité, du pouvoir et du devoir de décision qui est le vôtre. Si vous vous en privez, vous le perdez, cela vous manque et manque aussi aux autres, à l'entreprise en l'occurrence. Vous avez l'impression de souffrir par loyauté envers l'entreprise, mais ce n'est pas de votre souffrance qu'elle a besoin : elle a besoin qu'à votre niveau d'intervention, à votre place, dans votre poste, il y ait un sujet qui prenne les décisions correspondantes et qui en réponde. Si vous ne les prenez pas, elles sont en souffrance, vous aussi et tout ce qui dépend des décisions que vous avez à prendre, aussi. Vous ne pouvez plus alors répondre de rien : vous lâchez votre responsabilité. Or l'entreprise qui vous emploie a besoin que vous soyez présent et responsable. Ce qui est aussi beaucoup plus confortable pour vous.
– Alors je devrais dire : il a décidé et j'ai décidé ?

– Si c'est le cas, oui.
– Mais je n'aime pas dire je.
–… ?
– Non, je n'aime pas, ça fait celui qui la ramène.
– Quand je vous ai dit que je ne comprenais pas ce que vous me disiez, que j'étais perdue dans votre récit, avez-vous eu l'impression que je la ramenais ?
–… Non… (Il sourit)… mais vous me disiez que vous n'y arriviez pas…
– C'est vrai. Et si au lieu de vous dire « je ne comprends pas ce que vous me dites », j'avais dit « on ne comprend pas ce que vous dites », quel effet cela vous aurait-il fait ?
– Il sourit : J'aurais détesté, je vous aurais trouvée idiote et moi, nul !
– Et vous aimez le « on » ?
– Moui finalement pas tellement. Mais dire Je, ce n'est pas facile.
– C'est pourtant important de distinguer l'un de l'autre. Vous qui êtes un scientifique, vous savez l'importance de la clarté.
– Oui, c'est vrai…
Il me paraît perplexe. Triste de cette contradiction.
– Je crois qu'on – sourire partagé pour ce « on » – m'a dit il y a très longtemps… c'est une question de culture.
Il est embarrassé de finir.
– « On » vous a dit que dire « je », c'est mal ?
– Oui, quelque chose comme ça.
– Ça vous a fait plaisir ?
– Pas tellement…
– Vous l'avez cru ?
– J'étais petit, je crois que c'était à l'école, à l'école privée. On – nouveau sourire – nous disait de ne jamais commencer une lettre par Je, que c'était prétentieux, mal élevé. Il ne fallait pas parler de soi, pas dire je.
– J'ai entendu en effet que dans certains collèges de confession judéo-chrétienne, « on » a enseigné ça aux enfants. Est-ce quelque chose dans ce style ?
– Oui, c'est ça.
– Si c'est une question de culture me permettez-vous de vous raconter ce que j'ai appris dans les travaux d'une psychanalyste qui a étudié de très près le texte biblique ?
– Comment cela ?
Je lui présente rapidement Marie Balmary.
– Elle a fait un certain nombre de découvertes, dont certaines très intéressantes sur ce thème de Je et on. Cela vous intéresse ?
– Je vous écoute.
– Elle constate que le dieu, lors de sa création, a projeté de faire l'humain « à son image et à sa ressemblance ». Le texte insiste sur le fait que le dieu ensuite « fit l'humain à son image, à son image il le fit ». Marie Balmary s'étonne de cette répétition. Puis comprend ! L'auteur du texte insiste sur le fait que le dieu n'a pas réalisé son projet complètement : il a réalisé le côté à « l'image », qui est statique, mais pas le « à la ressemblance », qui est dynamique. Comment devenir, conformément au projet du dieu, semblable au dieu ?

Le seul moyen c'est, comme le dieu, de se faire, se réaliser. Cela, personne ne peut le faire à notre place. C'est la place de Je, dont votre « on » vous prive.
– Pas mal. Vous m'avez dit quelques découvertes ?
– Marie Balmary se demande aussi comment se définit et comment parle l'acteur symétriquement opposé au dieu : le diable. Il parle dans la Genèse, sous la forme du serpent, puis dans Job où il est nommé Satan : l'adversaire. Ni dans un cas ni dans l'autre, il ne prononce le pronom « je » :
Les sujets des phrases du serpent sont « dieu » et « vous » (le couple humain), jamais le serpent lui-même : il parle à la place de l'autre, jamais en son propre nom. Et dans Job, c'est plus net encore. À la question du dieu : « d'où viens-tu ? » il fait la réponse la plus floue, la plus confuse possible : « de naviguer sur terre et d'y cheminer », qu'il est possible aussi de traduire : « oh, on naviguait et cheminait sur la terre ». Non seulement il ne dit pas d'où il vient, mais surtout il élude la première personne du singulier pourtant évidente à cet endroit. Comme la rumeur, comme « on », il chemine, il se déplace sans jamais être sujet, sans être présent à aucun endroit, irresponsable de son origine, de son identité, de sa parole.
– Il ne dit jamais je ? !!!…
– Si, une fois, dans le Nouveau Testament, lors de la retraite au désert. Et c'est pour que l'autre ne puisse plus jamais le dire, puisqu'il dit : « prosterne-toi devant moi et je te donnerai… ». Une fois prosterné devant quiconque, vous n'osez plus dire Je, vous vous perdez.
– Alors « on » est diabolique ?
Quand il usurpe la place d'un sujet précis, oui. On à la place de Je, de Tu ou d'une personne en particulier, oui. Partout où il crée une confusion qui prive quelqu'un de sa place. Il reste le « on » de l'usage, les « on » qui disent des généralités ou des communautés en sachant de quoi il retourne : on enfile son pantalon avant de mettre ses chaussures, au vingt et unième siècle on n'est plus choqué à la lecture de Madame Bovary, en France on mange les cuisses de grenouilles. Celui qui prononce et entend ces « on » là sait de quoi il retourne, qu'il s'agit d'un usage et non d'une prescription : qu'il y a des exceptions, qu'il est aussi possible à qui veut, d'enfiler ses chaussures avant son pantalon si celles-ci sont fines et celui-ci large, d'être choqué en lisant Madame Bovary et ceci à quelque époque que ce soit, et d'être Français sans jamais manger de cuisses de grenouilles.
Nous nous sommes quittés sans avoir résolu de plus grande chose que la question de ce « on ».

À notre rendez-vous suivant, quelques semaines plus tard, il se tenait droit, m'a serré la main en me regardant dans les yeux, s'est assis et m'a dit :
« J'ai présenté un projet à mon patron. Mon projet. Il a été d'accord pour que je le présente au super-patron. Qui a accepté pour l'essentiel. Le reste, j'en fais mon affaire. Je suis content, je vais bien, je suis serein. Et vous savez, tout s'est joué là : dire Je quand c'est moi qui parle, quand c'est mon point de vue, mon projet que je présente… »
Et de conclure en rigolant :
« Attention, c'est vous qui m'avez mis sur la piste, mais les résultats, ce sont les miens ! »

★ *Récapitulons* ★

LA CLARTÉ

La clarté, à renouveler sans cesse, est le produit du travail de l'esprit, le travail du stratège de la bienveillance.

La clarté facilite l'émergence de la solution qui libère les chances de l'un, l'autre et les autres.
C'est elle aussi qui confirme que la solution est effectivement bienveillante *et* réciproque. Performante.

Pour préserver la clarté, le stratège :
– cultive la simplicité
– gagne *avant* la rencontre le combat intérieur où se dégager, dans le chaos, du chaos plus épais encore des versions qu'on est capable de produire et encore capable de savoir fausses ;
– aborde les personnes stratégiques dans l'ordre : d'abord la première, Je ;
– accepte de se reconnaître troublé ;
– revenant à soi, Je, se met au travail.

Il travaille à préciser, créer ou redéfinir l'espace stratégique :
– en partant de Je, distinct de TU mangeur ou toi à manger ;
– il interroge ses rêves, objectifs, qualités, besoins *au présent* ;
– et choisit la *deuxième* personne stratégique, Tu, ici et maintenant, dotée de rêves, objectifs, qualités et besoins.

Il parle clair, précis, écoute de même et ramène, le cas échéant, les réponses dans le territoire stratégique. Par exemple, il :
– demande le sens précis des mots grossiers ou confus
– traduit en qualités les caractères exprimés en termes négatifs
– éclaire de sa veille l'espace où avancer.

Sans la clarté, par laquelle toute solution comprend l'intérêt de l'un et l'autre, l'invocation à la bienveillance est incantation, leurre, manipulation sentimentale.

Bienveillance, réciprocité, clarté assurent la santé de la relation et suffisent au stratège pour obtenir qu'une part suffisante de son environnement choisisse de se faire, plutôt qu'adversaire, partenaire. Et le conduise au succès.

Bienveillance, réciprocité, clarté réunies sont les maîtresses du jeu de la coopération, système de valeurs nécessaires et suffisantes pour aboutir, dans le tournoi de la coopération, à une réussite certaine.

Mais dans le tournoi de la vie ? Elles y sont nécessaires aussi, et réunies dans toutes les réussites.

Mais comment les réunir quand... elles ne sont pas réunies ?

Comment faire quand le terrain où elles devraient se rencontrer n'existe pas ?

11

LA LIBERTÉ D'INNOVER

« I'm working on a dream
Though sometimes it feels so far away
I'm working on a dream
And how it will be mine someday »

BRUCE SPRINGSTEEN
Working On A Dream 2009

LE SECOURS DE LA STATISTIQUE nous quitte ici et avec lui celui du jeu, prodigieuse démonstration rationnelle de la force de la bienveillance pour se réussir… et de ses conditions à réussite : réciprocité *et* clarté.

Comment continuer ?

Le domaine rationnel, un des fondamentaux de notre civilisation, touche ici à sa limite. Limite qui me pousse vers autre chose, vers l'autre versant de ce qui est propre à l'humain et constitutif des civilisations. L'art.

Mais l'art, c'est vaste. Quelle œuvre d'art peut être assez centrale, et aussi assez… charnue pour me répondre ?

Le poème biblique, bien sûr ! Base non scientifique de notre civilisation, mythe fondateur des civilisations judaïque, chrétienne, musulmane, réputé « tout contenir ». Et aïeul en droite ligne, via le christianisme, de notre laïcité française. Que ce soit pour le déplorer ou pour nous en réjouir, que nous croyions ou pas à l'existence du dieu que chante le poème, nous sommes à peu près d'accord sur la puissance de rayonnement de ce texte, comme sur son immense influence sur notre vision du monde et de nous-mêmes.

Je n'aurais jamais osé l'approcher pour lui demander les clés de la coopération si j'en étais restée à l'image, qui ne réunit croyants et non croyants que pour les déchirer, d'un dieu envahissant qui sait tout, peut tout et exige le renoncement à soi-même.

Mais le regard scientifique bienveillant de Marie Balmary avait fait émerger du texte un dieu tout autre, beaucoup plus intéressant et ceci que l'on croie, ou pas, à son existence.

Était-il en mesure de coopérer avec ce que m'avaient dit les sciences ?

Que fait-il de la bienveillance, la réciprocité et la clarté qui animent la stratégie mathématique d'Anatol Rapoport et lui donnent le talent de susciter la coopération de ses concurrents ?

Le dieu biblique peut-il coopérer ? Est-il stratège ?

LE DIEU ET LES 3 PREMIÈRES FORCES STRATÉGIQUES

Comment le dieu du poème biblique ouvre-t-il son jeu ?

Au premier vers « la terre était tohu-et-bohu, une ténèbre sur les faces de l'abîme[1] ». Seul le souffle de l'esprit plane au-dessus, et souhaite tout haut : « Une lumière sera ».

Le dieu biblique naît dans la confusion, de clamer, clarté première, *clamare*, un vœu de lumière. Sa naissance est désir et acte de clarté dans le chaos !

« Et c'est une lumière ». Celle du stratège qui, se reconnaissant troublé, reconnaissant le chaos, déjà retrouve la piste de la clarté ?

---

1. À partir de la traduction laïque de Marie Balmary in *Dieu n'a pas créé l'homme* Livre de Poche p 60-61.

Il « voit la lumière : quel bien ! »

Il a souhaité assez « bien » pour que son vœu soit exaucé et que sa réalisation lui soit « bien » ; savoure : « quel bien ! » Tel le stratège revenant à lui dans le trouble ou la peine, le dieu se fait du bien, bienveillant à la première personne, lui-même.

Clarté et bienveillance constituent le dieu de la Genèse !

Et la réciprocité ?

Voyons comment se conduit le dieu après ce premier succès.

Il est seul encore mais, séparant la lumière de la ténèbre (deuxième clarté *calare*, ranger, classer), nomme, *clamare* l'une et l'autre : Jour et Nuit. Et au 5e vers déjà le premier Jour laisse place à la première Nuit : « Et c'est un soir et c'est un matin ».

Le dieu qui voulait la lumière a donné un nom et laissé une place à *l'autre*, la nuit ! Une place égale à celle du jour. Son désir de lumière exaucé n'a pas « mangé » l'ombre. Au contraire, bienveillance pour lui, l'autre et l'autre encore, il a arraché à la confusion lui-même, Jour et Nuit. Qui, désormais, sont.

Clair, bienveillant, réciproque, le dieu du premier jour incarne les trois forces ou valeurs du stratège.

Et, tel le stratège, trouve la coopération des éléments.

Au deuxième jour il poursuit ce début de partie conduite par la clarté :

– rêve un horizon pour distinguer les eaux d'en haut, les clame Ciels ;
– et, réciprocité, distingue en bas les eaux, « Mers », du sec « Terre ».

Les éléments s'y retrouvent, répondent. Ciel, Mers, Terre saisissent chacun l'occasion d'être, dans ces distinctions réciproques du vertical, de l'horizontal.

Le dieu voit et savoure : quel bien !

Ses premiers rêves de clarté, semences en lui, ont éclos « bien ».

Au troisième jour le dieu clame un nouveau vœu. Toujours clair, mais c'est moins la clarté qui l'anime, que... la réciprocité. Comme s'il avait pris goût à l'effet retour dont il vient de faire l'expérience. Écoutons le nouveau rêve de celui dont les rêves semence ont porté des fruits « bien » : « La terre gazonnera de gazon, herbe semant semence, arbre fruit faisant fruit pour son espèce, dont la semence est en lui sur la terre ». Il rêve que d'autres semences que les siennes, celles de la Terre, fassent fruit.

Et la terre coopère ! Il voit : quel bien !

Accompagnée de bienveillance et clarté, la réciprocité consultée a répondu « bien » ! Et le dieu de rêver de la vie en grand, partout.

Clarté d'abord, pour que la vie en grand s'y retrouve partout, il souhaite au quatrième jour des lustres aux plafonds des ciels. « Ils sont pour les signes, les rendez-vous, les jours et les ans ». Astres du jour et de la nuit, repères pour se retrouver et se rejoindre.

Et les ciels de Jour, de Nuit, répondent, coopèrent. Quel bien !

Alors, au cinquième jour, il lance la vie en grand. Il donne pouvoir aux Mers de « foisonner d'une foison d'êtres vivants » et à la Terre de « faire sortir l'être vivant pour son espèce, bête, reptile, le vivant de la terre pour son espèce ».

Se réserve-il le pouvoir de faire le vivant ? Au contraire il *prend le pouvoir* de donner la vie *en le donnant* à autrui : Mers, Terre.

Pure essence de réciprocité.

Et Mers, Terre coopèrent ! Quel bien ! Toujours il savoure.

En tressant clarté, bienveillance et réciprocité, le dieu a rencontré la pleine coopération des éléments. Et c'est si « bien » !

Si bien qu'au sixième jour, ce champion de coopération a envie de coopérer. Coopérer directement. Né solitaire et seul encore (nul à son image et ressemblance), il a aussi envie de rencontrer d'autres comme lui. Ce qui lui inspire son vœu le plus audacieux : coopérer directement avec la Terre[1], qui fait sortir le vivant, pour faire des « terriens » à notre image et notre ressemblance !

Faire, à leur image et ressemblance, du désir du dieu les vivants de la terre.

Terre coopère. Et les voici, nés d'elle, terriens à l'image du dieu.

Là, mieux que « quel bien ! », c'est « un bien intense ! »

1. Genèse 2,8

Si intense que nul nouveau désir au septième jour. Repos.

L'amorce du texte à l'origine de quatre[1] civilisations contient une illustration artistique parfaite de la stratégie de coopération du mathématicien Anatol Rapoport. Les trois forces qui animent la stratégie de la coopération animent le dieu et le conduisent de succès en succès, dans la coopération, jusqu'à l'humain.

Pour moi aussi, « un bien intense ».

« Bien intense » et curiosité équivalente : comment ce jeune dieu qui maîtrise parfaitement les forces de la stratégie, dieu de la rencontre avec les éléments, s'y prend-il en situation difficile ?

– Comment fais-tu quand les choses ne sont pas solubles dans les trois forces d'Anatol Rapoport ?

Avance rapide alors, jusqu'au premier accroc. Très tôt.

Bien avant le serpent, une vraie difficulté de coopération entre le dieu et l'humain. Difficulté que le dieu résout avec tant d'élégance qu'elle passe presque inaperçue.

En effet, sans verser de sang, sans combattre, le dieu réussit comme les « guerriers de jadis » qu'honore le stratège Sun Tsu : « leurs victoires ne leur apportaient pas la célébrité due à leur intelligence »[2].

Pourtant, ce passage émerveille les enfants. Et répond à ma question.

TRIPLE ÉCHEC DU DIEU, ET SECOURS DE LA 4e FORCE

C'est après la succession des « quel bien ! » de la première semaine qui culmine au « bien intense » de l'apparition de l'humain, suivi de la première journée de repos, que jaillit le premier « pas bon » du dieu.

---

1. Judaïque, chrétienne, musulmane et laïque occidentale, née dans le christianisme.
2. Sun Tsu *L'Art de la guerre* Trad V. Niquet Cabestan *Article IV Des circonstances* p. 109, Economica.

« Pas bon pour l'humain d'être seul ». Pourtant ils sont plusieurs : « mâles et femelles il les fit ». Donc les humains errent dans le jardin des délices sans aller les uns vers les autres, sans se rencontrer, seuls. Pour le dieu de la rencontre, « pas bon ».

Qu'à cela ne tienne, il part en quête d'une solution dans le foisonnement de la vie. Et, sachant qu'il ne sait pas ce que voudra l'humain (donc il ne sait pas tout et il le sait), fait défiler pour l'humain la multitude des espèces.

L'humain n'en « crie », clame, aucune. Il n'en distingue, choisit aucune.

Le premier incident de l'histoire du dieu se cristallise dans ce nouvel échec. L'humain est tout autre que prévu.

Le dieu-qui-sait-exactement-ce-qui-se-passe-à-tout-instant-au-dedans-de-toi, indiscret et envahissant dont nous parlent les catéchismes ordinaires n'est pas celui de la Genèse. Celui de la Genèse ne savait ni que l'humain serait seul, ni qu'il ne voudrait pour compagnie d'aucun autre vivant de la terre.

Pas tout puissant non plus.

Mais il essaye encore. En faisant lui-même, à dessein, de nouveaux animaux. Pour l'humain. Les « animaux des champs »

L'humain n'en crie, clame, distingue ou choisit aucun.

Pauvre dieu, trois fois en échec !

Enfant, j'adorais qu'ici il ne se fâche pas. Ni contre l'humain qu'il ne force pas à choisir quelque chose ; il ne le « mange » pas. Ni contre la Terre qu'il ne prend pas en défaut d'être mauvaise équipière de création. Ni contre les animaux, de la Terre ou de sa main, d'être en défaut de répondre à son projet.

Il ne mange pas l'autre.

Et « ne se laisse pas manger » non plus, ni en se traitant de nul, ni en renonçant à son projet de compagnie pour l'humain.

Que fait-il alors ?

Rien. Perplexe, plutôt que dire ou faire « mal » (mal-veille bientôt réciproque ou confusion bientôt générale), il ne fait rien.

Il n'abandonne même pas, ni son projet, ni l'humain. Zéro plutôt que négatif, le voilà divin zéro suspendu au secret du goût humain.

C'est dans ce « zéro » que le trouve celle qu'il n'avait pas désirée mais eu la bienveillance de laisser être, la Nuit.

Retour de la réciprocité.

Et secours de la Nuit, qui inspire à la présence qui ne force pas, l'état nouveau qu'on ne peut forcer : le sommeil.

Le dieu l'accueille.

Abandonnant alors non son projet, mais la volonté d'en concevoir la solution, accueillant le cadeau inédit de la Nuit il reçoit le sommeil et, réciprocité toujours, l'étend à l'humain près de lui.

Et crée à peine, simplement en les laissant venir, les conditions dans lesquelles la solution viendra de l'autre.

En effet l'humain, grâce au sommeil pour la première fois séparé du dieu et parfaitement libre, plonge en lui-même et, dans le recueillement, rencontre son désir intime de compagnie intime.

Que trouve-t-il en lui ? Souvenez-vous : le dieu les a faits avec la Terre, à son image, « mâles et femelles ». Pas des mâles, des femelles : point de femme encore, ni d'homme. Mais les principes mâle et femelle en chaque humain, à l'image du dieu et... de l'embryon humain aux premières semaines.

L'humain trouve en lui les deux sexes confondus. Et le rêve de les séparer. Pour que, distincts l'un de l'autre, ils jouissent de se retrouver, se reconnaître l'un en l'autre, se compléter, s'étayer et se prolonger, compagnie l'un à l'autre.

Alors, pour la première fois exécutant du désir d'un autre, le dieu extrait le féminin de l'humain endormi.

Au réveil ils sont deux, pour la première fois homme et pour la première fois femme, procédant chacun dans son identité de l'identité de l'autre. Première rencontre humaine saluée par un cri de joie où l'homme reconnaît la femme issue de lui, la nomme « isha », femme et de ce nom d'isha tire son propre nom, « ish », homme, prononcé pour la première fois dans le poème.

Au réveil ils sont trois aussi, dont le rêve s'est réalisé. L'homme et la femme, compagnie qu'ils se sont rêvée l'un à l'autre. Et le dieu. Il a enfin atteint son objectif : trouver une compagnie pour l'humain. Mais il a surtout réalisé un rêve beaucoup plus ambitieux. Car il avait, souvenez-vous, rêvé l'humain « à notre image et notre ressemblance », mais ne l'avait encore fait qu'à son image « Il le fit à son image, à son image il le fit » insiste le poète. Comment faire l'humain à sa ressemblance quand être semblable au dieu c'est naître de son propre désir ? Mais à présent hommes et femmes se sont faits, nés eux aussi de leur propre désir, désirant ce qui n'existait pas encore. Ils se sont faits semblables au dieu par l'expression d'un premier désir propre, et semblables à la Terre par la nature de ce désir : être sexué.

Remarquable résolution de problème où le dieu, en se maintenant dans les trois forces du stratège mathématicien (bienveillance, clarté, réciprocité), crée presque sans rien faire les conditions qui conduisent chacun à l'accomplissement de son rêve. Grâce à sa liberté d'innover et celle, encore plus grande, de laisser innover.

LA LIBERTÉ D'INNOVER, SOLUTION STRATÉGIQUE

Quintessence de la liberté d'innover dans la bienveillance, la réciprocité et la clarté de la distinction, la solution stratégique est venue au dieu grâce à la liberté qu'il a prise, de donner à l'autre la liberté de s'inventer.

Voilà la source culturelle des pères de nos pères, avant que le serpent prenne la vedette en compliquant tout. Voilà ce qui a donné à nos aïeux dans une nature pleine de mystères et de dangers, la pêche de s'aventurer dans le monde, de le clarifier par les sciences, le peupler et fonder des civilisations !

Cette liberté du dieu, de l'humain, c'est ce dont chacun de nous a besoin pour réunir bienveillance, clarté et réciprocité quand rien de ce qui existe ne permet de le faire.

Quand le réel pose un obstacle sur une bonne route, je peux, plutôt qu'abandonner une des trois forces qui font la route bonne, choisir avec la liberté d'innover de réaliser un rêve et, avec d'autres qui ainsi réalisent aussi leur rêve, faire la route excellente.

À cause de l'obstacle et grâce à lui, des désirs en sommeil deviennent accessibles et nécessaires.

Semences en sommeil qui donnent fruit selon leur espèce.

> La liberté d'innover stratégique, c'est ce qui, né de la volonté de préserver le trio des forces stratégiques devant l'obstacle, non seulement relève le défi posé par le réel, mais encore réalise le rêve de plusieurs.

Elle est liberté pour chacun de faire autre chose que ce qu'« on » en attend : faire ce que Je n'ai encore jamais fait ; se distinguer, se faire neuf, s'inventer comme l'homme et la femme se sont inventés.

Elle est liberté pour chacun de tenter ce que Je n'ai jamais fait. Et de le réussir.

Et elle est liberté pour chacun d'espérer, imaginer et réaliser ce qui n'a jamais été réalisé à sa connaissance. Et de le réussir. Les temps sont venus.

La liberté !

Est-elle à mettre entre toutes les mains ? Elle y est déjà.

Quels que soient les efforts politiques, juridiques, policiers pour la juguler, elle explose partout en biens et en maux illimités dont l'humain est capable.

Chaque fois que j'ai entendu dire que la mienne s'arrête là où commence celle d'autrui, j'ai secrètement regretté que ma classe soit si nombreuse, la ville et les campagnes si peuplées, le monde si plein d'autrui. Comment l'humain pourrait-il se défendre de couver une haine d'autrui, si autrui est l'ennemi de sa liberté chérie ? Cette définition de la liberté m'apparaît, à elle seule, de nature à nous dresser les uns contre les autres.

Tandis que la liberté stratégique est illimitée.

> Convoquée pour pouvoir tenir ensemble bienveillance, réciprocité et clarté à chaque fois que ce trio qui fait la vie bonne à vivre est menacé, la liberté d'innover veut l'humain aussi inventif que le dieu. Elle le fait capable, plutôt que se mettre en colère quand ce qu'il veut ne se réalise pas, de créer les conditions dans lesquelles naîtra la solution. Elle le fait semblable au dieu.

Les innovations de la liberté stratégique sont justes, fiables, fécondes et accueillent assez d'adhésion pour que l'environnement devienne, apaisé et désirant, celui dans lequel se réussir.

C'est la liberté, plutôt que s'indigner et passer en force ou se soumettre devant une surprise, de reposer son esprit, respirer, retrouver son unité, se laisser inspirer par ce qui est, et laisser agir l'âme. La sienne, celle des autres, celle de la situation.

Liberté de la récréation dont étymologie l'indique qu'elle est force de re-création.

Liberté de rester et revenir dans l'espace stratégique même quand ON vous attend dominateur ou soumis.

Liberté d'échapper aux pieux mensonges qui entravent, en trouvant, l'amour et l'humour aidant, comment aimer et considérer les autres en continuant de s'aimer et se considérer.

Alors le quotidien devient un défi excitant, de plus en plus agréable à vivre ; alors les relations, comme les grands crus du vignoble, sont durables et de plus en plus délectables.

C'est la liberté, pour le manager, de reconnaître tout ce qui est bon en aval et en amont de lui. Et, quand quelque chose n'est pas bon, de renoncer à s'épuiser à fabriquer des solutions auxquelles les collaborateurs opposeront toutes sortes de résistances, pour plutôt créer les conditions dans lesquelles les collaborateurs trouveront leurs solutions. Puis, comme le dieu, donner le coup de main nécessaire.

C'est la liberté de continuer sa route quand quelqu'un cherche la guerre avec vous.

C'est celle de trouver dans l'obstacle même, le tremplin qui permet d'aller plus vite, plus loin, plus haut.

Celle de trouver son bonheur au cœur même des déconvenues.

Rien d'obligé là-dedans. Des libertés.

Notre monde nous apparaît loin d'être parfait, les règles sont multiples, les coups infiniment variés et les surprises font partie de ce jeu-là. D'ailleurs, nous sommes nombreux à penser qu'un monde parfait serait surtout parfaitement ennuyeux. Il nous priverait en effet d'un des actes les plus grisants qui soit offert à l'humain : l'innovation, l'invention, la sortie des sentiers battus. La liberté d'inventer autre chose.

Ce plaisir grisant comme un rêve, plutôt que chercher à le cadrer, nous pouvons nous en servir pour nous réussir avec les autres, dans tous les cas où cela paraît à première vue impossible.

Charlotte, alias C ++ est musicienne, auteur compositeur interprète. Elle a signé il y a quatre ans le premier album de C ++ avec un succès d'estime pas encore commercial, quand un manager s'intéresse à son travail. Venu écouter Charlotte en concert, où elle chante avec sa sœur Amandine en s'accompagnant à la guitare, il a été séduit par leur formation. Deux sœurs ! C'est cela ! Voilà comment lancer C ++. Bien sûr il en parle à Charlotte. Et à Amandine. Amandine s'est investie peu à peu et de plus en plus dans la musique de Charlotte. En plus de faire « les chœurs » sur scène, elle vient d'écrire sa première chanson et fait le manager, aussi, pour aider Charlotte à émerger. Positionner C ++ comme le groupe de deux sœurs la séduit autant comme artiste naissante que comme manager.

Sauf que Charlotte n'est pas partante. C ++ n'est pas le groupe de deux sœurs. Charlotte prévoit qu'elle va souffrir d'entendre dire qu'il s'agit de leur travail alors que c'est une œuvre personnelle ; elle voit venir aussi le malaise quand (c'est arrivé déjà quand son petit ami était à ses côtés) un journaliste demandera : qui fait les paroles, qui fait la musique ? Et qu'elle répondra inévitablement la vérité : je fais tout. Et qu'Amandine sera confondue d'avoir été surélevée.

Pour le nouveau manager et Amandine, il faut y aller. Mieux vaut, pour Charlotte elle-même, partager que ne pas percer du tout. Ils ne comprennent pas ses réticences. Quand elle dit préférer ne pas percer que percer pour souffrir et faire souffrir, ça ne leur parle pas. Ils croient que le succès fait le bonheur. Alors que pour Charlotte, comme d'ailleurs pour Yannick Noah[1], « c'est le bonheur qui fait la performance ».

Charlotte commence à sentir du danger quand, dans leur insistance, ses deux plus proches soutiens se mettent à lui parler de son « problème d'égo ». Le procès en problème d'égo ! S'adressant à celle qui ne cherche pas à manger l'autre, il intime l'ordre le plus accablant : renonce à toi-même.

Que faire ? Elle a confiance dans l'affection indestructible qui la lie à sa sœur, mais que vont-elles devenir si elle cède ? Et que vont-elles devenir si elle tient bon ? Comment enfin, devant l'injonction de renoncer à soi, se défendre sans attaquer ?

Elle n'a rien fait. Ne s'est pas défendue, n'a pas attaqué. Troublée, perplexe, dans le zéro du dieu elle a laissé mûrir. Pas le « il faut », ni le procès en problème d'ego, qui font mal. Mais ce qui lui fait du bien : son désir de faire de la musique avec Amandine, le désir d'Amandine qui commence à écrire. Son désir à elle, aussi, de voir aboutir des projets de chanson à qui Amandine pourrait donner un nouvel élan.

Et l'idée a germé. « Laissons C ++ à C ++. Et *créons notre* groupe. Tu y seras pleinement légitime, ce sera vraiment le nôtre ; un vrai groupe de deux sœurs. »

C'était tellement juste qu'elles ont tout de suite trouvé leur nom : **Rue de l'Église**. Le nom de la rue où elles habitaient petites.

Et créé le groupe où Amandine, Charlotte et leur manager donnent chacun des chances à leur rêve.

Un groupe avec du souffle.

1. Yannick Noah. *Secrets etc...*

La liberté d'innover. Usage tellement excitant des 2 % de gènes que l'humanité a en propre !
Pas un cadre et des limites, une vocation illimitée : passer dans l'épaisseur et l'enchevêtrement des limites présupposées, passer les obstacles et réussir chacun, ensemble.
Quand la liberté d'innover s'ajoute au trio – gagnant dans le jeu mais pas tout à fait suffisant dans la vie, de la bienveillance, la réciprocité et la clarté, elle ouvre à des horizons illimités : ceux de nos rêves.
Alors à chaque fois qu'au milieu de la ligne de clarté se dresse un obstacle insurmontable : pas le temps, pas l'argent, pas l'énergie, pas envie... c'est probablement que le moment est venu de saisir la liberté d'inventer une solution neuve.

LIMITES DE LA LIBERTÉ D'INNOVER, CE QU'ELLE N'EST PAS

Elle n'est pas différence pour la différence et *elle n'est pas culte du changement* : le changement fait peur, parfois mal. Il fait perdre leurs repères aux gens, les précipite dans le chaos, consomme leur énergie.

Il est parfois nécessaire d'en décréter, mais le plus grand talent, l'innovation dans ce domaine, c'est que les pouvoirs soient si bien distribués dans les structures, que, comme le chêne, elles évoluent naturellement, s'ajustent naturellement aux saisons, aux climats et aux événements, de sorte qu'il n'y ait à réaliser de changements qu'écologiques.

LIBERTÉ D'INNOVER ET NATURE

L'humaine liberté d'innover n'est autre que, pour nous accélérée et déposée en chaque individu, l'expression de la loi de l'évolution des espèces par laquelle la nature trouve à chaque défi, une nouvelle solution.

Elle est aussi loi de l'expansion, loi de l'Univers symétrique à celle de la réciprocité, par laquelle l'Univers à chaque seconde découvre et habite un Ailleurs et, de cet Ailleurs qui n'était rien, fait ses confins puis son Espace.

★ *Récapitulons* ★

LA LIBERTÉ D'INNOVER

La liberté d'innover stratégique c'est ce qui, né de la volonté de préserver le trio des forces stratégiques devant l'obstacle, non seulement relève le défi posé par le réel, mais encore réalise le rêve de plusieurs.

Sa question est : « Qu'est-ce qui serait trop bien, trop beau ? »

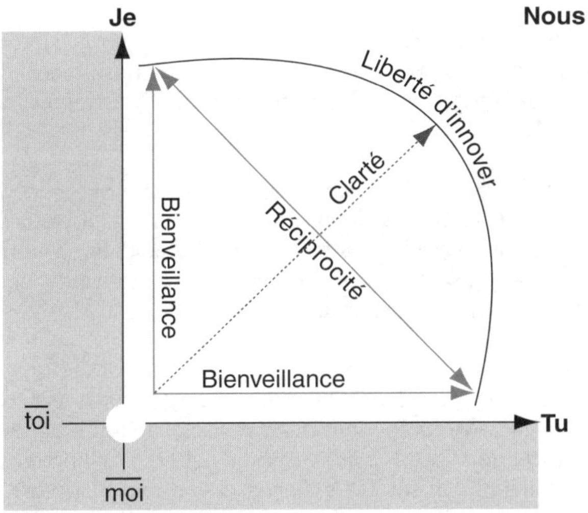

L'arc des forces stratégiques :
quatre forces garantissent l'espace stratégique

★ *Grand récapitulatif* ★

L'ARC DES FORCES STRATÉGIQUES

Quand surgit le désaccord, signe de la liberté et de la diversité humaines, chacun s'oriente seul cherchant l'autre à tâtons.

Dans cette solitude quatre repères sont sûrs même quand la piste est brouillée.

Quatre étoiles nécessaires et suffisantes pour trouver son chemin dans l'espace stratégique, l'espace des chances.

Le jeu du stratège consiste à trouver sa place en leur centre, là où elles s'allument ensemble.

La bienveillance, décision humaine, volonté de veille à ce qui est bon, fait du bien, peut faire du bien.

La réciprocité, puissante loi du retour, présente partout dans la nature, à qui le stratège s'allie quand il envoie sa bienveillance à Je *et* Tu, premières personnes stratégiques, *et* leurs environnements respectifs.

La clarté, travailleuse, première capable de porter le trouble du désaccord. Capable de discerner l'écart entre le désaccord et la guerre, de retrouver le terrain stratégique dans la confusion, de contenir les désaccords en précisant leurs contours et d'en faire autant d'occasions d'avancer.

La liberté d'innover enfin, secours des situations réputées impossibles et jouissance humaine. Liberté d'innover convoquée pour garder ensemble bienveillance, réciprocité et clarté quand ce qui existe déjà tend à les séparer. Liberté d'innover qui, dans l'espace défini par ses trois aînées, prend son élan vers ce que Je n'ai encore jamais fait, vu faire ou même imaginé ; et qui sera bon, excellent à chacun. Accomplissement des rêves de plusieurs.

La trajectoire que dessine leur conjonction a l'élégance d'être à la fois neuve, sûre, originale.

Elle conduit le stratège de la bienveillance à sa réussite dans un monde qui réussit.

LES QUESTIONS STRATÉGIQUES QUI DONNENT LES FORCES

Entre elles aussi, pratiquez la correction favorable : laquelle, en retrait, a besoin de votre secours ?

La bienveillance pour Je ?
– Est-ce que mes objectifs me conduisent à mon rêve ?
– Est-ce que Je reconnais et exerce mes qualités ?
– Est-ce que Je suis vigilant à mes besoins ?

La bienveillance pour Tu ?
– Est-ce que Je regarde tes objectifs, ton rêve, avec bienveillance ?
– Est-ce que Je reconnais, respecte et laisse une place à tes qualités ?
– Est-ce que Je suis capable de regarder tes besoins avec bienveillance ?

La réciprocité ?
– Est-ce que l'option, la solution donne une chance à chacun ?
– Est-ce que l'un et l'autre peuvent jouer gagnant cette rencontre ?
– Et les autres y ont-ils leurs chances aussi ?

La clarté ?
– Est-ce que Je distingue : Je de JE et /moi, Tu de TU et /toi ?
– Est-ce que Je distingue le territoire stratégique ?
– Est-ce que Je respecte la distinction entre Je et Tu ?
– Est-ce que Je distingue aujourd'hui d'hier ?
– Est-ce que Je suis prête à voir se lever le matin après la nuit ?

La liberté d'innover ?
– Qu'est-ce qui serait trop bien, trop beau ?
– Qu'est-ce qui réalise les rêves de plusieurs ?

Partie IV TROIS MOUVEMENTS, CULTIVER LA JUSTESSE

12

LE MOUVEMENT STRATÉGIQUE EN TROIS ACTES : CONFRONTER, S'ACCOMMODER, PRENDRE DU RECUL

À donf.

ELLEN MACARTHUR

OUI, MAIS QUEL EST LE MOUVEMENT JUSTE ? Quels gestes stratégiques clairs me mèneront au croisement entre bienveillance, réciprocité, clarté et liberté d'innover ? Pour rejoindre le centre des forces, j'ai besoin d'une combinaison opérationnelle simple : les actes nécessaires et suffisants, la plus courte combinaison complète des choix qui s'offrent à moi en situation difficile, trouble, troublante.

Les situations troublantes sont en effet souvent un carrefour entre la guerre et la paix, où il m'importe de choisir ma route.

Là où tout se combine pour réduire ma lucidité, quand j'engage mon énergie à la croisée des chemins entre la guerre et le succès de la bienveillance, quels sont les actes repères ?

Comment m'y prendre concrètement pour avancer dans un monde mouvant et imprévisible, en gardant unies les quatre forces stratégiques qui donnent dans la vie, la réussite du joueur de Donnant-donnant ?

Quels mouvements ou gestes clairs conduisent à vivre et travailler de façon performante et bienveillante, performante et sereine, performante et libre ? Lesquels augmentent significativement mes chances d'être dans la bienveillance réciproque, clairement, avec le plus d'interlocuteurs possible ?

Le jeu[1] n'en offre que deux : coopérer et refuser de coopérer. C'est trop peu pour la vraie vie.

Les spécialistes du conflit, penchés sur la question des mouvements du conflit ont trouvé la réponse dans les trois mouvements majeurs des animaux en survie :

- l'attaque ;
- la soumission : céder le terrain ou rester en faisant allégeance, comme les loups au couple alpha de la meute ;
- l'évitement : se fondre dans le paysage, s'y confondre, immobile comme le faisan.

Ces trois actes du conflit me sont peu sympathiques mais, si je me dégage de l'effet de vocabulaire, le trio : mouvement pour soi, mouvement pour l'autre, suspension dans l'immobilité, est simple et pertinent.

Alors regardons si ce trio s'accorde avec le dieu du poème qui, à partir d'une source de conflit, réalise le rêve de plusieurs. Essayons.

Mouvement pour soi : le dieu désire, dit ce qu'il veut, dit ce qu'il trouve bon et pas bon : ce qu'il aime et n'aime pas. Quand il aime, il continue. Quand il n'aime pas, il cherche une solution.

Mouvement pour l'autre : il avance en observant à chaque étape comment son environnement accueille son désir. Il demande à l'humain qui il veut pour compagnie, l'écoute, accepte sa réponse… même quand l'humain ne répond rien. Deux fois de suite. Puis le dieu se fait exécutant du rêve humain en « tirant » le féminin du corps humain endormi.

Immobilité, suspension, laisser faire : plutôt que se fâcher devant ses échecs, le dieu s'arrête… laisse revenir la nuit qu'il avait… laissée être. Il s'en laisse inspirer l'idée du sommeil – concrétisation de la suspension – et laisse agir en l'humain l'abandon du sommeil.

---

1. P. 19.

Ça marche très bien ! Les actes de base du conflit et ceux de la coopération pourraient finalement être les mêmes !

Les mêmes mouvements de base, mêmes trois gestes que la nature a déposés dans l'animalité, un peu trop vite considérés comme exclusifs du conflit, serviraient soit le conflit, soit la coopération, selon la façon dont ils sont conduits !

Ainsi, passer de l'anxieuse survie à la sérénité et la prospérité de la paix, ce serait jouer ces gestes fondamentaux, non en désespoir de cause à la va-comme-je-te-pousse-donc-je-te-pousse-au-conflit, mais ajustés à la perspective des quatre valeurs conjuguées. Avec précision et justesse, conduits par la volonté stratégique de la bienveillance.

Et si cela suffisait ?

Après neuf ans de pratique sur cette hypothèse, ma réponse est oui. Je n'ai pas rencontré de situation qui exige autre chose.

Ce qu'il m'a fallu développer, c'est comment conduire et maintenir chacun de ces gestes dans le territoire stratégique, et savoir utiliser chacun quand il est stratégique.

CONFRONTER : LE MOUVEMENT VERS SOI

Droit vers soi

Confronter, c'est donner la parole à Je pour parler en auteur. Pas en « acteur », qui prononce le texte écrit par un autre. En auteur qui se lève et s'expose dans la bienveillance pour soi-même, à celle de l'autre : voilà où J'en suis, où Je veux aller, ce que Je peux proposer, ce dont J'ai besoin.

Confronter le monde à notre existence par un vagissement, c'est la première chose que nous faisons en arrivant au monde : « Je suis là, Je respire, Je produis le son de ce que je suis. » Et cela est bon pour le nouveau-né, bon pour les parents.

Confronter dans la coopération, c'est savoir produire ce mouvement à la verticale, droit vers soi, en présence de l'autre, dans le territoire de la coopération.

Confronter le monde – mon environnement, ce Tu que Je rencontre – avec ma réalité, est le tout premier acte de la coopération, le tout premier mouvement que commande la bienveillance pour soi. C'est le mouvement existentiel.

J'accueille dans ce mouvement mon rêve, mes qualités, mes besoins au point d'y confronter aussi mon environnement. Comme le dieu qui annonce son rêve de lumière dans le chaos.

> Je suis de passage **chez un ami** ; tout va bien entre nous ; j'ai très faim... Si je dis : « J'ai faim, que peux-tu me donner à manger ? »
> Mon ami répond : « Moi aussi j'ai faim, et le frigidaire est plein, mangeons un morceau ensemble » ou « Pas ça, c'est le dîner des enfants, mais ça oui » ou même : « Rien, je n'ai rien à manger ».
> Dans les deux premiers cas, j'ai une réponse positive et une relation intacte. Dans le troisième, nous sommes intacts tous les deux et nous pouvons réfléchir ensemble à ce que je pourrais faire pour satisfaire ma faim : « Fais un saut à la boulangerie à côté, les brioches et les quiches sont bonnes », « moi aussi j'ai faim, allons... »
> Et l'amitié continue, voire se nourrit de cette anecdote.

Les trois dérivées perverties de la confrontation

Négliger ce mouvement fondamental, c'est se trouver bientôt au bord de l'explosion puis « hors de soi » prêt à « manger » l'autre qui, n'ayant rien vu venir, découvre dans une totale confusion une réalité à laquelle il n'a eu aucun moyen de tendre la main.

Refuser de savoir exactement comment confronter clairement dans la coopération conduit à des formules dérivées qui pervertissent la relation.

J'entends par perverties le fait qu'elles ne servent ni vous, ni l'autre, ni la relation. Ces paroles qui, au lieu de servir l'action et relier les personnes, séparent les personnes et entravent l'action sont inefficaces voire toxiques.

Ce qui ne les empêche pas d'être extrêmement banales.

Première dérivée pervertie : « manger » l'autre

La première dérivée pervertie est de ne savoir aller vers soi qu'en « mangeant » l'autre : faire basculer le geste dans *JE/toi, vers le territoire de la domination.*

> « Tu ne vois pas que j'ai faim ? Tu pourrais quand même me donner quelque chose à manger ! »
> Si je confronte de cette façon, j'ai comme réponse :
> Soit à manger, offert par quelqu'un qui se dit : « Elle exagère, quand même ! » et aura besoin de le raconter à d'autres. Quand je l'apprendrai, je me dirai : « Quel radin ! » et j'aurai besoin de le dire à d'autres. Quand il l'apprendra,

nous ne serons plus tellement amis, nous ne pourrons plus coopérer sereinement à nos activités communes.
Ou : « Dis donc, va te faire cuire un œuf, je suis pas ta mère » Et si je choisis de m'offenser de cette réponse, nous voilà dans le conflit.
Je peux aussi tomber sur quelqu'un qui dira et pensera : « Oh ! Tu as raison, je suis en dessous de tout ! » et se précipitera pour me donner à manger. Nous voilà partis alors dans une relation de domination/soumission. Et tentés tous les deux de voir jusqu'où l'autre est capable d'aller. À terme, aucune satisfaction pour personne, car personne n'y trouve sa dignité. Un jour ou l'autre, je le mépriserai de s'écraser comme ça tout le temps et je me dégoûterai d'exploiter sa soumission. Un jour ou l'autre, il verra en moi son bourreau et me haïra.

Deuxième dérivée pervertie : se laisser manger

Je demande, mais en orientant l'échange vers *le territoire TU/moi, le territoire de la domination.*

« Je ne devrais pas te demander ça, je sais que je suis un goinfre – ou un pique-assiette – mais t'aurais pas juste un tout petit truc à manger ? »
L'autre me donnera un « petit truc » et me verra comme je me suis moi-même présentée... pas à mon avantage. Or si c'est un plaisir de donner à manger à une amie qui a faim, ce n'en est pas un de nourrir un goinfre ou un pique-assiette, ce n'en est pas un de donner quelque chose à quelqu'un qui a commencé par dévaloriser sa demande, dévalorisant ainsi à l'avance une réponse positive !

Troisième dérivée pervertie : se confondre dans ON dévorant

Je n'ose pas vraiment demander, mais on va essayer d'amener l'autre à dire qu'il a faim en orientant l'échange vers *ON, territoire de la confusion* :

« On mangerait pas un petit truc ? »
Je risque alors une réponse dans la confusion du « on », que j'ai initiée.
Si l'autre n'a pas faim, il risque de me répondre : « Oh ! On n'a pas faim à cette heure-ci ! »
Il me reste à ronger mon frein – conflit intérieur : « Il n'est pas sympa, il n'a pas compris que j'avais faim », « il aurait quand même pu comprendre que si j'ai dit ça c'est que j'ai faim ». Choses que je n'ai pas dites...
À moins d'entrer dans un de ces conflits absurdes nés du « on » : « On n'a pas faim ! Mais si on a faim ! » qui devient très vite, puisque le « on » parle de l'usage commun : « C'est pas l'heure ! Mais si c'est l'heure ! » Une simple différence de besoins dégénère ainsi en conflit de lois, un des plus difficiles à résoudre !
Et ce conflit est loin d'être une hypothèse d'école puisque la faim, comme tout vrai besoin insatisfait, rend nerveux la plupart d'entre nous...

Mille façons de confronter dans la coopération

Trois dérivées perverties et une seule façon de confronter dans la coopération ?

Les dérivées perverties ont cela de séduisant qu'elles se présentent comme des figures de style : elles paraissent créatives, différentes, originales. C'est souvent par là qu'elles nous accrochent.

Pourtant chacun, dans le territoire de la coopération, a toute latitude pour développer son style en bienveillance de soi et de l'autre, donc dans le respect des personnalités.

La confrontation, c'est la parole de Je qui va vers un autre Je : avez-vous un doute sur l'originalité de votre personne, sur son caractère unique ? Votre solitude, le fait que nul ne vous ressemble vraiment ni ne vous comprend totalement est là pour vous rassurer.

Trouver la façon droite de dire ce que vous avez à dire en respect de vous, (qui évoluez sans cesse) et de l'autre (qui en fait autant), est un travail d'improvisation et de création permanent... d'autant plus que ce que vous avez à dire est difficile à dire, parce qu'inattendu par l'autre.

> **Un de mes amis** cultive la simplicité au rang de l'art. Quand il passe chez moi, il a toujours envie de manger quelque chose... tandis que mon réflexe naturel est plutôt d'offrir à boire. Alors il fait un tour dans la cuisine et me demande directement ce qu'il a envie de manger. Il le fait en claironnant avec enthousiasme : « Oh ! Je peux manger des pruneaux ? Oh ! Je peux manger une figue ? »
> Je suis surprise à chaque fois. Qu'il s'agisse d'un paquet de pruneaux oublié dans un placard ou de figues fraîches, j'éprouve un plaisir sans nuage à lui dire « Bien sûr ! ». Et je serais parfaitement détendue, le cas échéant, de lui dire : « non, surtout pas ça ! »

Confronter : le mouvement vers soi

Confronter le monde à sa réalité, c'est confronter les autres au jour le jour à sa position dans le monde, c'est s'exposer à être soi parmi les autres.

Voici de quoi aller droit vers soi en présence de l'autre :

- les faits que je retiens ;
- la façon dont je les relie – mon hypothèse ;
- le sentiment que cela m'inspire ;
- le besoin qu'engendre mon sentiment ;
- ma demande, mon invitation ou ma question.

Une invitation à dîner, une demande d'augmentation, une demande en mariage, une idée d'association, un lancement de projet, de travail, une négociation et un désaccord ont en commun de pouvoir être menés à bien à partir de ces éléments-là.

Confronter le monde à sa réalité

Les faits objectifs que vous retenez

Nous parlons là de faits objectifs, mesurables, vérifiables par l'un et l'autre (« la voiture a été révisée la semaine dernière » est un fait. « Elle est en bon état » est un jugement...)

Attention

Ces faits objectifs sont le produit d'un tri personnel donc subjectif.

Les faits objectifs que vous retenez n'excluent pas, au contraire, que l'autre puisse y ajouter d'autres faits, objectifs eux aussi, produits de sa vision subjective.

C'est sur les faits, toujours, que s'appuie le métier de la justice, le métier de la résolution des grands désaccords.

Ce qui ne signifie pas qu'ils suffisent, la preuve : nous en utilisons peu. Ni qu'un seul fait puisse l'emporter sur tout le reste.

Votre interprétation des faits, votre hypothèse

C'est la façon dont vous reliez, donc lisez, les faits que vous avez retenus de la réalité : le scénario du film que vous concevez à partir de cette matière.

Sachez reconnaître et exprimer la subjectivité qu'il y a obligatoirement dans votre hypothèse. Elle a une pleine valeur : c'est la vôtre, elle existe. Elle n'a pas besoin d'être celle de tout le monde. Qu'elle soit vôtre suffit et vous permet d'avancer :

– souvenez-vous de la démarche mathématique pour résoudre un problème : elle a recours aux hypothèses. Plus l'hypothèse est juste, plus vite le problème est résolu. Souvenez-vous aussi qu'un scientifique pose toujours une hypothèse avec prudence, puis part à la recherche de sa vérification. Quand il la voit infirmée en est-il offensé ? Nullement : il sait qu'il a appris que ce n'est pas de ce côté-là que se trouve la justesse.

– souvenez-vous aussi des romans policiers dans lesquels le grossier enquêteur va droit à l'erreur judiciaire en se laissant conduire par la généralité. Tandis que le fin détective sent les points négligés, les petites choses qui ne collent pas. Il pose des questions et, sans se lasser, bâtit de nouvelles hypothèses jusqu'à ce que tout concorde. Jusqu'à ce qu'il découvre, parce qu'il croit dans l'originalité de chaque situation, le scénario qui accueille tout.

Votre interlocuteur résistera de toutes ses forces à votre prétention à l'objectivité, qui refuse d'accueillir sa subjectivité. Il ne voudra pas de vous comme d'un dieu tout-puissant, tout-sachant. Vous avez en revanche des chances qu'il accepte de mettre en commun vos deux visions humaines, subjectives, sur des faits avérés, pour chercher ensemble une vision commune juste, qui accueille tout, à partir de laquelle avancer.

L'hypothèse, ou le luxe du droit à l'erreur

Renoncez à tenter d'imposer votre hypothèse pour ce qu'elle n'est pas : une vision objective, une thèse imparable.
Vous avez le droit de vous tromper, vous avez le droit d'approcher la justesse par ajustements successifs : par hypothèses.
Entre : « voilà comment je comprends les choses, mon hypothèse est que… » et « je sais, en toute objectivité, ce qui s'est passé. » que préférez-vous entendre ? À qui offrirez-vous le trésor de votre vision complémentaire, avec qui aurez-vous envie de coopérer ?
Vous accorder le droit à l'erreur en *soumettant* vos hypothèses, augmente considérablement vos chances que l'autre coopère avec vous.

Le sentiment que cela vous inspire

Votre sentiment, c'est ce qui bouge à l'intérieur de vous, votre émotion, votre état intérieur. Ce peut-être de la joie ou de la colère, de l'inquiétude ou de la lassitude, de l'espoir ou de la déception, de la peur ou de l'excitation, du désir ou du dégoût, de l'épuisement ou de l'exaspération, de la curiosité ou, le plus difficile de tous à reconnaître et nommer, car il nous prend toujours par surprise… je veux parler de la surprise justement.

Si les sentiments sont désagréables, mieux vaut les nommer, cela les apaise : au moins, ils sont reconnus. Ils éprouveront moins le besoin de se mettre en scène… en se servant de votre visage, de votre corps, de votre voix à votre place.

S'ils sont agréables, autant les nommer aussi, pour partager cette énergie positive et mettre ses forces dans la relation. S'ils portent vers l'avant : espoir, curiosité, excitation, désir… reconnaissez-les pour surfer sur eux et, en effet, avancer.

Votre sentiment est une réalité que vous seul connaissez. En cela, il rejoint le registre des faits : en le disant à votre interlocuteur, vous vous situez, vous l'informez et vous lui permettez de se repositionner.

Ne confondez pas votre sentiment avec votre hypothèse.

Si vous dites : « Mon sentiment est que tu… », vous confondez votre sentiment avec votre hypothèse, que par surcroît vous présentez comme une thèse inattaquable sur ce qu'est, veut, pense l'autre. Vous êtes dans le rouge !

Une hypothèse sur l'autre, assénée comme un fait irréfutable, est un des actes banals les plus toxiques de la relation. C'est, pour parler à la place de l'autre où vous n'y êtes pas légitime, abandonner votre place. Et c'est priver l'autre de sa parole et s'emparer abusivement de sa réalité. C'est, consciemment ou pas « manger l'autre ».

Mieux vaut alors jouer franc jeu et dire « mon hypothèse est que tu », sur le ton prudent qui convient à l'avancée de toute hypothèse, à plus forte raison d'une hypothèse avancée sur le vivant insondable qu'est l'autre !

> Plutôt que lutter pour imposer à l'autre votre vision de ce qu'il est, ou de ce qui est, présentez vos hypothèses comme des libertés et sachez en distinguer vos sentiments.

Votre besoin

Si vous êtes inquiet, vous avez besoin d'être rassuré ; si vous êtes heureux, vous avez besoin de partager votre joie ; si vous êtes en colère, vous avez besoin d'être entendu, compris ; si vous êtes las ou dégoûté, vous avez besoin de retrouver de l'énergie, de la motivation ; si vous êtes épuisé, vous avez besoin de repos ; si vous êtes exaspéré, vous avez besoin que quelque chose avance ; si vous êtes surpris, vous avez besoin de clarté ; si vous êtes déçu, vous avez besoin de retrouver quelque chose à espérer… Bienveillance.

Le sentiment appelle un besoin, le vôtre. Et ce besoin exact, précis, est impérieux. Tant qu'il n'est pas satisfait, il vous garde en alerte, ce qui consomme votre énergie.

Vous êtes responsable de le satisfaire : de survivre et construire jusqu'à ce que vous lui donniez satisfaction. Peut-être que vous ne pouvez pas à vous seul le satisfaire. À vous alors de créer les conditions dans lesquelles votre environnement, bienveillant pour lui et pour vous, lui donnera satisfaction.

Plus vite un besoin est reconnu dans la coopération, plus tôt il a de chances d'être satisfait. Et plus vite vous pouvez à nouveau offrir à la coopération, vos qualités.

La demande, l'invitation, la question

Elles ont en commun de donner la parole à l'autre. Voici trois « passes » claires et saines, moyennant le respect de quelques balises.

La demande

La demande est le moyen qui vous est venu à l'esprit, par lequel l'autre pourrait vous aider à satisfaire votre besoin.

Vous voici donc demandant du temps, du travail, de l'argent, une information, quelque chose de matériel ou immatériel qui vous aidera à survivre, vivre ou avancer.

« Demandez et vous obtiendrez », disait celui qui se disait le « fils de l'homme ». Pourtant, nous n'obtenons pas satisfaction à chaque fois que nous demandons, nous avons découvert cela très tôt dans nos vies. Demandez pourtant ! Demandez *en laissant l'autre libre de sa réponse*. Les plus mauvais demandeurs sont ceux qui s'interdisent de demander : ils retiennent la plupart de leurs demandes « pour ne pas ennuyer » ou parce qu'ils ont, en même temps que l'idée d'une demande, l'idée de la façon dont l'autre pourrait refuser. C'est ignorer que, répondant d'avance pour l'autre, ils le privent de sa liberté et ne laissent aucune chance au

« oui ». C'est ignorer aussi le phénomène qui se met alors en route : si je m'interdis de demander, je vais bientôt avoir trop de besoins en souffrance. Je finirai alors :

– par plonger dans l'amertume : « je ne demande jamais rien et je ne reçois pas de reconnaissance de cela. Le monde est égoïste ». Alors que c'est moi qui ai été avare de demandes ;
– par poser enfin une demande, mais tellement à bout de forces que je ne pourrai pas supporter une réponse négative. Et je deviendrai impérieux dans mes demandes qui ne seront plus des demandes, mais des exigences. Paradoxalement, alors que mon intention était de ne pas déranger, me voici dans la domination !

Plus j'escamote la multitude d'occasions où l'autre aurait pu me dire oui, plus j'aboutis à une et une seule exigence : la demande où j'estime que l'autre doit absolument me dire oui : là encore, je réponds à sa place, domination. Et s'il me donne une réponse différente de celle que j'attendais, je le rejetterai loin de moi… alors que je ne lui ai – que je ne me suis – donné qu'une seule chance !

Nous avons passé l'âge des demandes incessantes et insistantes de l'enfance, celle qui ont fait dire à nos parents : « Arrête de réclamer tout le temps ! ». Nous pouvons demander tranquillement ce dont nous avons besoin à ceux dont nous pensons que peut-être, ils peuvent nous l'offrir. Puis attendre tranquillement leur réponse, et la respecter.

Quelqu'un qui vous demande quelque chose et qui reçoit sereinement votre réponse négative sans que cela affecte la relation, quel confort !

Et quelle joie le jour où vous pouvez lui dire oui !

Et combien plus d'échanges alors entre vous, que si chacun s'interdit de demander jusqu'au jour où surgit l'exigence impérieuse et maussade, sans appel, dans laquelle échouent tant de relations !

Patrick est responsable du patrimoine immobilier dans un grand groupe qui décide de se défaire de son patrimoine immobilier et charge Patrick de vendre.

Patrick est un salarié loyal, performant et fier de l'être. Il se met, avec son énergie habituelle, à ce travail pourtant assez particulier : supprimer la raison d'être de son job !

Après quelques mois, il a, comme d'habitude, « cartonné » : il est en voie de finir les dernières ventes avec de très bonnes performances. Mais il est inquiet et n'a rien négocié.

« Pourquoi ?

– Ils m'auraient répondu : « c'est ton boulot ».

– L'ont-ils fait ?

– Non, puisque je n'ai pas demandé...

– C'est un boulot très particulier, que de scier vous-même la branche sur laquelle vous êtes assis, ce n'est pas celui pour lequel vous avez été engagé !

– Oui, mais alors ils m'auraient dit « on va confier ça à un cabinet extérieur »

– L'ont-ils fait ?

– (il rit) Non, puisque je ne l'ai pas dit...

– Le cabinet extérieur prend une commission et ils ne le connaissent pas comme vous, loyal, engagé, performant. Donc ils pourraient préférer négocier quelque chose avec vous. Entre le silence où toutes les réponses sont « non » et la demande où vous auriez tendu la relation au point de vous rendre désagréable à vos patrons, il y a un espace de coopération, celui qui contient une bonne solution pour l'un et l'autre. Ce n'est pas parce que l'entreprise ne prend pas les devants qu'elle ne répondra pas favorablement à la demande de trouver un arrangement dans l'estime de l'une et de l'autre. Comment engager cela, quelle confrontation permet d'ouvrir et avancer dans cet espace ?

– Vous me demandez un travail qui tue mon emploi – *fait*. Je suis inquiet pour mon avenir – *sentiment*. J'ai besoin, pour bien faire ce que vous me demandez dans le respect de moi-même et de ma famille, d'être rassuré. Je voudrais vous rencontrer - *demande* – pour envisager ensemble différentes options parmi lesquelles il peut y avoir : une réflexion sur mon avenir dans l'entreprise, une réflexion sur ma rémunération de ce travail.

Face à cette démarche, l'entreprise a le choix. Elle peut se comporter dignement envers son salarié, y voir son intérêt, trouver avec lui une solution bonne pour elle et bonne pour lui.

Patrick a demandé... Et ce qui lui paraissait impossible – et le restait tant qu'il ne demandait rien – s'est avéré tout à fait acceptable.

Quand **Hervé** a quitté son entreprise, c'était après vingt ans d'un beau parcours au terme duquel une lassitude était venue de part et d'autre.

Juste au moment où l'entreprise lui donnait tous les signes qu'elle allait prendre l'initiative d'une séparation, Hervé a trouvé un nouveau job qui ne pouvait pas attendre. Hervé a annoncé son départ.

Il se sentait à la fois fier d'avoir si vite retrouvé du travail et frustré de manquer les importantes indemnités que l'entreprise lui aurait versées s'il avait été moins rapide.

« Mais si je demande, ils vont dire "non" : rien ne les oblige !

– La loi ne les oblige pas, mais ils peuvent y trouver leur intérêt : quels sont les faits, votre sentiment, votre besoin, votre demande ? »

Il a joué la partie :

Faits : je vous évite une procédure de licenciement, qui, compte tenu de mon ancienneté, aurait été lourde pour vous.
Sentiments : mes dernières années chez vous m'ont été pénibles et je vivrais comme une nouvelle déception, que l'entreprise profite seule de ma performance à retrouver vite du travail.
Faits : mon nouvel emploi est dans le même marché que le vôtre, je ne pourrai pas vous oublier et je serai bien incapable de maquiller totalement mes sentiments envers votre entreprise quand il en sera question avec mes nouveaux interlocuteurs.
Sentiments : je désire pouvoir être un témoin positif de cette entreprise où j'ai travaillé vingt ans.
Besoin : j'ai besoin, au moment de partir, de restaurer l'image que j'en ai, seule image que je pourrai en donner.
Demande : j'aimerais qu'au moment de nous séparer, vous fassiez un geste élégant, que vous partagiez avec moi ce que vous gagnez à ma performance personnelle, qui est d'avoir déjà retrouvé du travail. Partageons le montant des indemnités que vous auriez du me verser si j'avais attendu d'être licencié.
À sa grande surprise, il a eu satisfaction sans durcir.
À la réflexion pourtant, Hervé comprend son succès comme quelque chose de très logique : son patron le connaissait assez bien pour le savoir incapable de tricher sur son opinion, or l'entreprise aussi avait besoin que ses anciens cadres parlent bien d'elle. Hervé pense avoir fait « tilt » quand il a qualifié de « geste élégant », un accord sur sa proposition dont les termes étaient équilibrés.
La confrontation élégante d'Hervé lui a offert, réciprocité, de recevoir ce geste élégant.
Chose rendue possible par le fait qu'Hervé, plutôt que répondre « non » à la place de l'entreprise et partir amer qu'elle n'ait pas pensé à faire un geste envers lui, a au contraire osé confronter, élégamment, l'entreprise avec sa vision de la réalité.

Attention

Distinguons bien besoin et demande quand les situations semblent bloquées. C'est justement dans l'interstice entre besoin et demande que se trouve le plus souvent la solution.

Patrick et Hervé pouvaient faire la même demande : de l'argent. C'est celle qui nous vient le plus souvent à l'esprit quand nous sommes salariés et que nous nous adressons à l'entreprise. Mais leurs besoins étaient très différents :
– Patrick avait besoin d'être rassuré sur son avenir ;
– Hervé avait besoin de recevoir un geste de considération.
La satisfaction du besoin de Patrick pouvait passer par :
– une promesse d'emploi ;
– une commission sur les ventes, qui lui donne le temps de retrouver un emploi ;

– une confortable indemnité de départ négociée à l'avance, qui lui assure aussi de quoi faire vivre sa famille entre deux jobs ;

– autre chose ?

Dans le cas d'Hervé le partage du montant des indemnités venait très vite à l'esprit et a convenu aux deux parties. Mais puisque le besoin d'Hervé était de la reconnaissance, de la considération, il pouvait y avoir d'autres façons de le satisfaire si l'entreprise, en difficulté financière, avait eu des raisons de refuser la demande.

Nous posons souvent notre demande comme un besoin. Nous demandons de l'argent. Pour répondre à quel besoin ?

Si c'est pour accueillir des triplés dans une famille, cela ne répond pas au même besoin que si c'est pour se sentir encouragé dans notre effort ou performance professionnel.

Besoin physiologique ? De sécurité ? D'appartenance ? De reconnaissance ? D'accomplissement ?

L'argent peut répondre aux quatre premiers besoins, mais il n'est pas le seul. Et il est impuissant pour le cinquième. Qui serait satisfait par de l'argent, une promotion, un meilleur management, des invitations aux ventes de mode à prix sacrifiés ou à des manifestations sportives ou culturelles exclusives ?...

L'invitation

Elle ressemble beaucoup à la demande. À cela près que c'est une proposition où vous ouvrez davantage encore à la probabilité que la réponse soit « non ».

La grande tradition des invitations bourgeoises est l'envoi d'un carton. Le couple a le temps de se consulter. Les invitations au téléphone sont devenues plus courantes. Mais j'aime quand mes amis me disent qu'ils vont me rappeler : ils entendent que c'est une invitation, ils se laissent le temps de se parler. Ils viendront s'ils sont d'accord. Ils ne se diront pas, sur le pas de leur porte : « Pourquoi as-tu dit oui ? Je suis crevé ce soir ! » Et ils viendront comme je les attends : contents de venir, ou bien ils resteront tranquilles chez eux, ou bien viendra seulement celui ou celle pour qui c'est un plaisir ce soir de dîner chez moi.

Vous invitez vos amis à partager votre joie d'un événement heureux, qui peut être tout simplement de se retrouver. S'ils en ont envie.

Vous invitez l'autre à voir une situation sous un nouveau regard, à réfléchir différemment. S'il en a envie.

Dans les réunions professionnelles, inviter à un tour de table, c'est annoncer les questions auxquelles le tour de table répondra, puis laisser quelques minutes de réflexion. De sorte que si une question n'est pas claire, pas pertinente pour les personnes présentes, elles ont le temps de vous en avertir. Et de sorte que celui qui ne souhaite pas répondre à telle question ait le temps de dire : « Non. Vous nous demandez de dire ce que nous aimons faire dans la vie, mais je ne veux pas dire mes passions personnelles dans le contexte professionnel ». Soit. C'était une invitation à ouvrir le champ, pas une obligation.

Si vous invitez quelqu'un à faire une nouvelle expérience, alors vous n'insisterez pas pour qu'il la fasse contre son gré : vous savez que lui seul sait si c'est bon pour lui.

Prêt à recevoir la réponse quelle qu'elle soit, ayant accepté d'avance la liberté de l'autre de vous répondre oui… ou non, vous êtes sûr que votre démarche respecte la relation. Donc vous pouvez la faire aussi souvent que vous en avez… besoin, envie.

La question

C'est l'aboutissement de la confrontation et la forme grammaticale la plus claire, donc la plus stratégique, de la passe. Le point d'interrogation à lui seul dit : « à toi ».

Certes, il y a mille manières de demander, d'inviter. Quand tout va bien, quand les relations sont claires, simples, pourquoi se priver de recourir à des formes plus libres que la question ?

Mais quand le désaccord guette, quand le désaccord est là, nous avons besoin d'un maximum de clarté pour trouver et saisir les chances de le dépasser. Place alors à la claire question, dont la construction et le point d'interrogation suivi d'un vrai silence permettent une passe précise.

> Que sais-tu des faits : où, qui, quoi, comment, depuis quand, combien de temps, pourquoi, jusqu'où ?
> Comment comprends-tu la situation ?
> Comment te sens-tu ?
> De quoi as-tu besoin ?
> Qu'as-tu déjà essayé pour le satisfaire ?
> Où veux-tu en venir ?
> Que puis-je faire pour t'aider à coopérer avec moi ?
> Qu'est-ce qui est facile pour toi ?
> Qu'est-ce qui te coûte ?

> Avec quoi es-tu d'accord ?
> Et avec quoi n'es-tu pas d'accord ?
> Qu'est-ce qui ferait que tu serais content, que tu te sentirais avancer ?
> À quoi te servira-t-il de résoudre ce problème, de passer ce cap ?
> Quand ce problème sera résolu, que voudras-tu réussir de nouveau ?

Il y a des milliards de milliards de questions possibles...

Les questions efficaces sont celles qui permettent :

- de mettre la réalité de l'un en relation avec celle de l'autre ;
- de voir ensemble où en est la relation : quels sont vos points d'accord, qui sont autant de points d'appui ; où sont les divergences.
- de définir le travail qui reste à réaliser pour arriver à une solution bonne pour l'un et l'autre, du point de vue de l'un et de l'autre ;
- de construire ensemble votre avenir commun, d'avancer vers lui.

Les questions inefficaces sont celles qui précipitent l'échange dans les territoires conflictuels, forcent à l'exploration de/moi,/toi,/ eux et font échouer l'échange dans la confusion d'un « ON » d'autant plus impuissant qu'il est omniprésent.

Attention, zone sensible

La première question qui nous vient à l'esprit devant une difficulté : « Pourquoi ? » est assez dangereuse. Assez dangereuse, pas 100 % dangereuse bien sûr.
« Pourquoi aimes-tu, veux-tu/n'aimes-tu pas, ne veux-tu pas cela ? » est fertile.
« Pourquoi cela s'est produit, ne s'est pas produit ? », question scientifique, est à consommer avec modération quand elle est rapportée aux relations.

Il est rare que la réponse aux « pourquoi » posés sur les difficultés de coopération guide vers une issue heureuse.

Quand il y a un problème, nous avons trop tendance à orienter le « pourquoi ? » vers les fautes et, très vite, sur la chasse au fautif. Or sur l'identité du fautif : vous, l'autre, un autre ou encore un autre, jusqu'où remonter ? Vous risquez là de solliciter des émotions très denses dont vous ne ferez pas le tour. Et quand bien même vous arriveriez à vous mettre d'accord là-dessus : qu'en faire ? Quel usage pour avancer ? Vous n'êtes pas un tribunal, votre mission n'est probablement pas de punir ou condamner, d'autant que vous n'êtes pas forcément assez professionnel pour réaliser une instruction rigoureuse.

La justice est lente. Ce n'est pas par hasard. Et vous n'avez pas le temps.

À commencer par le « pourquoi ? », vous courez le risque d'épuiser le temps de la réflexion et de la conversation en ne l'ayant utilisé que pour donner un nouveau tour de vis au désaccord et un nouveau tour d'écrou à la relation.

Puisque dans la plupart des cas votre justice ne sera qu'une justice d'amateurs trop pressés, préférez lui le bénéfice du doute. Et tournez vos interrogations sur ce que vous pouvez faire l'un et l'autre pour, ensemble, dans le respect de l'un et l'autre et de vos environnements respectifs, avancer vers vos objectifs respectifs dans l'avenir commun que vous espérez l'un et l'autre.

Alors « comment ? »

Comment sortir de là l'un et l'autre, chacun sur une trajectoire haute ? Comment sortir grandis l'un et l'autre de cette difficulté ? Et comment le faire de telle sorte que cela rapporte encore à d'autres : nos environnements respectifs, qui ainsi contribueront à notre réussite ?

Comment faire, plutôt qu'un simulacre de justice, une solution de justesse ?

Des questions intermédiaires, ici, sont utiles : « De quoi ai-je besoin maintenant, au point où nous en sommes ? » ; « De quoi as-tu besoin maintenant, au point où nous en sommes ? »

Mieux vaut chercher des réponses dans l'indépendance l'un de l'autre :

« J'ai besoin que tu me... » est dépendant de l'autre. Si l'autre ne peut pas répondre à votre demande, la relation est bloquée.

« J'ai besoin de trouver cela avec toi et, si non, séparément de toi. Est-ce que tu peux répondre à ce besoin ? ». Si l'autre veut et peut vous aider, il peut vous le dire. Il peut aussi vous indiquer des façons auxquelles vous n'aviez pas pensé et qui le satisfont.

Attention poison

La question interro-négative : fausse question, source de confusion

Si la question « pourquoi ? », rapportée aux causes d'une difficulté, est partiellement dangereuse, il en est une autre qui est toujours dangereuse, toxique, dans les situations tendues. Une question qui, semblant faire une passe, y met tellement d'effet qu'il est quasiment impossible de la recevoir sainement. Elle a les apparences de la question mais est vidée de la puissance questionnante. Fausse question, elle ne laisse pas à l'autre la liberté de sa réponse. Au lieu de renforcer la relation, elle l'affaiblit, la mine. Elle vise insidieusement à la reddition de l'autre.

« N'avez-vous pas remarqué à quel point les interro-négatives sont manipulatoires ? »

Quand je pose la question de cette façon, vous savez tout de suite quelle réponse j'attends : pas la vôtre, mais la mienne. Vous *devez* me dire « oh si ! », même si vous n'avez jamais fait attention au caractère manipulatoire des questions interro-négatives. Quand je pose la question de cette façon je vous donne l'impression que vous *auriez dû* le savoir. Vous entendez nettement le risque, si vous me dites « non », que je vous dise : « comment ? Vous n'avez pas remarqué ? Mais vous devriez ! ». Et que je vous « mange ». Pour l'éviter, vous risquez alors de me donner un faux « oui ». Un « oui » de complaisance que je vous aurai extorqué ; vous vous « laissez manger ». Tôt ou tard, vous aurez besoin de rétablir l'équilibre. Je rencontrerai alors un vous « mangeur » que je n'aurai pas vu venir, qui me semblera injuste et m'incitera à tenter un JE/vous… Le ver est dans le fruit depuis que, vous ayant posé mon interro-négative, j'ai tenté, peut-être sans le savoir, de vous manger.

Vous avez, certes, la solution de mettre assez d'énergie combative dans un « non », pour me décourager de tenter de vous envahir : un « non » glacé, quelque chose comme : « non, pas du tout, j'ai autre chose à faire que remarquer ça. » Ou bien : « non, vous généralisez et je suis sûr qu'en cherchant bien il est possible de trouver des interro-négatives non manipulatoires ». Et de conclure en cherchant à impliquer un tiers : « n'est-ce pas ? » J'ai tenté de vous manger et voilà que VOUS, ILS aussi me mangent.

Tandis que si je vous dis : « J'ai remarqué que les questions interro-négatives sont manipulatoires. Selon moi, elles constituent une des façons les plus pernicieuses et banales de créer le malaise entre les gens. L'avez-vous remarqué aussi ? » Vous pouvez tranquillement me répondre « oui », ou bien « non, mais maintenant que vous me le dites, ça me paraît évident » ou encore « non, mais je vais y faire attention ». Et nous restons en bonne relation : en relation d'échange entre sujets libres.

Entre « tu ne crois pas que ? » et « je crois que… qu'en penses-tu ? », il y a l'épaisseur qui sépare deux mondes en contact permanent : d'une part celui de la pression où couve le conflit, où qui parle ne se découvre pas (pas de Je dans cette forme-là) et envahit l'autre : « tu dois croire ou penser, comme moi, que… » et, d'autre part, celui de l'échange de coopération où les conflits peuvent être dépassés, parce que celui qui parle, parle en auteur : « je crois », « je suis ou je ne suis pas d'accord avec ça », et laisse à l'autre sa place d'auteur d'une autre parole.

L'écart se creuse encore quand intervient le bémol, la minoration : « Est-ce que tu n'as pas un petit peu l'impression que… ? » ; « J'ai l'impression que… Est-ce que tu la partages un petit peu ? » Le bémol verbal qu'est le « petit peu » est dans son énergie propre dans la vraie question. En effet, demander : « est-ce que tu partages un petit peu mon impression ? », est moins demander que « est-ce que tu la partages ? » Tandis que : « est-ce que tu n'as pas un petit peu l'impression que ? », a encore plus de force d'intimidation que « est-ce que tu n'as pas l'impression que ? ». Ce bémol renforce. Or ce n'est pas la fonction du bémol de renforcer.

L'interro-négative inverse ce qu'elle touche. La question y devient pression et intimidation, les bémols y deviennent dièses et même la douceur du ton devient menace.

Cette tournure est, au sens propre, perverse. Fondamentalement anti-stratégique, elle sème la confusion dans l'esprit de qui la reçoit. Et finalement, dans toute la relation qui devient de domination/soumission.

Alors autant s'exercer avant les situations difficiles. Le stratège, comme le musicien, comme le sportif, s'entraîne avant les grandes rencontres. Et comme, à la différence du musicien et du sportif, le stratège n'a pas le programme de tous ses grands rendez-vous dans son agenda, il a intérêt à s'entraîner souvent, régulièrement.

Ce que font, d'ailleurs, les sportifs et les artistes.

> Dans les situations tendues, délicates, difficiles, de la vie, quand entre nous se creuse l'abîme du désaccord que nous n'avons nullement désiré, nous avons besoin de trouver entre nous le pont de vraies questions. Un pont le plus clair et plat possible où échanger le plus droit possible, vraies questions et vraies réponses, vrai matériau à partir duquel construire les vraies[1] solutions : des solutions solides, durables, saines pour l'un et l'autre. Fussent-elles la découverte d'un malentendu ainsi levé, fussent-elles l'évidence qu'il est temps de changer la route commune, voire que sur tel et tel plan, le moment est venu de faire des routes distinctes.

Limites, ne pas franchir

L'expression la plus simple et imagée de la limite à ne pas franchir, c'est la loi de l'Éden telle que Marie Balmary la met en lumière : « Ne pas manger l'autre, ne pas manger la loi. Et ne pas se laisser manger ».

Ne mangez pas l'autre

Manger l'autre, c'est prétendre l'avoir percé à jour, le connaître mieux qu'il ne se connaît, en avoir fait le tour. Comme d'un objet !

Dans une confrontation c'est vous qu'il est sain d'exposer, vous y êtes légitime. Et si vous avez à parler de l'autre, circonstanciez.

> Il y a un monde entre « tu m'embêtes, tu veux toujours… » et « là, j'ai l'impression que tu veux… je n'aime pas, ça m'embête. Ne fais pas ça avec moi ».
> La différence majeure entre le reproche, où vous renvoyez l'autre à une image négative de lui-même : « tu m'embêtes… » et la confrontation stratégique : « je n'aime pas », c'est que dans la confrontation stratégique, c'est sur vous que vous renseignez l'autre. Et qu'en prime, ce renseignement, de première main, est juste !

1. Vraies pour l'un et pour l'autre. Vérités subjectives, certes, mais vérités humaines qui seules valent : le plein accord de ces interlocuteurs-là dans cette situation-là.

Ne mangez pas la loi

Manger la loi, c'est prétendre l'avoir toute tandis que l'autre ne l'a pas.

> Dans : « tu m'as menti, tu es un menteur » voici que pour un mensonge vous marquez l'autre au fer rouge d'une identité de menteur dont vous sous-entendez que c'est le mal absolu. Comme si à vous tout seul vous étiez la loi.
>
> Alors qu'en parlant de vous et en circonstanciant, cela donne : « quand tu m'as dit ça, tu m'as menti et je n'aime pas que tu fasses cela avec moi. »
>
> Dans le premier cas il est probable que se sentant incapable de restaurer son image auprès de vous, votre « menteur » continuera à vous mentir : quitte à être définitivement tombé dans votre estime, au moins que cela lui serve à vous mentir quand ça l'arrange.
>
> S'il ne change pas avec vous, ce sera aussi parce que vous ne l'aurez pas confronté à votre réalité, mais plutôt à votre fantasme de pouvoir dire qui est bon et qui est mauvais. Vous l'aurez surtout confronté à une vision fausse – qui le réduit tout entier à être « un menteur » – et affreuse de lui-même, vision à laquelle il ne peut pas adhérer.
>
> Alors que dans le second cas, vous lui demandez de ne plus mentir avec vous et cela, il peut le faire. Quand il vous apportera une mauvaise nouvelle (celles qui poussent à mentir), ce sera en respect du fait que vous lui avez dit que vous n'aimez pas qu'il vous mente.
>
> Il vous reste à en être digne et à être capable d'entendre ce qu'il a à vous dire… Ou à l'entendre vous confronter à sa réalité : « quand je te dis la vérité et que ça te met dans un état pareil, ça me décourage de continuer et ça me donne envie de recommencer à te mentir ».
>
> À partir de là, vous pourrez vous mettre d'accord sur votre meilleure façon de fonctionner ensemble, en respect de ce que vous êtes l'un et l'autre.

Ne vous laissez pas manger

Se laisser manger enfin. C'est se laisser déborder. Par l'autre ?

Quand vous confrontez, l'« autre » le plus dangereux, c'est votre émotion. Plutôt que la laisser vous dévorer, observez-là, identifiez-la assez précisément pour la nommer. L'émotion qui gronde au-dedans de vous est un fauve qui menace de dévorer, en vous, Je pour en faire un JE dévoreur de l'autre et de la relation. Nommez plutôt l'émotion, trouvez le nom de ce fauve, cela le dompte. Il se couche alors à vos pieds en surveillant, certes, d'un œil, que vous le respectez, que vous vous occupez d'apaiser son besoin.

Mieux vaut dire « je suis en colère » ou « je suis inquiet » et le dire calmement, que se faire le mime de la Colère ou de l'Inquiétude.

★ *Récapitulons* ★

LA CONFRONTATION STRATÉGIQUE EN PRATIQUE ET EN RÉSUMÉ

C'est quoi ?
C'est le mouvement vertical de Je vers Je.
Expression de Je, elle engage, expose Je, renseigne sur Je.

Ça sert à quoi dans la rencontre ?
Elle me permet de me situer ; bienveillance et clarté premières.
Et elle permet à l'environnement de savoir où Je me trouve, où Je veux aller, ce que Je peux offrir et quelles sont mes contours.

Quand ?
Quand naît votre besoin ou désir, quand l'environnement vous accueille.
Dès que vous vous sentez en TU/moi, pour remonter à l'espace stratégique.
Dès que la situation, ou votre position, a changé significativement.
Après vous être accommodé ou en sortant d'une prise de recul.

Comment ?
Les composantes efficaces d'une confrontation sont :
– les faits que J'ai perçus et retenus ;
– la façon dont Je les relis, l'hypothèse que Je fais ;
– le sentiment que Je vis, s'il est envahissant, pour le contrôler ;
– le besoin que J'éprouve ;
– la demande que J'ai trouvé à Te faire, pour satisfaire ce besoin ;
– la question à laquelle Je souhaite avoir Ta réponse.

Quelques règles d'or
Engagez-vous, restez à votre place et occupez la pleinement.
Distinguez bien les composantes que vous énoncez.
Soyez circonstancié, surtout pour parler de ce qui ne vous va pas.
Si vous désapprouvez, touchez aux actes ou comportements, jamais aux gens.
Écoutez et observez l'autre, restez en contact.
Sachez vous en tenir à ce qui est essentiel pour vous.

Passez...
... si vous vous sentez hors de vous, à la prise de recul où vous apaiser, faire le point, préparer une confrontation propre.
... si vous n'êtes pas compétent ou si la décision implique l'autre plus que vous-même, à l'accommodation.
Après votre demande, question : réciprocité, passez à l'accommodation.

S'ACCOMMODER : LE MOUVEMENT VERS L'AUTRE

Vous avez confronté l'autre à votre présence, votre perception du réel, à votre besoin et peut-être même à votre demande ou question.

Réciprocité.

Laissez-vous confronter à sa présence, sa perception du réel, son sentiment, son besoin, sa demande ou question.

Allez à l'aventure vers le mystère de l'autre, allez apprécier cette réalité, la respirer, la reconnaître. Tel le dieu du poème qui, ayant tout haut souhaité la lumière, attend de la voir poindre dans la grande confusion initiale, faites-vous réceptif, présent tout autant que discret, entrez dans l'accommodation.

Libérez le terrain de l'expression et, pour cela, entrez dans celui de la réception. Trouvez-y votre confort.

Silence dans votre bouche. Vous avez posé une demande, invitation ou question. L'autre a besoin de la laisser descendre en lui, de s'y confronter. Et vous avez besoin de connaître sa vraie réponse. En bienveillance pour ces deux besoins, libérez l'espace sonore.

Silence dans votre corps. Apaisez vos énergies, respirez : vous êtes là, vous lâchez la parole et c'est bien, c'est un changement de position. Tel le joueur de tennis sur le court, recalez-vous au centre de vous-même, à l'endroit où vous pouvez recevoir quelque chose de nouveau. C'est le moment de l'accommodation.

Se mettre en condition de pouvoir accueillir commodément ce qui est nouveau, c'est un devoir premier, un acte de bienveillance pour soi, d'où surgit la bienveillance pour l'autre.

Voici que vous offrez ainsi une qualité de présence pleine et paisible, subjective : la vôtre. Prenant le droit d'être là tout entier dans le silence attentif, vous donnez à l'autre – réciprocité – le droit d'être là aussi tout entier. Ainsi vous pouvez accueillir autre chose que ce que vous avez dit et, même, autre chose que ce que vous avez imaginé que l'autre allait vous répondre !

Accommodez alors votre oreille à la voix et la parole de l'autre, comme l'œil s'accommode d'un changement de plan ou de lumière. Les repères les plus commodes que je connaisse pour cela sont ceux que j'utilise pour la confrontation. Cherchez dans ce que vous dit votre interlocuteur :

- les faits qu'il a retenus et que peut-être vous ne connaissiez pas. Vérifiez qu'il s'agit bien de faits ;
- l'hypothèse qu'il a construite ;
- le sentiment qui l'anime ;
- le besoin qu'il exprime et qui n'est peut-être pas la réponse à votre question et besoin, mais à son besoin à lui ;
- la demande ou la question qu'il vous pose.

Cela vous aide à comprendre sans vous obliger à être d'accord.

> Entendre, ce n'est ni acquiescer ni approuver.
> Entendre, c'est apprendre.

Dans le désaccord

Si ce que vous apprenez, c'est que vous êtes en désaccord, accueillez cela commodément aussi. Appuyez-vous tranquillement sur l'idée que les désaccords, loin d'être des scandales ou des échecs, sont l'honneur du genre humain, le signe de la liberté de chacun d'être une œuvre originale.

Ne les déplorez donc pas : ils étaient là avant d'être énoncés et vous avancez puisque vous en découvrez les contours. Les « non », les « pas bon » de l'autre sont des étapes à partir desquelles vous pourrez repartir, réfléchir, chercher où se trouve la piste d'un vrai « oui » : le « oui » de l'accord durable.

Vous avez parfaitement le droit de stationner un peu en présence de l'autre, tranquillement, devant votre désaccord. Souvenez-vous du dieu tandis que, trois fois de suite, l'humain ne voulait rien comme compagnie, rien ! Pourtant le dieu avait présenté tout ce que la terre portait de vivants et plus encore : il avait même essayé de la faire de ses mains, cette compagnie. Et l'humain ne choisissait rien et le dieu en était sûr, ce n'était pas bon pour l'humain d'être seul…

Pour pouvoir supporter ces moments troublants, sachez accueillir les plateformes rassurantes de vos accords :

– *soignez les accords « évidents »*. Dans ces moments où le cœur s'affole et où plus rien ne semble sûr, les accords évidents méritent le respect, méritent d'être rappelés, considérés ;
– *entendez aussi les accords auxquels vous ne vous attendiez pas*. Bivouacs inattendus, reposants, commodes, ils sont aussi, souvent, la clé de la délicieuse liberté d'innover qu'a provoquée, inattendue, votre difficulté commune.

Si la relation est trop pénible, alors offrez-vous la commodité de vous donner, au moins mentalement, au moins individuellement, la liberté de pouvoir considérer de vous séparer quelques secondes, minutes ou de vous séparer de façon beaucoup plus importante que cela. De pouvoir le considérer. De pouvoir poser l'hypothèse. Je ne vous parle pas ici de passer forcément à l'action de séparation, ni même d'en parler. Mais de vous souvenir que vous pouvez le faire.

L'unité humaine est l'individu

Elle n'est ni le couple parental, ni la famille, ni l'association, ni l'entreprise, ni le groupe d'amis. Aucune relation ne vaut que vous y souffriez ce que vous ne voulez pas souffrir. S'offrir la liberté de pouvoir considérer de se séparer, c'est parfois le passage commode qui permet de rendre ses couleurs d'origine à la relation. Ne serait-ce que parce que les couleurs d'origine de la relation justement, c'est la conscience qu'avait chacun quand nous nous sommes rencontrés, qu'il est distinct de l'autre, différent de l'autre et a une vie possible sans l'autre.

À partir de cette conscience, Je peux entendre ce que Tu me dis, parce que ce que Tu me dis parle de ce que Tu es. Je sais à présent que Je suis libre de m'y accommoder si cela Me convient, dans toute la mesure où cela Me convient.

Beaucoup plus commode de chercher où sont les accords et où sont les désaccords, à présent que Je suis libre. Oui, je suis libre à présent que je me suis allégée de la principale différence entre « maintenant-où-nous-avons-du-mal-ensemble » et « autrefois-où-nous-n'avions-que-bien-ensemble » : libre de l'idée qu'« obligé de rester ensemble, on est obligé d'être d'accord ». Une séparation ne serait pas facile peut-être, mais elle est possible.

Nous sommes semblables, différents, séparables et cela seul suffit à nos chances d'être désirable l'un à l'autre. Où, comment, dans quelle configuration ?

La moitié de l'équation m'est inconnue alors que dis-Tu ?

- Qui es-Tu devenu, séparable, différent et semblable par rapport à ce que Tu étais, à ce que Je pensais que Tu étais, à ce que Je suis ?
- Que veux-Tu ?
- Quel est ton rêve et par quelles étapes envisages-Tu de l'atteindre ? Quelles qualités as-Tu pour cela et lesquelles puis-Je mettre à Ton service ? Quel est Ton besoin ? Que me demandes-Tu ?

Voilà, ça y est, les réponses vous intéressent, vous êtes entré dans l'accommodation.

Accueillez les désaccords de la façon la plus commode : trouvez leurs contours, trouvez leurs limites et trouvez leurs centres. Ils en deviendront moins lourds, moins envahissants, plus traitables.

Cherchez ce qu'ils vous offrent de commode. Comme entre le dieu et l'humain du poème, il y a peut-être une solution qui vous est bien plus agréable que la situation existante. Et qui peut, qui sait, venir de l'autre ?

En attendant, cherchez l'accord sur les désaccords eux-mêmes :

> « Nous sommes d'accord sur le fait que vous vous sentez incapable de progresser, tandis que je vous en crois tout à fait capable. »
> Vous pouvez alors repartir ensemble :
> – qu'est-ce qui vous empêche de progresser ?
> – qu'est-ce qui vous permet de penser que je peux progresser ?

Trois questions sur l'accommodation

Que faire quand je constate des incohérences ?

Croyez ce que vous entendez et ce que vous voyez. Si ce que vous voyez et ce que vous entendez ne vous semble pas correspondre, ne concluez pas hâtivement : il me ment. Confrontez l'autre, plutôt, à la contradiction que vous constatez, demandez-lui comment l'interpréter et prenez sa réponse.

Vous pouvez vous trouver en présence de quelqu'un qui fonctionne en pleine coopération et dit simplement les choses. Si vous ne le croyez pas, vous passez à côté d'un excellent partenaire de coopération, quel dommage alors !

Vous pouvez aussi vous trouver en présence de quelqu'un qui fonctionne hors de la coopération. Peu importe pourquoi ce n'est pas votre affaire. Vous remarquez simplement qu'il ou elle s'exprime de façon floue, jongle de mangé par vous, l'autre, d'autres encore, en mangeur de vous, l'autre, d'autres ; ne parle pas ou à peine en son propre nom, abuse du « ON » pour désigner une variété de sujets, confond enfin faits et opinions, sentiments et hypothèse qu'il présente comme une thèse indiscutable.

Entre les faits que vous entendez et ce que vous comprenez de l'hypothèse de l'autre, entre le sentiment qui domine dans sa parole et le besoin qui vous semble s'exprimer, que saisissez-vous ? À quoi vous est-il le plus commode de répondre pour aller ou rester dans le terrain stratégique ? Dès que vous saisissez quelque chose de clair, proposez votre traduction. Soumettez-la comme une hypothèse : la vôtre, de compréhension de ce que vous entendez. Est-ce que c'est ça ? Posez votre question bien à plat. Puis laissez le sujet de tout cela : l'autre, ajuster. Vous verrez bien. Il y a de fortes chances que votre interlocuteur, soulagé de voir son écheveau commencé d'être démêlé, rassuré de constater que vous l'écoutez en sujet, se montre tout prêt à avancer avec vous… pour démêler ensemble, à partir de ce premier accord, le reste.

Enfin, l'accommodation c'est aussi trouver votre confort dans ce qui se passe. Votre interlocuteur est sans arrêt interrompu par le téléphone ? Cela vous déstabilise ? Lui aussi cela le déstabilise. Accommodez-vous, rendez vous cela commode. Servez-vous de ces interruptions pour faire le point, prenez ainsi les bénéfices de la prise de recul.

Et revenez dans le match d'autant plus fort et serein.

Croire ce que l'autre me répond d'accord, mais comment savoir s'il est sincère ?

Vous ne pouvez pas le savoir. Aussi, le mieux que vous puissiez faire, c'est de croire la parole de l'autre. Toujours dans un esprit de clarté.

Vous pouvez recevoir des réponses qui vous surprennent, qui ne collent pas avec ce que vous savez. Si, à chaque fois qu'une réponse vous surprend, vous la considérez comme fausse, alors vous êtes en JE/toi. Si quand vous écoutez l'autre vous cherchez le mensonge, alors à quoi bon l'écouter ?

Plutôt que soupçonner – confusion – mieux vaut confronter : « Je t'ai entendu me dire ceci, et aussi cela. Comment cela s'accorde-t-il ? »

Plus vous aurez avancé dans l'exercice de la clarté, plus vous vous serez vous-même protégé de vos mensonges, plus votre esprit sera clair. Vous aurez appris à observer de façon plus exacte pour parler de façon plus exacte. Vous aurez aussi appris à écouter de façon plus exacte. Votre mémoire n'étant plus encombrée de multiples versions de ce dont vous aurez été l'auteur et le témoin, votre esprit sera plus disponible pour entrer dans la subtilité de contradictions qui ne sont qu'apparentes. Vous verrez moins de mensonges : au lieu d'en voir d'imaginaires, vous acquerrez l'intelligence des situations particulières. Et quand vous rencontrerez le mensonge, vous saurez l'identifier sûrement plus tôt qu'avant. Et vous serez plus clair quant à ce que vous choisirez de faire.

Si ce qu'on me propose ne me plaît pas mais que l'autre est en position de force ?

L'artisan de la clarté vous répond que pour l'essentiel des positions dites de force, c'est vous qui leur donnez ce statut : si ce qui vous est offert est le meilleur de ce que vous puissiez obtenir pour l'instant, prenez : c'est une bonne option. Si ce n'est pas le meilleur, allez plutôt à ce qui vous est meilleur.

Bien sûr il y a cette proposition qui n'est pas très bonne par rapport à ce dont vous rêvez, mais elle a pour qualité, par exemple, de vous offrir une stabilité ou une forme de sécurité, ce qui est essentiel pour vous en ce moment. Plutôt que vous sentir piégé, reconnaissez plutôt la qualité de cette proposition : elle vous épargne de déménager, partir, vivre seul, reprendre des études, chercher un autre travail, perdre vos points d'ancienneté. C'est très important pour vous aujourd'hui ?

Si c'est le cas, alors reconnaissez que cette solution a cette qualité très importante pour vous. Et faites-vous la grâce de retrouver votre sérénité en l'acceptant… de bonne grâce. Considérez sereinement cette réalité : la solution vous est « commode », acceptable dans l'accommodation.

Cela ne vous empêche pas de décider, depuis cette solution acceptée sereinement, de vous mettre à l'ouvrage pour réduire cette dépendance et viser « meilleur ».

Limites, ne pas franchir

Ne mangez pas l'autre

S'accommoder, ce n'est pas se mettre à la place de l'autre : « à ta place, moi, j'aurais pas aimé » ou « à ta place, moi, j'aurais été bien contente », « à ta place, je serais paniqué, à ta place je ferais ceci et jamais une chose pareille ! »

Vous n'accueillez pas un hôte en vous mettant à sa place : vous sortiriez alors de votre maison pour lui disputer le passage de votre seuil ! Et l'œil qui s'accommode ne bondit pas hors de son orbite.

Ce dont il est question dans l'accommodation stratégique, c'est du mouvement intérieur que *depuis votre place, vous faites pour entendre et accueillir comment l'autre vit sa propre place*. Et du mouvement que vous faites pour *accepter de là où vous êtes, ce qu'est l'autre*, voire ce qu'il propose.

Ne laissez pas manger la loi

Ne vous laissez pas inféoder aux « il faut absolument que tu », « il n'y a pas d'autre solution », « tu n'as pas le choix ». Vous seul pouvez décider de ce qu'il vous faut absolument faire ou ne pas faire, vous avez devant toute situation plusieurs solutions et toujours le choix de prendre une option insolite, originale ou archi-classique même si l'autre ne souhaite pas que vous le voyiez.

Ne vous laissez pas manger

Si en vous accommodant vous avez bien gardé votre place, alors vous sentez ce que l'autre tente d'obtenir de vous et qui ne vous convient pas. Dites tranquillement que cela ne vous convient pas ou du moins gagnez le temps de réfléchir en annonçant que vous ne dites pas oui. Ne cédez pas à l'extorsion : un accord qui ne vous est pas bon n'est autre qu'un conflit en puissance.

L'accommodation reste bordée par les limites de ce que la vie réelle, ici, maintenant, peut vous offrir et qui vous est bon.

★ *Récapitulons* ★

L'ACCOMMODATION STRATÉGIQUE EN PRATIQUE ET EN RÉSUMÉ

C'est quoi ?

Bienveillance, clarté et réciprocité, c'est la réciproque de la confrontation : le mouvement de Je vers Tu.

Accueil de Tu, elle me confronte à Ta vision de la réalité.

Ça sert à quoi dans la rencontre ?

Elle me permet de Te situer, de savoir où Tu en es, où Tu veux en venir, quels sont :

les faits que Tu as perçus et retenus ;

la façon dont Tu les relies, l'hypothèse que Tu fais ;

le sentiment qui T'anime ;

le besoin que Tu éprouves ;

la demande que Tu as trouvé à Me faire, pour satisfaire ce besoin, la question à laquelle Tu souhaites me voir répondre.

Quand passer à l'accommodation ?

Après avoir confronté l'autre à votre vision de la réalité, à votre sentiment, besoin ou demande.

Pour retrouver l'espace stratégique dès que vous découvrez que vous êtes allé en JE/toi.

Quand le résultat est plus important pour l'autre.

Quand votre priorité est d'apaiser, de rassurer l'autre.

En sortant d'une prise de recul.

Comment ?

Silence dans votre bouche, silence dans votre corps ; respirez, montrez-vous simplement attentif, présent. Relancez par des questions simples, brèves.

Quelques règles d'or

Restez à votre place et occupez la pleinement.

Distinguez bien les composantes que vous entendez.

Traduisez les maladresses en langage stratégique et soumettez.

Restez en contact avec vous-même : ne vous laissez pas manger.

Ce que vous acceptez, acceptez-le de bonne grâce.

☞

☞

Passez...
... *à la prise de recul* où vous apaiser, faire le point, préparer une confrontation propre, quand vous vous sentez sur le point de céder quelque chose qui compte beaucoup pour vous.
... *à la confrontation* : « Quand tu parles comme ça, je ne peux pas t'écouter sereinement ». « Quand tu dis « on » pour tous les sujets, je ne comprends pas de qui tu parles ». « Je n'y vois plus clair, laisse-moi un peu de temps pour réfléchir », quand l'autre vous confronte d'une façon trop violente ou confuse... trop incommode pour vous... Et bien sûr pour répondre.

PRENDRE DU RECUL

Certains montrent surtout leur sentiment, d'autres développent plutôt leur hypothèse et leur scénario, d'autres s'en tiennent aux faits, d'autres encore demandent, invitent, posent une question sans rien autour... d'autres combinent selon les circonstances, l'interlocuteur, leur humeur, la densité de la rencontre... et chacun a sa combinaison secrète. Chacun son style dans le territoire de la bienveillance.

À cela s'ajoutent les contenus : ce qu'a dit l'autre est nouveau et quand bien même l'aurait-il déjà dit, entendre enfin ce qu'il répète est une nouveauté.

Même ma propre parole, enfin, peut me surprendre.

... Il y a fort à faire pour articuler confrontations et accommodations.

Pour accueillir tout cela et se diriger au milieu des surprises qui jaillissent quand un échange est vivant, nous avons besoin d'espace, de temps, d'un espace de décantation.

Du temps pour reconstituer de la paix pendant tout le processus dense, déstabilisant, exigeant en concentration sur soi-même et sur la parole de l'autre.

Du temps pour refaire de la clarté quand tant de météores viennent de se précipiter dans notre vision et en troublent l'eau.

Et quand le désaccord nous laisse en échec, nous avons besoin d'espace et de temps, d'espace-temps neufs peut-être. Et distincts. Comme le sommeil inventé par le dieu offre à l'humain et au dieu la séparation féconde d'où jaillit la solution qui fait avancer le monde.

Nous avons besoin de rester dans le vrai pour rester paisible, ou de rester paisible pour rester dans le vrai, cela revient au même, le couple vérité-sérénité fonctionne bien.

Cette vérité dont j'ose écrire le mot à une époque où il est convenu de croire qu'il n'y en a pas, existe et nous la connaissons tous. Elle est subjective certes. Mais c'est la vôtre : votre vision, votre sensibilité. Elle devient un fait pour votre environnement et elle en est déjà un au-dedans de vous. Vous en êtes le sujet. Si, faute de prendre le temps de la consulter vous la niez, qui la portera ? Si vous la niez, l'environnement croira à une autre et vous serez ensemble en situation fausse : de celles où aucune solution n'est vraiment bonne.

Vous êtes le sujet de cette vérité-là. Vous êtes responsable d'y être fidèle et de la garder fidèle à ce que vous sentez juste, ainsi que de la conduire avec vous dans le parcours du temps et de la conscience, parcours que l'échange exige.

Vous avez donc aussi la responsabilité de l'ajuster, de la faire évoluer jusqu'au moment où vous découvrez une vérité toujours subjective, mais partagée : celle où vous n'êtes plus seul, celle que vous partagez avec un ou plusieurs autres. Vous la saurez vraie parce que d'elle peut naître le « bon » qui n'existe pas encore et qu'ensemble, en se repositionnant l'un envers l'autre, chacun en se faisant du bien, Nous pouvons produire nous élevant l'un par l'autre.

Les ajustements qui permettent d'atteindre cette solution, c'est dans le recul que nous pouvons les faire. En consultation avec soi-même comme l'humain du mythe descendu dans le sommeil.

Cette écoute de soi est bienveillance pour soi si elle se situe dans l'espace stratégique où l'autre a une place aussi.

Dans la prise de recul de la bienveillance, je recherche le point d'équilibre où trouver mon unité en relation suspendue mais positive (le 0^+ des mathématiciens), avec l'environnement. C'est-à-dire confiant dans l'existence d'une bonne solution pour l'un et l'autre, même si je ne la vois pas encore. Et même si ce n'est pas moi qui la trouve.

C'est à partir de cette unité première, celle avec moi-même en qui résonnent une quantité de nouvelles perceptions, de nouvelles informations, que je construis mes chances de rester unie dans les changements que génère toute interaction, à plus forte raison l'interaction avec une autre personne.

La stratégie de la guerre utilise le recul pour mieux tromper l'autre. C'est normal puisque la guerre, c'est l'art de duper. Alors attention aux réflexes de guerre aux moments de prise de recul. Parmi lesquels celui qui nous trompe de la façon la plus ordinaire : en nous lançant dans la chasse au fautif. Stratagème de peur, stratagème d'échec qui épuise toutes les énergies puisque pour être sûr de n'être pas le fautif, chacun s'occupe à trouver comment ce pourrait être l'autre. Chacun alors, de tout miser sur l'attaque. Stratégie dont le tournoi d'Axelrod montre scientifiquement la pauvreté.

Le stratège de la bienveillance utilise le recul pour trouver ce qui a des chances de rencontrer la faveur de l'environnement. Avec le recul il se renforce en renforçant l'autre, renforce l'autre en se renforçant lui-même. Le réel peut n'offrir qu'une seule, une toute petite piste, une voie très fine, unique : la Nôtre, celle où Je et Tu, voire Ils, sont gagnants ensemble et séparément. Le stratège de la bienveillance utilise toute son énergie à la trouver. Toute son énergie ? Oui toute, même celle du repos.

C'est l'énergie de laisser descendre le silence en présence de l'autre, ou laisser monter le sourire puis le rire. De suspendre l'échange, de s'offrir quelques pas, de laisser venir le soir. Chacun sa virtuosité pour ces aller-retour. Chaque situation aussi, a ses exigences et offre ses opportunités.

Prenez du recul à chaque fois que la situation semble devoir aller au conflit :

– en vous : si vous vous apprêtez à vous laisser extorquer un accord qui vous laissera plein d'amertume ;

– avec l'autre : si vous vous apprêtez à attaquer.

Retrouvez votre présence à vous-même, cette précieuse présence d'esprit qui, vous le savez bien, a tant de talent et arrive si vite après que vous avez quitté l'autre. Quittez l'autre alors, avant de le quitter. Prenez du recul pendant l'échange.

De là, revenant à vous sujet, vous pouvez considérer l'autre, sujet aussi. Et trouver des pistes pour revenir à l'espace de réussite commune.

Si vous vous sentez écrasé, revenir dans l'espace de coopération suppose de réussir une confrontation bien droite. Que vous avez peut-être besoin de prendre le temps de préparer.

Si vous êtes écrasant – et c'est souvent votre indignation, impatience ou agacement qui vous indique que vous l'êtes – c'est une accommodation qui vous ramènera dans l'espace de coopération. Qu'est-ce que veut l'autre ? Que vous l'aidiez concrètement à se rétablir ? Que vous lui présentiez vos excuses ? Que vous lui disiez simplement et clairement ce que vous voulez ? Vous pouvez lui poser la question. À moins que vous sentiez que ce qui lui conviendrait le mieux, c'est que vous le laissiez tranquille et soyez plus attentif la prochaine fois ? À vous de le sentir, en augmentant votre écoute. De vous-même d'abord, dans le recul.

Si vous êtes échoué dans la confusion, posez des questions avec votre première personne du singulier.

Si la sortie de route est importante, si vous vous êtes, l'un ou l'autre, beaucoup éloigné de l'espace de coopération, prenez le temps de revenir au centre des quatre forces. Pratiquez pour cela avec elles la correction favorable : plutôt que faire baisser celle qui dépasse, faites monter celle qui est en retrait.

Comme la confrontation accueille sa réciproque : accommodation, elles accueillent ensemble leur commune réciproque, suspension du mouvement, prise de recul.

Dérivée toxique de la prise de recul : se laisser manger par la mal-veille

Il y a des risques que vous vous égariez dans ce qui n'est pas de votre pouvoir : ce que l'autre aurait dû faire, ce que l'autre devrait faire. Ce terrain-là est le début de la prise de recul de guerre, celle qui précède le projet de destruction de l'autre.Vous y perdez votre temps puisque vous ne pouvez absolument rien à ce que l'autre aurait dû ou devrait faire : c'est de son ressort à lui ou elle.

À la recherche du deuxième souffle

Là où vous pouvez avancer, c'est en restant centré sur vous : où avez-vous dérapé, où êtes-vous, dans une semi-conscience, sorti de la bienveillance pour vous-même ou pour l'autre ? Et surtout, le plus important et le plus intéressant de tout : comment faire une autre fois ? La prochaine fois !

L'histoire individuelle repasse le plat que nous n'avons pas su consommer proprement. Elle présente, sous une forme toujours nouvelle, le même type d'obstacle à nos limites, jusqu'à ce que nous sachions le franchir. L'idée est d'être prêt pour cette fois-là. Cela suppose au moins d'avoir trouvé, dans le recul, la bonne option pour la fois passée, encore fraîche. L'option qui nous aurait permis de passer le pas de l'âne, ainsi que les montagnards nomment le pas difficile et dangereux sur un sentier. Dans le recul, seul ou en compagnie de compagnons bienveillants pour vous et pour l'autre avec qui vous venez d'avoir un accident de coopération, reposez-vous pour avancer. Vous vous donnez alors les moyens d'aller plus loin que la fois précédente. En effet, la plus sûre façon d'y arriver est de se concentrer sur une image précise de la réussite de ce passage. Être prêt à gagner la prochaine fois. S'y préparer. Vous viendrez à bout de certains obstacles dès la deuxième tentative. Le passage de certains obstacles est lent, suppose plusieurs tentatives différentes. Souvenez-vous du dieu.

C'est au centre de certains silences, de certaines absences que se trouve le deuxième souffle, celui qui nous renouvelle. Il a le pouvoir de réaliser les rêves.

Et quand tout l'espace stratégique est bouché ?

C'est là que vous avez le plus besoin de prendre du recul. Car il est rare que ce soit l'espace stratégique qui soit bouché. Ce qui est bouché le plus souvent, c'est le couloir des habitudes[1] qui traverse l'espace stratégique.

La rencontre a eu lieu dans le territoire stratégique. Chacun a progressé avec et par l'autre, au plus près de la diagonale entre l'un et l'autre et cette relation dessine un couloir : le couloir de nos habitudes, souvent nommé le « cadre ». Il a économisé l'énergie de part et d'autre, évité de tout reconsidérer en permanence et en cela il était bon. Mais il n'est pas tout l'espace stratégique.

L'espace stratégique qui est bouché n'est que celui des apparences : celui des Je et Tu dans l'élan de l'action, « le nez dans le guidon » : le couloir des habitudes. Bien sûr que cet espace est bouché, s'il prend sa source au centre du couloir bouché. Pas le temps, pas l'argent, pas la compétence, pas l'humeur, pas intérêt…

1. Voir schémas p. 244.

Je ne peux pas répondre à ta demande, ni toi à la mienne. Le réel fait obstacle. Chacun sent le besoin d'« en » sortir, mais sortir d'où ?

Sans vision stratégique, on cherche une issue hors du couloir en plongeant dans la domination, la soumission, la confusion[1].

Le stratège de la bienveillance apprend à distinguer le couloir dont il a besoin de sortir, de l'espace stratégique où il a intérêt à rester :

- même s'il réussissait à prendre l'autre de vitesse en lâchant la bienveillance pour l'autre : JE te mange ;
- même s'il adoucissait l'autre par des concessions excessives, en lâchant la bienveillance pour Je en se laissant manger ;
- même s'il tentait de « noyer le poisson » en lâchant la clarté.

> Pour distinguer l'espace stratégique du couloir des habitudes le stratège, navigateur solitaire, règle le pilote automatique sur le cap le plus sûr et descend consulter sa table à carte.
> Il revient aux objectifs, qualités et besoins de l'un et de l'autre.

En prenant du recul[2], il se recale – *travail de clarté intérieure*, sur le vrai Je. De là, l'espace stratégique s'est agrandi depuis le début de la relation. Et déborde largement le couloir de l'habitude. Le stratège de la bienveillance peut alors chercher des solutions hors du couloir et dans l'espace stratégique, seul et avec l'autre, les autres.

Il y a d'autres obstacles hors du couloir ? Bien sûr. Mais ce n'est pas cela que cherche le stratège.

Hors du couloir des habitudes il exerce sa liberté d'innover en cherchant des pistes dans l'espace stratégique. Il n'est sorti du couloir, hier encore balise confortable, que pour ce qu'il est devenu : une prison.

- Avec cette liberté, il travaille à trouver des voies hors du couloir et dans le territoire, pour contourner l'obstacle. Il y travaille librement, sans se mettre la pression d'aboutir immédiatement.

---

1. Voir p. 244, 2e schéma.
2. Voir schémas p. 245.

Alors, dans la récréation qu'il s'octroie pour garder la force de rester dans le territoire stratégique, il peut se voir offrir la solution reine : celle qui, dans un recul plus paisible encore, présente une accélération fulgurante. L'obstacle est devenu tremplin, turbo. Et occasion d'innover[1].
C'est le cadeau de la solution créative née dans le recul, fiable si elle satisfait à la bienveillance, la réciprocité et la clarté pour soi, l'autre, l'environnement.

Comment prendre du recul ?

Faire du silence, faire de la distance.

Dans sa tête

Écoute flottante de l'autre, de l'ensemble, au cours d'un débat ou d'une réunion qui libère de l'énergie pour s'écouter soi-même : qu'est-ce que Je ressens ? Quelle hypothèse, besoin ou demande en émerge ? Comment pourrais-Je soumettre cela de façon acceptable, produire une confrontation bien droite qui laisse les autres assez libres pour qu'ils me donnent leur vraie réponse, sur laquelle, seule, Nous pourrons avancer ?

Physiquement

Respirer.

Laisser monter, s'il vient, le rire et s'évader dans l'humour avec amitié pour l'autre et pour soi. Prise de recul mental, rire est un acte physique innovant dans une réunion sérieuse, qui permet aux cerveaux de se réoxygéner. Acte et témoignage de liberté, le rire permet de sortir du couloir de l'habitude en restant dans l'espace stratégique. Nous pouvons y aller ensemble et, ensemble, libérer la tension qui nous étreint.

Provoquer une pause : quelques minutes, jours, plus quand l'enjeu est important.

1. Exemple p. 200.

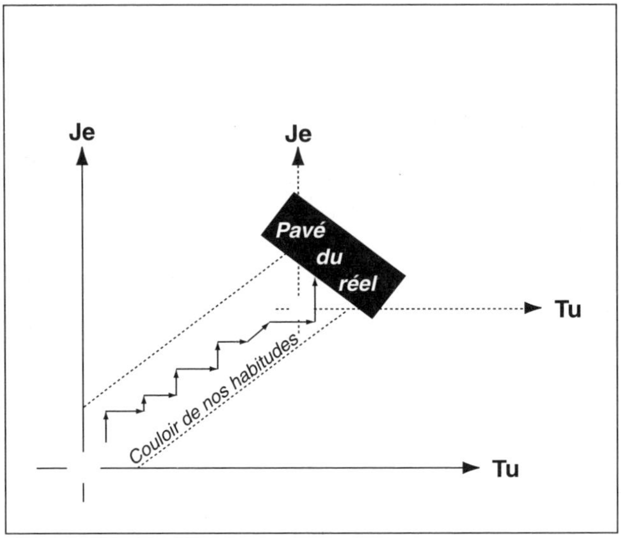

L'espace stratégique bouché n'est que celui du couloir de nos habitudes

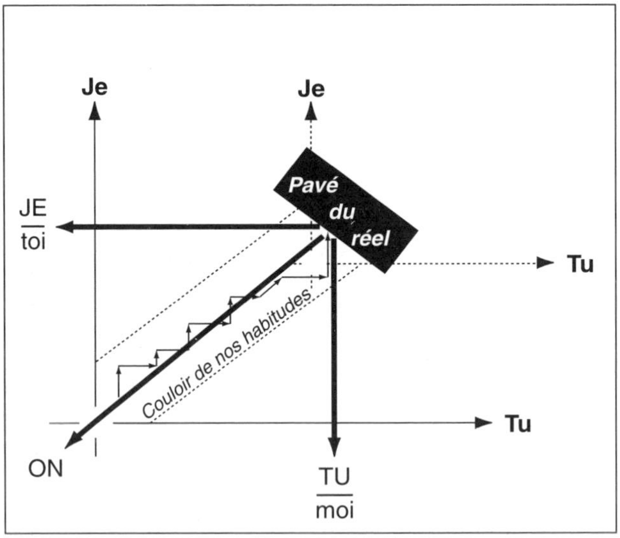

Sans vision stratégique, chercher à sortir du couloir revient à se sentir obligé de passer en JE/toi, TU/moi ou ON

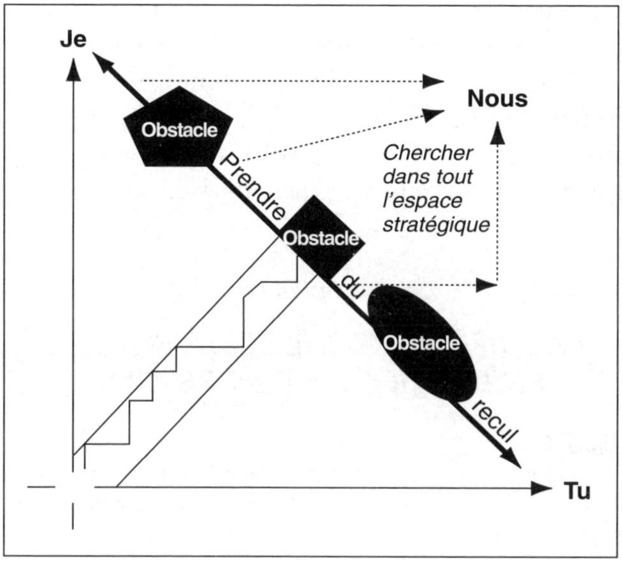

La vision stratégique née du recul permet de voir toute l'envergure de l'espace stratégique et les solutions qu'il recèle

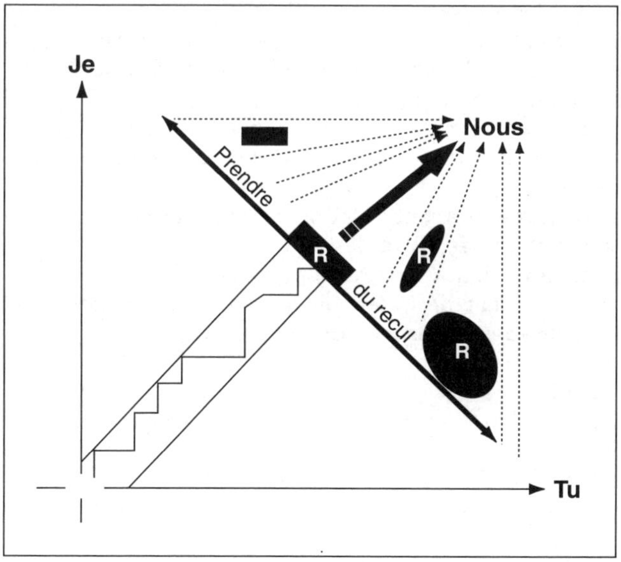

S'il y a, certes, d'autres obstacles dans l'espace stratégique, il y a aussi, parmi les solutions, la solution reine : celle qui, créative, transforme l'obstacle en tremplin et réalise le rêve de plusieurs

Oser faire autre chose et le faire… à fond. Rien de tel que se concentrer sur autre chose, pour que l'esprit rationnel, en échec, se mette vraiment en sommeil du problème qui vous résiste.

Dans l'espace ainsi libéré se lève l'esprit du rêve, l'esprit poétique qui, au lieu de forcer la solution, la laisse venir à lui et, pour résoudre un problème qui divise, réalise le rêve de plusieurs.

★ *Récapitulons* ★

LA PRISE DE RECUL STRATÉGIQUE EN PRATIQUE ET EN RÉSUMÉ

C'est quoi ?
C'est le mouvement de suspension, la récréation de la relation, l'espace en retrait du terrain où faire le point, renouveler son énergie, sa vision et ses chances, laisser aller l'imagination.

Ça sert à quoi dans la rencontre ?
À trouver, à partir d'un problème, d'une difficulté, d'un désaccord, l'accord nouveau encore inconnu, encore invisible.

Vous en avez besoin pour :
- apaiser vos émotions, digérer un échec ou une surprise ;
- éviter l'excès d'accommodation (conflit intérieur) ou de confrontation (conflit extérieur)
- reprendre contact avec vous-même, vous re-poser ;
- reprendre vos marques au centre des forces et ajuster votre approche ;
- poser, penser autrement le problème qui vous résiste ;
- consulter vos rêves, votre désir ;
- imaginer des solutions inattendues, inédites ;
- sortir d'un débat dérisoire, ou qui ne vous concerne pas, ou pour lequel vous n'êtes pas compétent.

Comment ?
Un temps de silence après une surprise, une longue tirade.
Un éclat de rire.
La position d'écoute flottante lors d'un débat qui s'enlise : au lieu de vous demander ce que vous pensez, demandez-vous ce qui se passe, ce qui se joue, ce qui se noue et comment le dénouer.
Un arrêt des échanges quand vous êtes fatigué, énervé, ou envahi. Proposez une pause, sortez, buvez un verre d'eau, faites quelques pas.

☞

☞

Une réflexion seul ou avec d'autres, pour imaginer une solution neuve.
Une fin de non-recevoir : le problème n'est pas le vôtre ; vous n'êtes pas compétent.
Une bonne nuit de sommeil.
Un intense engagement sportif, ludique, artistique.
Quelques heures ou quelques jours, quelque part où vous n'êtes jamais allé et où le seul repère, c'est vous-même.

Règles d'or : bienveillance, réciprocité, clarté
Donnez la direction à votre imagination : sens de Nous, ensemble ou séparément, pourvu que l'un et l'autre soient vivants, sains.
Gardez du recul sur ce qui prend forme : ce sont des *hypo*thèses qui ne deviendront thèses ou certitudes qu'avec l'accord de l'autre et des autres.
Restez pilote de votre imagination. Orientez-la dans le territoire stratégique où résident les chances de Je et de Tu.
Puis laissez-la aller aussi loin qu'elle veut.

Passez…
… À la confrontation ou l'accommodation dès que vous vous sentez prêt à le faire dans la bienveillance réciproque et la clarté, pas à pas.

★ *Grand récapitulatif* ★

LES MOUVEMENTS STRATÉGIQUES

Quand la situation est confuse, quand je ne sais que faire, je peux réduire mon choix à trois mouvements ou gestes : ceux que je fais naturellement quand tout va bien :

Confronter

Mouvement de claire bienveillance envers Je, geste que Je dois à ce que Je suis.
Présence que Je dois au monde, vitale et réussie quand Je me concentre sur ce que Je veux pour Je, en m'appuyant sur les qualités de Je, pour satisfaire les besoins de Je.
Attention : la confrontation stratégique s'arrête avant manger l'autre.

S'accommoder

Claire bienveillance envers Tu, réciproque de la confrontation, mouvement que Je fais vers Tu en accueillant ce que Tu es et ce que Tu offres.
J'y gagne l'accès aux qualités que Je n'ai pas et que Tu as, dont j'ai besoin, dans un accord pacifique donc durable.
J'y gagne d'être deux, puis plus encore.
Attention, l'accommodation stratégique s'arrête avant de se laisser manger.

Prendre du recul

Réciproque des deux premiers mouvements, c'est le mouvement immobile, l'entrée dans la retenue, suspension qui accueille l'abstention de manger l'autre ou s'en laisser manger.
Dans le recul le stratège revient à lui, reprend pied.
Il offre un regard neuf à la relation et distingue, au pied de l'obstacle, le tremplin sur lequel trouver le nouvel élan de la coopération.
Attention ; la prise de recul stratégique se retient de penser pour l'autre et de se laisser penser par l'autre.

13

CULTIVER LA JUSTESSE

BIENVEILLANCE, RÉCIPROCITÉ, CLARTÉ, LIBERTÉ D'INNOVER : les quatre forces de cette stratégie sont ses quatre points cardinaux. Vous les réunissez spontanément à chaque rencontre réussie. Gardez-les à portée d'esprit pour les situations difficiles où vous aurez besoin de vous replacer sous leur protection. Quand une relation ne vous satisfait plus, quand vous doutez, vous pouvez les interroger : elles sont peu nombreuses, faciles à retenir donc à votre disposition. À elles quatre, elles sont à la fois nécessaires et suffisantes pour fournir une qualité de remplacement et une durée de résultats qu'aucune stratégie guerrière ne peut offrir.

En vous occupant simplement de trouver votre juste place au milieu d'elles – place que l'un des trois mouvements permet de rejoindre –, vous vous mettez en position de voir ce qui paraissait inaccessible devenu non seulement possible, mais parfois même facile au point de venir à vous, « bien intense ».

Il vous suffit d'être prêt à ce genre de surprises…

Parfois la progression est si fulgurante que ce qui manque alors, c'est d'avoir été prêt à l'accueillir. Ayez alors la bienveillance de comprendre que vous ne sortez ni d'un fiasco, ni d'une occasion exceptionnelle « vendangée », mais d'une réussite très nouvelle : vous avez su favoriser les conditions pour que pareille occasion se présente à vous. Il vous reste à savoir aussi y être prêt.

SIMPLE ET PUISSANT, L'ÉTAT DE GRÂCE

Ces quatre forces suffisent à conduire au succès avec élégance et simplicité le stratège et son environnement, en toutes circonstances.

Grâce à elles, la seule circonstance décisive est celle du stratège : est-il au centre des forces ? Est-ce Je qui parle en lui ?

Dans le climat des quatre forces conjuguées vous pouvez faire face à tout ce qui se présente, parce qu'elles travaillent si bien pour vous qu'elles vous déchargent des plus ingrats de vos travaux : ceux qui prennent du temps et ceux qui « prennent la tête ».

Certes, vous traverserez des moments d'inconnu. Ce sera en passant, justement, au-dessus du marais dans lequel nous nous embourbons si souvent.

En effet, de la réunion en soi des quatre forces naît un état que nous avons tous expérimenté au moins une fois dans notre vie : l'état de grâce.

Cet état transcende tout ce que nous ne maîtriserons jamais complètement :

– L'eau de notre regard ;

– Le chant de notre voix ;

– Le bercement de notre respiration ;

– Les signaux de position de notre corps ;

– Et le génie de notre pensée : notre « présence d'esprit ».

Tout ce que les techniques de la psychologie appliquée ajoutent à notre cahier des charges parce que l'autre le capte et l'interprète à une vitesse supersonique, ainsi que tout ce que notre esprit au travail peut produire, tout cela nous est donné.

Tout cela, quand vous êtes simplement attentif à rester bienveillant, réciproque, clair et libre, s'aligne naturellement depuis le centre de vous-même. C'est simple et puissant. Vous avez l'intelligence des situations.

Libre de vous choisir à chaque seconde dans la fidélité à votre rêve de vous-même, vous voici capable de laisser l'autre libre de se choisir lui aussi.

Cela est attirant, désirable, sain.

Et comme nul n'est suffisant pour se réussir dans un monde si complexe, chacun a besoin aussi que l'autre ait des idées géniales et bienveillantes. Or un état d'esprit est contagieux. C'est le cas de l'état d'esprit malveillant, colérique, suspicieux. Pourquoi ne serait-ce pas le cas de l'état d'esprit bienveillant, serein, confiant ? Pour ce que je sais de mon expérience personnelle, la réponse est oui.

Chaque fois que je n'ai pas, ne sais pas, ne vois pas, ne peux pas, ne suis pas, les quatre forces ensemble font que quelqu'un tout près de moi a, sait, voit, peut, est.

Alors la relation devient simple, facile, efficace, gratifiante, puissante : élégante. Gagnante.

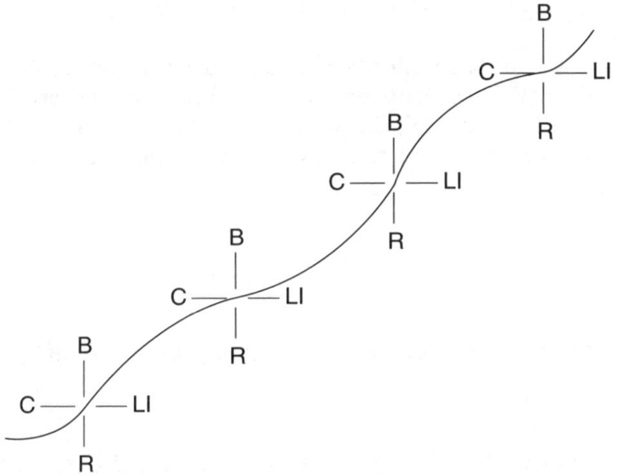

Cultiver la justesse : chercher à chaque instant sa juste place au centre des quatre forces, bienveillance, réciprocité, clarté et liberté d'innover

Un ou une autre cherche-t-il à vous entraîner dans son découragement ou sa confusion, prosélyte pour, tant qu'à être dans une prison dont il ne voit pas comment sortir, du moins ne pas s'y sentir trop seul ? Nous avons tous joué ce rôle. Si nous nous souvenons de notre état d'esprit dans ces moments-là, notre plus intime espoir n'est pas de gagner contre l'autre qui va bien. C'est de le rejoindre, de préférence, et d'aller bien soi aussi.

Donc ce n'est pas l'autre que vous avez à combattre, mais le climat dans lequel il vous entraîne. Climat contre climat, pas personne contre personne. Le pire qui puisse vous arriver alors est que l'autre ne vous rejoignant pas, vous sentiez vos forces décliner. Quittez alors avant de basculer. Vous avez d'autres coopérations à jouer.

> Rejoindre l'intersection des quatre forces de la coopération est un art qui se travaille. Et ce travail par lequel vous vous ancrez dans l'état d'esprit de tout réussir, nul pillard ne peut en voler les fruits. Ses fruits, c'est le climat de votre propre chance.
>
> Plus vous savez, dans ce qui vient à vous et que vous ne maîtrisez pas, trouver ce qui est utilisable, recyclable dans la coopération, plus vous avez de chances. Vous vous approchez ainsi de la perfection stratégique telle que Sun Tsu la définit : celle qui, sans qu'une goutte de sang soit versé, fait les victoires certaines.
>
> Ce travail sur le climat dans lequel vous vous installez, centré sur la recherche de la conjonction entre ces quatre forces, est d'une exceptionnelle rentabilité. Car vous n'avez plus à convaincre. Vous êtes. Cela se sent. Et cela se voit et cela s'entend.

LE LANGAGE, SEIGNEUR DE LA TACTIQUE

Entre l'état d'esprit et l'action, se trouve la parole mentale : les phrases que le cerveau forme et verse dans la veille, d'où découlera l'action.

Outil intérieur d'analyse et souvent de synthèse, votre parole vous est-elle fidèle ? Est-elle un fidèle support pour la construction de votre pensée, une bonne nourriture pour votre veille et un fidèle tremplin à votre action ?

Construisez-vous votre pensée sur les premiers mots qui approximativement vous viennent à l'esprit, ou prenez-vous le temps de revenir à Je pour trouver Tu ?

Par exemple cette pensée qui vous accable, est-elle vraiment la vôtre ou celle que vous avez adoptée à partir des mots que l'on dit d'habitude dans ce genre de situation ? Si vous voulez devenir stratège, soyez spécifique, soyez précis, soyez juste. Installez vos phrases mentales au centre des quatre forces.

Voici à présent entre vous et l'autre, la parole, orale cette fois : les phrases que Je prononce et que Tu entendras. Votre parole vous est-elle fidèle ? Dites vous ce que vous voulez dire ? Êtes-vous assez conscient de ce que vous faites quand vous parlez, pour savoir exactement ce que vous dites et ce que vous avez dit ?

Faites-vous alliance avec le seigneur de la tactique, général auquel vous confiez la concrétisation de vos dispositions stratégiques bienveillantes : le langage ? Instrument de l'échange, il est de votre ressort et de votre responsabilité.

Les paroles que vous prononcez sont-elles bienveillantes à la fois pour vous, l'autre et ceux dont vous parlez, sont-elles claires, sont-elles libres ?

Votre parole est-elle fiable pour l'autre : est-il sage de se fonder dessus, de vous écouter exactement ?

(Je ne traite pas ici du « non verbal ». Si votre esprit est dans les quatre forces, vous n'avez pas à vous en soucier : au lieu de vous demander du travail, il travaille à votre place, voire vous offre la récréation de l'humour).

Le langage de chacun est déterminé par celui que chacun a entendu et intégré, souvent venu de ceux qui ont ou ont eu un pouvoir, une autorité initiale. Puis vient le jour où Je décide que mon langage est déterminé par ce que Je veux dire.

Pour ce que j'entends en entreprise, pour ce que j'entends dans les familles, pour ce que je me suis entendue quand j'ai commencé à écouter ce que je disais réellement, le langage, même dans les échanges importants, graves et dont les enjeux sont lourds, glisse, perd de sa consistance. Au point que les choses consistantes n'étant pas dites, il ne reste qu'une consistante mauvaise humeur pour les exprimer envers et contre tout.

Il glisse du « dire ce que J'ai à dire, ce que Je veux dire », à « évoquer », « aborder », « parler de » et tourner en effet autour du pot pour conclure : « tu vois ce que je veux dire… on fait comme ça ? »

Alors la parole patine et aucun mouvement clair n'en émerge ni pour l'un ni pour l'autre. Pourtant sans clarté, point de « bien » à attendre des situations délicates.

À « tu vois ce que je veux dire ? », il est si difficile de répondre « non », que c'est un « oui » qui sort… alors que l'interlocuteur ne voit que ce qu'il peut supposer que l'autre a peut-être voulu dire…

L'interlocuteur qui fait ainsi son marché dans un discours souvent long et confus a si peu de chances de « tomber juste » ! Et la confusion de la parole émise se trouve multipliée de l'inconnue : qu'est-ce qu'en a pris l'interlocuteur ? Ce qu'il cherche ? Ce qu'il a déjà entendu, qu'il sait déjà, qu'il pense déjà ?

Le plus vraisemblable est qu'il aura rempli un peu plus le vase qu'il connaît. Et donc nourri de l'exaspération. Peu de nouveau donc, pas de détente et aucun ajustement de position à attendre de ces échanges qui consomment en quantité le précieux temps du travail… pour le rendre improductif. C'est source d'une infinité de malentendus, d'urticaires, d'impuissances et finalement, de conflits plus ou moins ouverts, toxiques.

Il n'y a pas d'agenda qui puisse supporter tant de temps perdu, tant de temps consumé à créer les conditions pour en perdre davantage encore.

Je crois que nous pouvons travailler notre parole pour qu'elle se rapproche de son rôle social, de son rôle dans la coopération : être un pont entre les sujets, construit de mots qui disent ce qu'ils disent, fidèles au sens commun.

Je crois qu'il est de la responsabilité de chacun de composer sa parole en fidélité à ce qu'il est, pour que les phrases composées de mots fidèles au sens commun, soient fidèles au sens original d'un auteur original.

> Je crois que la justesse de notre langage est, avec la qualité de notre état d'esprit, l'essentiel de ce que nous pouvons faire pour contrôler le succès de nos relations. Car là-dessus, chacun a tous les pouvoirs. Et le pouvoir exclusif.
>
> Prendre ce pouvoir est payant. Mon expérience est que quand je contrôle mon état d'esprit et ma parole mentale et orale, alors tout ce que je ne peux ni contrôler ni maîtriser (l'autre, les autres, leurs convictions, réactions, idées…) tout cela vient à moi amicalement. Je suis « en phase » comme disent les sportifs, à ma juste place au centre d'un monde bien fait, vivante parmi les vivants.

Partie

V

EN PRATIQUE

14

F.A.Q

QUESTIONS POSÉES PAR TOUS

Est-ce que la bienveillance stratégique c'est la gentillesse ?
La gentillesse est un des plus jolis compliments que puisse faire une bouche enfantine. La bienveillance stratégique prend le relais dans le monde adulte où, dans la difficulté, être gentil signifie trop souvent être aveuglément docile, soumis, se laisser manger[1].

Complaisante ni à la confusion, ni à la domination, ni à la soumission, la bienveillance stratégique donne la liberté de chercher et choisir son propre parcours. Parcours éclairé par le bien présent et possible en soi, l'autre, les autres ; balisé par la réciprocité et la clarté ; secouru par la liberté d'innover. Parcours où veillent les chances pour soi, l'autre, les autres.

Est-ce que la Stratégie de la bienveillance interdit de parler – laisser parler – de ce qui fait mal, va mal ?
Non bien sûr ! Elle invite même à le repérer le plus tôt possible, à l'amorce, quand il est encore facile d'y remédier.

Nommer et voir reconnue la souffrance est un besoin humain. La bienveillance stratégique a qualité à le satisfaire.

Mais elle invite à distinguer la reconnaissance de la souffrance, et le basculement dans la fascination qu'exerce sur nous ce qui fait mal, va mal et pourrait être pire : mal-veille.

1. cf page 122 : ce que la bienveillance n'est pas ; 123 : les interdits de la bienveillance stratégique

Elle propose, ayant reconnu la souffrance, de s'arracher à la fascination de la mal-veille en tournant la lumière de son esprit vers plus discret : ce qui est, va bien ; pour aligner au rêve, le bien accessible. L'éclairer, c'est déjà le cultiver. Et sortir de la souffrance.

Que faire si j'ai été bienveillant et... pas de réciprocité !

- Bienveillance pour vous, clarté, revenez à Je : vous. Réciprocité, faites-le de façon désolidarisée de cet autre qui s'est désolidarisé de vous. De quoi avez-vous besoin : être consolé de votre déception, obtenir autrement ce que vous espériez ? Avec quelles qualités l'obtenir ? Quel nouvel objectif, en deçà, au-delà de celui qui vous a échappé, pouvez-vous viser ? Voire : quel rêve peut naître de cette déconvenue[1] ?
- Bienveillance pour votre environnement, dirigez votre veille vers ce qui vous est bon, bien. Quelles alliances ont qualité à satisfaire vos besoins immédiats, vous conduire à vos objectifs, à vos rêves ? Reconnaissez-les malgré le chagrin. Re-coopérez vite : vous avez besoin d'être consolé, veillez à être consolable.
- Une fois apaisé, vérifiez : votre bienveillance était-elle envers l'autre *et* vous, ou son ressort était-il d'inciter l'autre à vous « manger » ? Avez-vous ainsi initié sans vous en apercevoir l'idée que la bienveillance pour vous est secondaire[2] ? Quand cela s'est-il produit[3] ? Quelle option innovante vous aurait permis d'être plus clair à l'amorce de la divergence, bienveillant avec l'un *et* l'autre ?
- Ne perdez pas de temps, énergie ou moral à regretter de ne pas l'avoir trouvée alors. Maintenant vous l'avez, qui vous servira.

Autour du noyau de l'atome, l'électron suit un parcours erratique mais revient toujours. Et nous sommes faits d'atomes.

En nous aussi le parcours de la réciprocité, même erratique, raccompagne la qualité d'énergie émise à son point de départ.

---

1. Cf exemple bas p. 34 et p. 199.
2. Cf p. 95 et P. 155-156.
3. Cf exemple bas p. 138.

Comment être Stratège de la bienveillance avec les gens malveillants ?

Les « gens malveillants », c'est qui ? Ceux avec qui j'ai du mal, dont « on » m'a dit qu'ils disent du mal de moi, qui me font mal parfois, toujours ? « Gens malveillants » est un concept confus.

Ce qui est clair quand je pense en ces termes, c'est que la malveillance rôde peut-être autour de moi, sûrement en moi qui suis tout occupé de la malveillance des autres. Ce dont J'ai besoin alors, c'est de clarté et de bienveillance. Et J'ai qualité à en produire.

- Clarté, revenir à la première personne de la coopération, Je ;
- Bienveillance pour Je, veiller à mes rêves, objectifs, qualités, besoins, chercher à les servir ; ressentir le début de sérénité qui en émane. M'en servir pour accueillir ce qui, à proximité, est bon, fait du bien, peut être bon. Y reprendre pied.
- Réciprocité, voici mon environnement moins hostile.
- Ça y est, j'ai pris du recul. Laisser agir la liberté d'innover.
- Poser alors de façon neuve la question : « Comment faire avec les gens malveillants ». Par exemple ainsi :

Comment faire face à la malveillance en stratège ?

En acceptant (bienveillance) que la malveillance existe. En l'autre, en soi (réciprocité). Repérer en soi (clarté) la malveillance. Et choisir, au lieu d'explorer le « mal », de veiller à « bien ».

C'est le *switch mental* du sportif de haute compétition qui, quand il se sent mentalement attiré vers le bas, s'imagine tourner un interrupteur dans sa tête pour éclairer le cap vers « bien ».

Comme le sportif de haute compétition, revenir d'abord à soi. (Clarté, repartir de la *première* personne stratégique.) Quels sont mes rêves, objectifs, qualités, besoins[1] ? Tout n'est pas clair ? Qu'est-ce qui l'est, en quoi cela permet-il de clarifier le reste ? Que puis-je faire pour mes besoins, qualités… *pour* Je ?

Ayant retrouvé le nord de mon « bon sens », Je peux discerner ce que l'environnement m'offre de chances à saisir.

Environnement que voilà redevenu mieux-veillant.

1. Cf pages 293-297, Agathe.

Que dit la Stratégie de la bienveillance sur le pardon ?

Ce n'est pas le propos de la Stratégie de la bienveillance d'explorer les ressorts de l'expérience psychologique ou spirituelle du pardon, d'autant plus mystérieuse que le tort a été grand.

Mais le tournoi stratégique et le terrain offrent des éclairages :

- Dans le tournoi stratégique la stratégie la plus performante, Donnant-donnant de Rapoport, est susceptible : elle refuse immédiatement le refus de coopération. *Et* elle accepte immédiatement le retour à la coopération. Elle « pardonne ». Et la moins performante parmi les stratégies bienveillantes (qui ouvrent en coopérant), est celle qui ne coopère plus jamais avec qui l'a attaquée. Celle qui ne pardonne pas.
  Ce qui tend à prouver que le pardon concourt à la réussite.
- Sur le terrain, revenir à soi pour retrouver son bon sens ; reprendre ainsi des forces à l'écart de la souffrance ; recueillir ainsi des succès permet de dévitaliser la souffrance, donc la rancune. Il devient plus facile de relire l'épisode autrement et, le goût rejoignant l'intérêt, de pardonner.

> ***Se déconnecter de la malveillance***
>
> - Revenir à soi
> - Se réorienter dans son bon sens, interroger ses rêves, objectifs, qualités, besoins.
> - Chercher ce que l'environnement offre de chances
> - Les jouer

Est-ce qu'une bienveillance intéressée, consciente, calculée pour la réussite, mérite encore le nom de bienveillance ?

Quelle morale nous veut bienveillants seulement par hasard, mégarde ou indifférence ? Que vaudrait une bienveillance qui nous lâche dès que nous nous engageons, dès que « ça compte » ?

Interdire le droit de cité à la bienveillance quand s'éveillent l'intérêt et la passion, la tenir en lisière de la réflexion pour réussir, la priver de notre énergie, notre motivation et notre intelligence, ainsi priver nos forces de sa force… idée de la malveillance !

Emmener la bienveillance là où ni elle, ni nous, ne savons aller seuls, l'accompagner de réciprocité et clarté, innover pour lui ouvrir de nouveaux horizons, c'est le sens de la civilisation.

Ce fameux « sens » qui nous intéresse tous.

QUESTIONS DE MANAGEMENT

En quoi consiste concrètement la Stratégie de la bienveillance dans l'exercice du management ?

À exercer pleinement son pouvoir : créer les conditions de réussite de ses collaborateurs. Les collaborateurs qui réussissent produisent la performance du manager. Dans le contexte contraint de l'entreprise, où la première idée venue est rarement réalisable, la Stratégie de la bienveillance consiste, plutôt que se soumettre à l'alternative domination/soumission, à explorer plutôt le territoire illimité et chercher, *même quand on ne le voit pas encore*, comment réussir en faisant réussir ses collaborateurs.

Les managers y ont une marge de manœuvre plus large que ce qu'ils croient, et y gagnent un métier plus créatif que prévu.

Quelles sont les conséquences de la Stratégie de la bienveillance pour un manager ?

Le manager est plus serein, léger, manœuvrant. Plus fluide, il s'aventure dans des espaces où il est surpris de découvrir que les autres, la chance, sont prêts à l'aider.

Dans la course au large comme dans l'entreprise, les dirigeants que j'ai accompagnés avec la Stratégie de la bienveillance disent la même chose : « ça libère de l'énergie ».

Quels indicateurs de résultat ?

Le ratio résultats/effort s'améliore considérablement. Cela se mesure en gain de temps, capacité à atteindre des objectifs supposés utopiques. Et les obstacles supposés insurmontables soit ne se présentent plus, soit deviennent des tremplins, des accélérateurs.

Comment est-ce possible ?

Parce que le manager qui cesse d'engloutir son énergie à ce qu'il ne veut et peut pas, pour l'investir dans ce qu'il veut et peut, rencontre ce que veulent et peuvent les autres.

Il creuse ainsi un écart immense avec « avant ».

À quoi s'oppose la Stratégie de la bienveillance en management ?

À la panique si familière que nous ne l'identifions pas, culpabilité devant l'imprévu, conseillère malveillante qui enferme le manager dans une équation insoluble constituée d'ennemis, d'incapables, de contraintes et d'obstacles. Et force à choisir entre manger l'autre et s'en laisser manger.

La Stratégie de la bienveillance s'oppose à l'impuissance autant qu'à l'impossible quête de toute-puissance, dont elle dispense. Chacun a les pleins pouvoirs. Sur soi.

Dans le désir, le danger, la survie, chacun mobilise des forces considérables. Livrées à la panique, elles s'anéantissent ou se jettent contre celles de l'autre et se consument dans le conflit.

Orientées vers le cœur du réacteur de la Stratégie de la bienveillance, ces forces trouvent l'issue où gagner le concours de celles, encore plus considérables, de la coopération. Et mènent au succès de soi, l'autre, les autres.

Succès gratifiant où résultat *et* relation se confortent.

En quoi la Stratégie de la bienveillance est-elle compatible avec les techniques et outils de management ?

Prise de parole en public : coopération entre soi et une assistance. Animation d'équipe : coopération entre un manager et une équipe. Entretien annuel : coopération du manager à la relation entre un collaborateur et l'entreprise. Management de manager : travail à deux pour trouver l'équation qui Nous permet de coopérer ensemble, et avec Eux, stratégie de l'entreprise d'un côté, collaborateurs de l'autre. Techniques de négociation : recherche de la solution où les qualités de l'un servent les besoins de l'autre, et réciproquement. Stratégie d'entreprise : recherche de la coopération entre l'avenir de l'entreprise et celui de la société où elle s'inscrit.

Les outils de management produisent une performance durable et rayonnante au manager qui cherche à créer les conditions de réussite de ses collaborateurs.

Utilisés dans leur vocation : donner leurs chances au manager, aux collaborateurs et à l'entreprise (bienveillance et réciprocité), chacun dans sa fonction et sa mission (clarté), ils sont souverains. Et offrent les appuis pour innover en sécurité, quand les chances ne sont pas encore manifestées.

La boussole des forces de la Stratégie permet au management de concentrer son effort dans la direction qui rallie l'adhésion.

Quel rapport entre stratégie militaire, d'entreprise, et de la bienveillance ?

EN COMMUN :

Lignes de conduites générales, « principes fixes selon lesquels concevoir par avance les opérations[1] », elles orientent les décisions particulières et les font converger vers une réussite commune.

Elles se présentent de façon structurée : conditions, topographie, forces, mouvements. Demandent clarté sur soi, l'autre.

La stratégie d'entreprise et la Stratégie de la bienveillance cherchent à articuler qualités de l'un avec besoins de l'autre.

DIFFÉRENCES :

La stratégie militaire est développée pour la guerre, elle mobilise l'énergie contre l'autre, ennemi à abattre, soumettre, rejeter.

La stratégie d'entreprise oscille, selon le stratège qui l'inspire, entre approche guerrière de conquête ou défense, et recherche d'alignement des coopérations internes et externes.

La Stratégie de la bienveillance mise à fond sur la qualité et la diversité des coopérations, alignées sur l'axe durable où convergent bienveillance, réciprocité, clarté. Internes et externes alignées.

Quel rapport entre Sun Tsu et la Stratégie de la bienveillance ?

- Sun Tsu déclare pouvoir dire à l'avance qui gagnera et qui sera vaincu selon cinq critères. Le premier est la vertu du

---

1. François Jullien, *La Propension des choses*

souverain[1] ; par laquelle le souverain obtient l'accord de son peuple. Et l'alliance avec le Ciel et la Terre.
La Stratégie de la bienveillance place la « vertu » de Je souverain à la croisée des quatre forces : bienveillance, réciprocité, clarté, liberté d'innover. Elles offrent l'accord, le concours et l'engagement de l'environnement humain et naturel.

- Sun Tsu : « Le général doit être sage, digne de confiance, bienveillant et rigoureux. » [2]
  La Stratégie de la bienveillance parle d'une sagesse digne de confiance. Celle qui met le cap sur la Bienveillance. Étayée avec rigueur par la Réciprocité, garantie par la Clarté.
  Secourues dans leur alliance par la Liberté d'innover, réciproque de la liberté que prend l'environnement d'être imprévu. Liberté qui coopère avec l'imprévu pour en faire une chance.
- Sun Tsu : « L'art suprême est de gagner sans verser de sang. »[3]
  C'est tout le propos de la Stratégie de la bienveillance.
- Sun Tsu : « Être invincible dépend de soi. »[4]
  La Stratégie de la bienveillance, exigible de soi seul, dispense de vaincre et permet de ne pas se laisser manger.
  Ce qui rend invincible.
- Sun Tsu : « Le stratège conduit à des victoires faciles où son intervention est légère voire imperceptible. »[5]
  La victoire du stratège de la bienveillance est aussi victoire de l'autre et des autres (humains, animaux, éléments). Sa part, quoiqu'essentielle, est peu visible : créer les conditions de l'alliance. Il paye d'une faible visibilité de gagner de grands succès réalisés par beaucoup, sensibles pour beaucoup.
- Sun Tsu : « Le stratège gagnant conduit au contact une armée déjà vainqueur, le perdant envoie son armée chercher la victoire dans le combat. »[6]

---

1. Sun Tsu, synthèse de l'auteur à partir des traductions citées en bibliographie. *L'Art de la guerre.* Article I.
2. *Ibid.*
3. *Ibid.* Article III
4. *Ibid.* Article IV
5. *Ibid.*
6. *Ibid.*

Le stratège de la bienveillance aborde la rencontre déjà vainqueur du combat que lui livre en terrain rapproché, intérieur, la malveillance. Ainsi il aborde serein la rencontre, cherchant l'alliance, cherchant chez l'autre le stratège de la bienveillance. Si en l'autre veille seule la mal-veille, voici bientôt le malveillant seul en tête-à-tête avec la malveillance.
Qui exerce son action sur son hôte. Et le « défait ».

- Sun Tsu : « Les troupes aiment les hauteurs et détestent les combles ; elles apprécient la lumière et détestent l'ombre ; il faut se placer au bon endroit pour préserver leur santé. Quand une armée ne souffre pas de cent maladies, elle remporte la victoire. »[1]
  Neuf ans de Stratégie de la bienveillance rejoignent ce constat.
- Sun Tsu : « Il faut être fort et souple. »[2]
  La Stratégie de la bienveillance propose une colonne vertébrale pour la conduite. Axe intérieur solide, cohérent, articulé, propre à fédérer les mouvements et épouser les circonstances.

Anatol Rapoport[3] écarte la menace nucléaire à la fin de la guerre froide et incarne en Occident au XXe siècle le « bon guerrier de jadis » discret de Sun Tsu. Son intelligence surpasse sa renommée.

Le dieu du poète biblique dévoilé par Marie Balmary obtient, tel le souverain vertueux de Sun Tsu, l'accord du Ciel, de la Terre et d'un peuple innombrable.

Les sources de la Stratégie de la bienveillance s'avèrent être des interprétations occidentales, l'une scientifique, l'autre poétique, du meilleur stratège selon Sun Tsu. Elles coopèrent pour conduire la Stratégie de la bienveillance au rêve du maître stratège de l'Orient.

1. *Ibid.* Article IX
2. *Ibid.* Article XI
3. Co-fondateur de la *Society for General Systems Research*, président du mouvement *Science for Peace*. Et auteur de la stratégie mathématique sur laquelle s'appuie la Stratégie de la bienveillance.

Comment rendre un collectif coopérant ?
Comment conduire le changement ?
Comment lutter contre la souffrance au travail ?
Et… comment les patrons peuvent-il retrouver le crédit dont ils ont besoin pour conduire l'entreprise vers un avenir ?
Quatre questions, « quarté » du management de notre temps.

Aux deux premières répond le travail classique des consultants appelés à la rescousse. Pour rendre un collectif coopérant il faut changer l'organisation, donc :

– penser l'organisation qui fera le collectif coopérant ;
– détecter ses effets indésirables avant sa mise sur le marché ;
– passer outre, les vérifications étant impossibles à faire ;
– mettre au point le projet de changement d'organisation ;
– convaincre tant bien que mal la ligne managériale ;
– rencontrer les inévitables résistances au changement ;
– malgré le temps et l'argent investis, malgré mauvaise humeur, frictions, trouble, conflits et surcroîts de souffrances, malgré l'usure, se réjouir de réussir quelques avancées.

Bien intentionnée, efficace pour les deux premières questions, cette réponse rend hélas les deux suivantes encore plus aiguës.

La Stratégie de la bienveillance propose au patron une approche qui répond aux quatre questions ensemble.

Oser être lui-même le progrès bienvenu de la coopération.

En initiant en personne ce changement premier, heureux, sensible et « vertueux », le chef qui place le commandement dans la croisée des forces stratégiques coopère mieux avec ses collaborateurs directs, transforme une présence pesante en source d'élan et d'énergie.

Le patron qui, concrètement et en personne, se professionnalise pour tailler la route de la coopération, ouvre une piste neuve où il « rencontre l'accord de son peuple ».

Au lieu de s'épuiser à imposer il retrouve le pouvoir d'inspirer. Et diriger beaucoup de monde devient comme diriger peu de monde[1].

---

1. Encore Sun Tsu, Article V

Venu d'en haut, ce style dégringole facilement les paliers hiérarchiques et irrigue l'entreprise. Elle répond bientôt – réciprocité naturelle – en résultats humains, commerciaux, financiers.

Cette façon est simple, économique, légère, puissante, fluide.

Chaque patron la joue en version originale avec une équipe et une entreprise originale. Il crée ainsi des conditions neuves.

Où individus et collectif gagnent de cette monnaie épuisée dans beaucoup d'entreprises, pourtant inépuisable : le moral, le génie.

La Stratégie de la bienveillance, une révolution pour le management ?

Elle éclaire le cristal du management, c'est-à-dire le management qui allie collectif et individu, relation et résultat, présent et avenir. Ce management a existé, existe, réussit[1].

Elle offre aux managers, et c'est nouveau, la première vision rationnelle de la coopération transversale ou verticale, vision qui obéit à des lois aussi sûres que celles de la statistique ou la biologie : elle obéit aux mêmes lois. Et conduit au succès.

Elle propose l'équation simple et fiable de ses quatre forces, schéma sous-jacent de la complexité qui intègre la complexité et permet de l'aborder serein.

Elle rejoint le « concept du hérisson » relevé par Jim Collins. Les managers exceptionnels « font un monde simple d'un monde complexe ». Ils voient l'essentiel. Puis sont en peine de décortiquer les extraordinaires résultats de leur entreprise : « Voyons, ce n'était pas si difficile ! Une fois que nous avons compris le concept, nous avons foncé »[2].

Ligne de conduite exigeante pour soi, la Stratégie de la bienveillance permet à chacun de trouver au meilleur de soi-même son « concept du hérisson ». Elle rend autonomie et leadership.

Appuyé sur une saine confiance en soi, le manager crée les conditions dans lesquelles son environnement trouve lui aussi une saine confiance en soi. Et lui offre son adhésion.

1. Cf par exemple Collins J. *Good to Great* ou *De la Performance à l'excellence.*
2. Cork Walgreen ; président de Walgreen de 1975 à 2000, résultats cumulés plus de quinze fois supérieurs au marché *in* Jim Collins *Good to Great.*

QUESTIONS DES PROFESSIONNELS DE L'ACCOMPAGNEMENT

Analyse Transactionnelle, Systémique, PNL, Appreciative Inquiry, Communication Non Violente, modèles de personnalité de la PCM, l'AEC, du MBTI ; pédagogie ; performance mentale dans la haute compétition sportive…

Depuis 2001, les DRH et mes confrères m'interrogent sur les correspondances entre la Stratégie de la bienveillance et d'autres approches qui nous aident à progresser efficacement dans notre compréhension de nous-mêmes et des autres en explorant la liberté exceptionnelle que la nature offre à l'humain : le pouvoir de se faire du mal, donc le pouvoir de se faire du bien.

Les rapprochements qui suivent éclairent l'une par l'autre la Stratégie de la bienveillance et quelques-unes des approches utilisées par les thérapeutes, consultants, coaches, médiateurs, formateurs, ingénieurs pédagogiques ; à titre indicatif.

Quelles relations entre la Stratégie de la bienveillance et l'Analyse Transactionnelle ou AT ?

BEAUCOUP EN COMMUN :

La Stratégie de la bienveillance est née de la rencontre de la stratégie d'Anatol Rapoport avec la Bible relue par Marie Balmary, dans un bain culturel fortement teinté d'AT.

En commun, une vision de la rencontre réussie, ni opposition, ni fusion. L'AT en a posé la première la base orthonormée que la Stratégie anime de forces et de gestes clés pour progresser.

En commun, de quoi se situer par rapport à l'autre en vue de réussir la rencontre. En partant d'états intérieurs.

DIFFÉRENCES :

L'angle :

- Éric Berne, créateur de l'AT, psychiatre, a cherché un outil de thérapie efficace et rapide, accessible à tous. Il a réussi remarquablement en clarifiant, entre autres, tout un répertoire de scénarios et jeux pervers ce qui facilite le diagnostic du dysfonctionnement relationnel à l'œuvre.
- La Stratégie de la bienveillance, qui n'a pas de vocation thérapeutique, ne pousse pas le diagnostic plus loin que : sur quel

territoire suis-je ? Elle se concentre sur l'orientation à prendre et la voie à tracer pour retrouver, explorer, agrandir l'espace de coopération, terrain des chances.

Elles éclairent des plans différents :

- L'AT clarifie l'important aspect tactique des « transactions ».
- La Stratégie clarifie une conjonction de valeurs sûres, nécessaires et suffisantes.

Elles proposent deux grilles de lecture différentes pour l'état de soi.

> Au « mangé » écrasé de la Stratégie correspondrait l'Enfant Soumis de l'AT. Et ce qui, dans l'Enfant Rebelle, s'exaspère contre son impuissance.
> Au « mangeur » écrasant de la Stratégie correspondraient bien sûr le Parent Persécuteur, le Parent Sauveur de l'AT, dévorants. Aussi l'Enfant Manipulateur. Et ce par quoi l'Enfant Rebelle tyrannise son entourage.
> À Je « stratège », défini dans la Stratégie par un alignement de rêve, objectif, qualités et besoins, correspondrait le « rectangle de l'autonomie » de l'AT : Parent Nourricier et Parent Normatif, Adulte, Enfant Libre et Enfant Adapté, Enfant Créateur.

COOPÉRATION :

- La grille de l'AT est précieuse au stratège de la bienveillance qui cherche à rester ou revenir dans le territoire de la coopération. Quand, devant la crainte d'être « mangé » se lève en soi le « mangeur », si « Je » stratège se sent seul il peut trouver en lui avec l'AT six alliés avec qui coopérer.

> Aux prises avec l'association mangé-mangeur en soi, Je stratège en quête de secours trouve le secours de son Adulte.
> Adulte plein de ressource, capable de faire coopérer en « Je » :
> - le Parent Nourricier, qui réconforte et rassure en soi l'Enfant Libre ;
> - le Parent Normatif, qui donne la main à l'Enfant Adapté pour traverser.
> Ces bons Parents aident l'Enfant Libre et l'Enfant Adapté à survivre ;
> jusqu'à ce que jaillisse le lumineux Enfant Créateur
> qui, d'un jeu d'enfant, mue une source de conflit en chance pour tous.

- La Stratégie nourrit et affine la carte de la relation (ok – pas ok) de l'AT. Elle présente beaucoup de passerelles qui permettent d'élargir l'usage de l'AT. Particulièrement après le diagnostic d'un dysfonctionnement relationnel (triangle dramatique, jeu pervers), pour s'orienter vers la solution qui rencontrera la coopération des personnes présentes.

La Systémique et la Stratégie de la bienveillance ?

AUX MÊMES SOURCES FONDAMENTALES :

La Stratégie de la bienveillance et la Systémique puisent toutes les deux à la source de la recherche fondamentale sur le fonctionnement des systèmes.

Ainsi elles prennent appui sur le même phénomène naturel et incontournable, que la Systémique appelle rétroaction, feedback ou effet systémique et la Stratégie de la bienveillance, réciprocité.

Toutes les deux, aussi, ont recours à la liberté d'innover.

DIFFÉRENCES :

Nées de pères différents qui ont fraternisé, elles sont cousines.

- La Systémique descend des pratiques innovantes du psychologue anthropologue, épistémologue et poète Gregory Bateson, génie intuitif qui n'a cessé d'inspirer de nouveaux talents dans le domaine de la thérapie, parmi lesquels Paul Watzlawick.
- La Stratégie de la bienveillance extrapole à la vie réelle la stratégie du psychologue mathématicien et musicien Anatol Rapoport, cofondateur de la *Society for General Systems Research,* qui a inspiré le domaine de la négociation.
  Les deux hommes, qui ont vécu et produit à la même époque, se sont croisés pacifiquement. Et la Stratégie de la bienveillance, comme Gregory Bateson, se réfère au poème biblique.

Elles font des usages différents de la rétroaction ou réciprocité, ont des vocations différentes, des relations au temps différentes.

- La systémique utilise la rétroaction pour résoudre indirectement un problème quand les interventions directes ont échoué. Elle intervient par exemple sur les parents pour soigner un enfant. Elle est présentée comme un principe d'interventions ponctuelles sur des problèmes, et réussir un changement.
- Le stratège de la bienveillance choisit de nourrir la réciprocité avec l'ingrédient « bienveillance » pour que la réciprocité lui renvoie de la bienveillance. Il s'agit d'une ligne de conduite permanente à la recherche de la trajectoire où se mettre en continu en coopération avec son environnement, même quand la voie n'est pas faite, pas encore.

Elles se sont développées sur des registres différents.

- La Systémique, à la suite de Bateson, a surtout développé des techniques et pratiques.
- La Stratégie de la bienveillance, à la suite d'A. Rapoport, a surtout développé un système de valeurs.

Quand elles parlent de changement, elles ne parlent pas forcément de la même chose.

- Le changement est un grand thème mobilisateur de la Systémique concentrée sur la résolution des dysfonctionnements endémiques. Son « Vrai » changement ou « changement 2 » consiste à faire débrayer le système en modifiant ses postulats, pour lui permettre de changer de plan. La systémique a ainsi développé une palette d'outils de débrayage pour introduire le changement depuis l'extérieur du « système ».
- La Stratégie de la bienveillance, qui cherche plutôt les constantes auxquelles se fier pour se diriger « tout terrain », utilise peu le mot de changement. Elle en présente deux types, tous les deux intérieurs au stratège. Le premier est décision de s'arracher à la malveillance qui éveille en nous le « mangeur » comme le « mangé », pour tourner sa conscience vers ce qui va et peut être bien. Ce que le sport de haute compétition appelle le « switch mental ». L'autre est ouverture à la liberté d'innover pour créer l'espace, qui n'existe pas encore, où bienveillance, réciprocité et clarté pourront se rejoindre.

Elles valorisent différemment confusion et clarté.

- La Systémique, qui produit un débrayage, voit dans la confusion du système une transition nécessaire pour réussir le « changement ». Elle pratique par exemple l'étonnante prescription du symptôme, manie volontiers le paradoxe.
- La Stratégie consiste à chercher la route où la réciprocité peut circuler arrimée à la bienveillance *et* la clarté.

Elles ont une relation différente à la complexité

- La Systémique s'appuie sur la conscience des phénomènes complexes (les rétroactions qui interagissent dans un système) ignorés par la pensée linéaire, pour proposer des façons d'agir efficaces, souvent déconcertantes pour la pensée linéaire.

- La Stratégie s'appuie sur les travaux d'un mathématicien qui a intégré la complexité, pour proposer un fonctionnement linéaire, donc simple, efficace en situation complexe.

COOPÉRATION ?

Bien sûr. Les systémiciens naviguent souvent au centre des quatre forces ou valeurs de la Stratégie et les systémiciens se reconnaîtraient dans beaucoup d'actes de stratège de la bienveillance.

> Quand **Olivier, initié à la Stratégie et à la Systémique,** décide, 100 mètres avant l'arrivée à l'école, de dire à son petit garçon qui sanglote chaque jour quand ils se séparent : « Aujourd'hui, j'aimerais que tu pleures quand nous nous quitterons, parce que ça montre bien que c'est difficile de se séparer », il est systémicien par le caractère apparemment paradoxal de sa demande. *Et* il est stratège de la bienveillance. En effet, il m'a raconté avoir dit cela motivé par le désir de soulager son petit garçon en clarifiant, quand les esprits sont encore clairs, l'émotion qui se manifestera bientôt. Olivier ne cherchait pas à empêcher les larmes, mais à ce que, leur raison d'être étant nommée (clarté), elles soient moins envahissantes et pénibles à l'un et l'autre (bienveillance pour l'un et l'autre).
> Prenant appui (accommodation) sur cette demande confrontante qui, aussi, lui permettait de prendre du recul, le petit garçon a répondu (confrontation à son tour) : « non, je ne pleurerai pas ».
> Son père s'est accommodé de cette réponse.
> Le petit garçon n'a plus jamais pleuré.

Les systémiciens peuvent se servir de la boussole de la Stratégie pour clarifier les ressorts de succès de leurs intervention ; et choisir, parmi les propositions innovantes parfois stupéfiantes qui leur viennent à l'esprit, celles qui marcheront à coup sûr parce qu'en plus de jouer sur la rétroaction, elles reposent sur une progression de bienveillance et de clarté.

Les stratèges de la bienveillance ont beaucoup à gagner aussi, au moment d'innover pour garder ensemble bienveillance, clarté et réciprocité, à s'inspirer des techniques étonnantes de la Systémique.

Le rapprochement entre la Systémique et la Stratégie de la bienveillance est certainement un terrain fécond à explorer.

PNL et Stratégie de la bienveillance ?

EN COMMUN, UNE VISION ÉCOLOGIQUE :

La Stratégie rejoint l'idée PNL, de l'écologie de la relation.

Et lui doit une grande idée bienveillante, précieuse pour reprendre pied : ce dont nous ne sommes pas contents ou fier reste la moins mauvaise, donc la meilleure solution que nous ayons trouvée en face d'un problème qui nous dépasse encore. Elle ne nous plaît pas ? C'est le moment d'en chercher une meilleure.

L'une et l'autre ont aussi en commun l'idée qu'il est possible de se reprogrammer, la conscience de la puissance de la parole, la ressource de distinguer ce que l'habitude a amalgamé.

DIFFÉRENCES :

Le cœur du réacteur de la Stratégie est son système de valeurs explicite, fondamental, central et permanent.

La force de la PNL est d'avoir développé des outils et techniques qui permettent le changement.

COOPÉRATION :

Les PNListes peuvent utiliser la stratégie dans leur pratique.

Les Stratèges peuvent s'inspirer des pratiques de la PNL.

Et les modèles de personnalité : MBTI, PCM, Enéagramme, Méthode AEC, Trois cerveaux, Gender Management… ?

Des outils dits de connaissance de soi et des autres d'un côté, une stratégie de coopération de l'autre, ont des qualités et des besoins complémentaires.

COOPÉRATION :

- Ces outils offrent chacun une intéressante palette de facettes de la personnalité, le plus souvent déclinées en couples de qualités et dysfonctionnements très utiles au stratège de la bienveillance. Ils lui permettent, quand il ne voit de soi ou l'autre que les défauts, de remonter aux qualités correspondantes et retrouver le sens de Je, puis de Tu. Comme ils associent aussi chaque type de qualité avec des types de besoins et de moteurs ils aident le stratège de la bienveillance à résoudre l'équation où les qualités des uns équilibrent les besoins des autres
- La Stratégie de la bienveillance oriente avec précision l'usage de ces outils que nous sommes toujours tentés d'« appliquer ». Mais sur quelle matière ? C'est de matière humaine qu'il s'agit. Le risque est permanent de faire des humains les objets de l'outil, donc les victimes de l'outil… et de l'artisan. La Stratégie

aide à maîtriser l'outil pour que, tenu à sa place d'objet, il donne du champ aux sujets.

Communication Non Violente et Stratégie de la bienveillance ?

La CNV conçue par Marshall Rosenberg, remarquablement illustrée en France par Thomas d'Ansembourg, invite à chercher la satisfaction de toutes les parties. Intention que partage la Stratégie.

- La CNV met en lumière l'importance de repérer, dans le trouble, les besoins immédiats de l'un et l'autre. Elle a développé une méthode qui permet de les exprimer et satisfaire grâce à la précision de la parole et l'écoute. Les outils qu'elle a développés ont aidé à construire deux premiers mouvements de ma Stratégie : confrontation et accommodation.
- Des praticiens m'ont dit avoir élargi leur pratique de la CNV et s'être ouvert de nouveaux horizons à partir de la Stratégie.

Approche positive ou « Appreciative Inquiry » et Stratégie de la bienveillance ?

LE MÊME CAP :

Toutes les deux placées sous le signe de la bienveillance, procèdent de la même conviction fondamentale que rien n'est plus performant que tourner son esprit, sa conscience, sa veille, son enquête vers ce qui est bien, va bien, est bien fait, peut devenir enfin bien et pourrait être mieux encore.

Dans une intervention en entreprise, elles préfèrent toutes les deux consacrer le temps et le budget traditionnellement utilisés à diagnostiquer voire analyser le mal, à ce qui est bien, va bien et peut être mieux.

En se tournant dès le départ vers les ressources, les chances et l'objectif, elles obtiennent vite des résultats positifs sensibles, voire spectaculaires.

DIFFÉRENCES :

L'Appréciative Inquiery (AI) lancée par David Cooperrider à la Case Western Reserve University est plus centrée sur la méthodologie et les outils d'intervention. Par exemple, elle oriente sa recherche vers des méthodologies applicables à des grands voire très grands groupes de personnes.

La Stratégie de la bienveillance, centrée sur la conjonction de quatre force ou valeurs propose davantage un *guide intérieur* pour le dirigeant, manager, coach ou consultant, individu qui veut saisir son pouvoir et ses chances de réussite parmi les autres, avec les autres. Elle profite à un public d'autant plus nombreux que le stratège dirige beaucoup de monde.

COOPÉRATION ENTRE ELLES :

Une stratégie et une méthodologie animées aux mêmes fondamentaux, distinctes, complémentaires, se prolongeant l'une l'autre.

Elles sont faites pour coopérer.

Le consultant AI peut se servir de la Stratégie de la bienveillance pour manier ses méthodologies et outils avec encore plus de finesse, inventivité et sécurité.

Le stratège de la bienveillance peut s'inspirer des techniques AI quand il rencontre des situations étudiées par l'AI.

Pédagogie et Stratégie de la bienveillance ?

C'est un projet pédagogique qui a donné naissance à la Stratégie de la bienveillance : la présidente d'un fleuron de l'industrie du luxe français voulait donner à ses salariés une vision commune de la plus transversale des compétences, *condition* de transversalité : coopérer.

Une fois conçue, la théorie allait connaître son baptême du feu dans des salles de formation où 750 cadres scientifiques, artistes, gestionnaires, commerciaux de multiples niveaux hiérarchiques se retrouveraient en groupes constitués par le hasard de leurs agendas. La théorie, qui n'aurait de valeur que si tous y adhèrent, allait rencontrer une multitude de tempéraments, d'expertises, de niveaux hiérarchiques. Comme y invite Carl Rogers, la pédagogie devait contenir dans ce contexte aussi exigeant que le quotidien de l'entreprise, l'expérience réussie de ce qu'elle enseigne.

Elle devait être une expérience concrète de coopération.

Difficulté supplémentaire, coopérer d'une spécialité à l'autre suppose de manier des abstractions : la pratique de l'un est une abstraction à l'autre ; et réciproquement. La compétence à coopérer avec beaucoup de gens et métiers dont on n'a pas le temps d'acquérir les pratiques passe donc par la compétence, si déconsidérée, de manier l'abstraction. Effort intellectuel, travail de l'esprit.

Tandis que la pédagogie, qui clarifie l'expérience existante pour la transmettre, ne cessant d'innover pour être plus attrayante (clarté, bienveillance) aux participants, se fait de plus en plus pratique et concrète.

Le thème de cette formation allait demander, avec l'effort de l'abstraction, plus que d'habitude aux participants. Ingénierie et animation devaient donc coopérer davantage avec eux. Réciprocité.

Réciprocité aussi, la pédagogie ne pouvait s'abstenir sur ce thème de la coopération, de livrer des contenus riches où chacun, quelle que soit sa discipline, trouverait de quoi nourrir son esprit.

C'est ainsi que l'ingénierie a préféré à l'apprentissage qui plonge d'abord les participants dans la pratique, donc dans l'erreur, (tous ensemble devant le formateur, un ou deux devant tous les autres), une approche qui limite l'humiliation de « mal faire ». Conduire directement au « bien faire », préserver le cœur, organe du courage, utiliser le temps pédagogique à expérimenter le « bien faire » a motivé le retour à la structure classique qui éveille et nourrit l'esprit *avant* de mettre le corps en action.

Animée dans la bienveillance envers chacun, cette approche a rencontré l'adhésion des participants. *Tous les niveaux hiérarchiques* y compris, je l'ai vérifié plus tard, la maîtrise, exercent de bon cœur leurs qualités intellectuelles s'ils y gagnent le pouvoir de créer leur propre solution pratique, donc maîtrise, solidité, sécurité.

Surprise en fin de formation : les « recettes pratiques » que les stagiaires se félicitent d'avoir acquises sont souvent, à mes yeux, des fondamentaux. Erik van de Loo, professeur à l'INSEAD, le disait avec humour, « rien de plus pratique qu'une bonne théorie ».

Quel rapport entre performance mentale du sport de haute compétition et Stratégie de la bienveillance ?

EN COMMUN, PRIORITÉ DONNÉE AU MENTAL, À L'ESPRIT :

Elles voient le mental comme une ressource pour le cœur, organe de la motivation et du courage, et le corps qui produit l'action. Elles fournissent les bases saines et solides de l'esprit qui inspire les actions réussies.

> « The mind is the most powerful instrument. It is the mind that is direct on the turn of everything. It is the mind in most times that is going to take the body through tough times.
> « If the body crisps and the mind is still functioning, you can get there. »
>
> Glen Mills coach de Usain Bolt, 2009

Elles offrent de quoi clarifier, éveiller, nourrir, muscler l'esprit et misent sur la qualité du moral pour réussir :

> « Ce n'est pas la performance qui fait le bonheur, mais le bonheur qui fait la performance », écrit Yannick Noah[1], coach de la seule équipe de France de tennis deux fois vainqueur en Coupe Davies

DIFFÉRENCES :

Christian Target voit la force mentale comme une construction fondée sur le trépied : estime de soi, énergie, émotion, sur lequel s'appuient motivation, puis confiance, concentration, enfin communication. La performance mentale a développé des outils pour se renforcer dans chaque partie du montage.

La Stratégie de la bienveillance présente la force mentale comme le point où l'esprit rejoint l'alliance de bienveillance, réciprocité, clarté, en recourant si nécessaire à la liberté d'innover.

COOPÉRATION :

Animées du même esprit, elles ont beaucoup à se dire

> **Charles Caudrelier-Benac, vainqueur du Figaro 2004 sur *Bostik*,** raconte qu'il a gagné en travaillant avec Gilles Monnier, préparateur mental, à ses priorités. Sur quoi se concentrer entre vitesse du bateau, vents, mer, surveillance des concurrents, entretien de sa fraîcheur ? Charles a appris à dégager de son expérience ses deux priorités du moment en course. Clarté et bienveillance pour soi.
>
> Quand, pétrifiée au seuil d'un obstacle impressionnant que me présentait la haute compétition sportive, j'ai demandé à **Christian Target** de me coacher comme un de ses sportifs, j'ai appris par exemple :
> – À comprendre que j'étais en état de panique (confusion) et à m'en arracher en considérant avec bienveillance pour moi, l'autre et les autres, la perspective de réussir comme de ne pas réussir.

1. Noah Yannick. *Secrets etc.*

> Glenn Mills : « If you prepare yourself to the eventualities : fail and succeed, you tend to deal better with them when you are confronted to them.»
> – Je tiens aussi de Christian le précieux concept du « switch mental » par lequel le sportif apprend à enrayer une chute de mental (envahissement de malveillance) en imaginant tourner un interrupteur interne qui rallume la lumière dans le mental : retour à la bienveillance.

Les deux approches coopèrent aujourd'hui dans le diplôme universitaire de « coaching et performance mentale » créé par Bernard Meurgey et Christian Target à l'université des sciences du sport de Dijon, où, depuis 2007, j'enseigne la Stratégie de la bienveillance à des futurs coaches sportifs et de l'entreprise.

Et les neuro-sciences ?

Elles confirment les observations de Yannick Noah, coach de la première équipe de France capable de deux victoires en Coupe Davies : ce n'est pas tant la performance qui fait le bonheur, que le bonheur qui fait la performance. Elles établissent clairement que cerveau et cœur communiquent par la voie hormonale, par la tension artérielle, par le champ magnétique du corps et par des fibres nerveuses. Ainsi quand le cœur s'affole, il entraîne avec lui le cerveau émotionnel. Or le cœur s'affole quand le cerveau rationnel l'abandonne ou le combat.

Une stratégie personnelle qui, consciente ou inconsciente, lutte contre le cœur au nom du pragmatisme fait fausse route. Le tournoi stratégique remporté par Rapoport le met en évidence : initier le jeu dans l'attaque est perdant à l'arrivée. Sun Tsu le confirme : chercher la victoire dans le combat, c'est le fait de l'armée vaincue. Les neurosciences le confirment : l'attaque du mental contre le cœur ampute le mental en privant le cerveau rationnel des forces du cerveau émotionnel. Pire, les forces affolées et affolantes du cœur et du cerveau émotionnel entrent ensemble en conflit avec le cerveau rationnel qui perd disponibilité, lucidité et souplesse face aux événements extérieurs. C'est toute l'intelligence qui s'obscurcit.

La Stratégie de la bienveillance exploite aussi une des découvertes les plus génériques des neurosciences : le cerveau est une sorte de réseau routier dont les axes inutilisés se résorbent, quand les plus empruntés s'élargissent, devenant plus faciles à rejoindre dans le doute, le stress, le flou ; il est aussi capable de créer des sentiers là où il n'en avait pas.

Ce n'est pas très facile, quand la voie n'est pas tracée par l'usage ou les autres, de trouver au moyen de la liberté d'innover l'axe balisé par bienveillance, réciprocité, clarté.

Mais c'est de plus en plus accessible au stratège souvent concentré sur la recherche de cet axe.

Axe qui crée la coopération intérieure : cohérence des cerveaux rationnel et émotionnel, cohérence du cerveau et du cœur, coopération intérieure qui est le point de départ des coopérations extérieures.

★ *Récapitulons* ★

Principaux points d'amarrage de la Stratégie de la bienveillance avec :
L'AT : la clarté en soi, deux à deux ; bienveillance pour l'un et l'autre ;
La Systémique : la réciprocité, la liberté d'innover ;
La PNL : la conscience d'une écologie humaine ;
Les modèles de personnalité : clarté de liens besoins – qualités ;
La CNV : clarté sur les besoins ; clarté de l'expression ; composantes de la confrontation, accommodation ;
L'AI : la bienveillance ;
La pédagogie : nourrir l'esprit pour favoriser éveil et développement, capacité de chacun à maîtriser ses solutions de terrain ;
La Performance mentale : muscler le mental pour qu'il soutienne le cœur, organe de la motivation et du courage ;
Les neurosciences : le cerveau gagne à faire alliance avec le cœur ; et a qualité à y travailler.

Stratégie et tactique : y a-t-il une hiérarchie entre elles ?

Toutes les deux sont indispensables à l'aboutissement de tout projet difficile. Et coopérer avec beaucoup de gens, sur beaucoup de plans, longtemps, est un projet difficile.

Mue par un « plus jamais ça » après le dernier grand conflit mondial, la recherche a offert un nouveau départ à la psychologie et au management en offrant des réponses concrètes à un besoin de solutions pratiques, rapides, efficaces. Et développé des tactiques, méthodes et outils efficaces pour le changement.

Puis voici notre monde « en quête de sens ». Dans quel sens utiliser nos désormais puissants outils du changement et du management pour s'assurer que l'après sera meilleur que l'avant ? Dans quel sens faire converger les tactiques, quand le terrain veut que nous passions de l'une à l'autre ? Question de l'esprit.

La Stratégie de la bienveillance, construction de l'esprit et seule parmi ces propositions à oser tout miser sur un choix de valeurs, devient pratique si elle peut prendre la suite de la question initiale : « plus jamais ça » en proposant aux tactiques qui en ont émergé, un cap stratégique : « nous voulons ça », décomposé en conjonction de Bienveillance, Réciprocité, Clarté. Conjonction secourue par la Liberté d'innover.

Repère mental offert aux praticiens pour que leurs méthodes et outils servent le sens où les rencontres, nombreuses et fécondes, sont bonnes longtemps.

L'une est-elle plus noble, l'autre plus utile ?

Ce qui est noble ou utile, ce n'est pas la stratégie ou la tactique. Ce qui est noble *et* utile, c'est la rencontre d'une stratégie assez juste pour être générale, durable, avec la tactique ou l'outil efficace ici et maintenant. Ce qui est noble *et* utile, c'est d'avoir assez de tactiques et outils à sa disposition pour pouvoir conduire une stratégie bonne à vivre sur le terrain tel qu'il se présente.

Ce qui est noble et précieux, à chaque instant critique, c'est la coopération d'une tactique efficace avec une stratégie générale saine pour soi, l'autre et les autres.

Coopération qui, d'un présent déroutant, fait une chance pour l'avenir.

En synthèse, l'esprit de la bienveillance stratégique

Einstein n'était pas sûr, *a posteriori*, qu'il aurait abouti ses recherches sur l'atome s'il avait su qu'elles serviraient à produire des bombes ravageuses.

Nul ne peut dire si l'auteur du poème biblique, fondateur de nos civilisations occidentales judaïque, chrétienne, musulmane et laïque, se serait posé la même question s'il avait eu connaissance de certains usages de son poème.

Tout ce qui est puissant est, à un certain stade de développement, menacé de dévoiement. À cause de sa puissance. Cela ne signifie pas que le fleuve soit devenu toxique. Ni que toutes les branches du delta le soient. Mais quand une source abondante rencontre un terrain aplani, la probabilité qu'elle ruisselle sur des terrains pollués augmente.

Il peut être temps de considérer égale à celle de la fission de l'atome ou de l'œuvre biblique, la puissance de ce que nous avons amassé de connaissances depuis que la médecine a eu la compassion de voir des humains là où le populaire voyait des monstres.

Et depuis que les États-Unis ont amorcé la recherche sur la théorie des systèmes d'où est née la géniale école de Palo Alto.

Souvenons-nous du déclencheur de cette recherche : prise de conscience, aux États-Unis, de l'erreur française qui avait cru en humiliant le peuple allemand après la première guerre, le dégoûter de reprendre les armes. La misère psychologique infligée au peuple allemand avait eu pour conséquence (par réciprocité, rétroaction), au lieu de la « der des ders », de préparer le terrain à « pire que tout ».

Nous avons avancé depuis. Compris. Sommes montés en puissance dans nos outils et techniques pour la paix. Mais l'auteur de la Genèse, le désir français en 1918, Einstein aussi voulaient la paix.

L'abondance de la source « développement personnel et managérial » en général, et le terrain dégagé que rencontre ce fleuve en ce début de millénaire, nous mettent au défi de savoir orienter cette puissance. Et entretenir la santé de nos terrains. Nous sommes toujours aussi en danger que l'a été la France, de frapper trop fort au nom de la paix. En danger d'humilier nos interlocuteurs ignorants de nos outils quand, au nom de la paix, nous appuyons *sur l'autre* des outils conçus comme des ponts jetés *de l'un à l'autre.*

Comment vérifier si nous utilisons nos outils avec la « vertu du souverain » de Sun Tsu ?

Par exemple en vérifiant que l'usage que nous en faisons coopère avec ceux nés de la même intention dans d'autres disciplines. Pour nous préserver de soumettre les gens aux outils psychologiques autant qu'industriels, nous pouvons appuyer les unes aux autres, les disciplines qui ont vocation à produire de la civilisation.

Où se rejoignent la psychiatrie et la psychanalyse avec aussi la Bible et les mathématiques, la sociologie, la stratégie et le management, la biologie et l'École de Palo Alto avec, bien sûr la vérification de la statistique qui indique les chances que « ça marche » ?

À quelles conditions se rencontrent les approches conçues pour rapprocher les humains dans la liberté ?

À quelles forces communes s'amarrent-elles ?

Comment approcher l'âme de la rencontre ?

C'est cette question que je leur posais en cherchant l'outil pédagogique qui guiderait la coopération de 750 artistes, scientifiques, cadres d'industrie, gestion financière, RH, marketing et commerce.

Elles ont répondu en ouvrant les passages de l'une à l'autre. Passages moins denses que chaque matière, ils ont la densité de leur esprit commun.

L'esprit, fluide des fluides. Vif, léger. Puissant.

Celui de la Stratégie de la bienveillance oriente la main qui tient l'outil dans le sens de l'action qui rassure sans limiter, rassemble sans enfermer, libère sans diviser, permet de rencontrer l'autre sans le manger ni en être mangé.

Esprit de la coopération, il produit accélération, assurance, précision dans les traversées ; la sécurité alliée à la liberté. Le subtil esprit de la réussite.

Il respecte notre « bon sens » défini par Descartes : une orientation originale personnelle. Et conduit ce bon sens à la française, à celui de l'international : « *Common sens* », sens commun.

La Stratégie de la bienveillance en propose des repères dans différents langages qui se répondent :

- L'équation de ses six conditions ;
- Le territoire où résoudre l'équation ;
- La boussole des quatre forces nécessaires et suffisantes, lois de ce territoire ;
- Trois mouvements qui tendent une main loyale aux techniques et outils de management et développement personnel.

En langage mathématique : quatre équations et deux inconnues.

Les inconnues sont soi et l'autre. Individuel ou collectif.

La Stratégie offre au stratège les pleins pouvoirs sur une des deux inconnues. Une seule : soi. Elle n'est exigible que de soi-même.

En réciprocité, elle offre au stratège bienveillance et clarté dans le chaos des rencontres, et la liberté d'innover en pratique pour réussir avec cet inconnu qu'est l'autre, un présent fécond d'avenir.

15

CAS PRATIQUES

À L'USAGE DES LECTEURS, COACHES, DIRIGEANTS et pédagogues. Ils m'ont demandé, après la première édition de la Stratégie de la bienveillance, plus d'illustrations de la façon dont cette stratégie, constante dans le changement, peut nous conduire vers nos chances sur le terrain aléatoire – et plein de zones d'ombre – qu'est la vie.

Voici deux situations rapportées par des stratèges de la bienveillance qui se sont pilotés à la lumière de la croisée des forces ou valeurs proposées par la Stratégie.

Le lecteur est invité à s'interroger aux passages délicats. Avant de lire comment les stratèges ont répondu et où cela les a conduits.

JE CROIS QU'IL ME TRAHIT

HÉLÈNE A EMBAUCHÉ XAVIER POUR LUI CONFIER la direction informatique de la petite entreprise dont elle venait de prendre la présidence. Enfin quelqu'un qui comprendra mes préoccupations, s'est-elle dit. En effet, les racines associatives de l'entreprise l'ont ancrée loin, si ce n'est à l'opposée des valeurs entrepreneuriales. Et Xavier, 50 ans passés, se présentait comme un ex-patron.

Puis il a semblé à Hélène que Xavier, quoique proche avec elle en tête-à-tête, jouait un autre jeu en équipe de direction. Elle le voyait prendre position contre elle en cherchant les suffrages de l'équipe. Plus grave, dans un climat commercial et social tendu, Hélène a eu l'impression croissante que Xavier pilotait et informait en sous-main son collaborateur délégué syndical. Dans un contexte difficile, Hélène s'est sentie trahie par celui en qui elle avait placé sa confiance ; « mangée ».

Elle a pensé affronter le problème en convoquant Xavier. En s'y préparant, elle a répertorié ce qui fondait son impression. Rien de décisif à vrai dire. Une fastidieuse accumulation de détails devant laquelle Xavier ne manquerait pas de jouer les majestés offensées. Et, s'indignant des soupçons d'Hélène « mangeuse », il la « mangerait » encore un peu plus.

Continuer de subir en silence ? Mais la situation est devenue malsaine. Hélène ne peut plus s'empêcher de se méfier de Xavier. Pour le chef d'entreprise, où est le pire ? Continuer d'alimenter une fuite d'informations stratégiques (se laisser manger), ou écarter de la marche de l'entreprise le pilote des chantiers, absolument vitaux, de l'informatique ?

Oscillant aussi entre peur d'être trahie et peur d'être « parano », elle perd jusqu'à sa confiance en elle.

Attendre ? Guetter l'argument massue qui confondrait Xavier ? Ce serait continuer de subir, rester mangée pour mieux manger.

Où en est Hélène sur la carte de la relation ?

. . . .

Elle se sent victime de la malveillance de l'autre : « mangée ».

Entraînée dans une guerre qu'elle n'a pas voulue : « mangée ». Obsédée par Xavier : « mangée ». « Mangée » enfin par le doute.

Quant à ses solutions, elles sont à tendance « mangeuse ».

« Mangeuse » bientôt « mangée » et pleine de confusion si Xavier la colle au mur ; tout autant que si elle démotive ce responsable d'un poste vital qui, alors, lui manquerait cruellement.

Malveillance pour elle, pour Xavier, pour leur relation, doute, confusion, logique d'échec. Les sujets sont sous le pouvoir de ON.

Hélène comprend qu'elle est immergée dans la malveillance.

C'est depuis ce constat qu'elle peut choisir de se repositionner en stratège de la bienveillance.

Par où commencer sa réflexion de stratège de la bienveillance ?

. . . .

Clarté, elle prend les personnes stratégiques dans l'ordre : d'abord la première, Je.

Bienveillance première, Hélène revient à elle. Et s'interroge : « Qu'est-ce que Je veux ? »

Clarté et bienveillance pour soi l'aident à se concentrer sur les questions qui relèvent de *son* bon sens. Le bon sens de Je ; qui conduit plein nord sur la carte. Elle seule peut le trouver.

Pour retrouver le nord, quels peuvent être, à ce stade, ses :

Rêve . . . .

Objectif. . . . .

Qualités . . . .

Besoins . . . .

Le rêve : Retrouver avec Xavier – ou trouver – le directeur informatique loyal capable de réfléchir avec elle pour le bien de l'entreprise.

L'objectif : Avant de consulter son rêve, Hélène visait de confondre Xavier, le faire avouer. Mais depuis qu'elle s'autorise de nouveau à rêver un Xavier loyal, elle s'aperçoit que son objectif enterrait définitivement son rêve, puisqu'il ne laissait aucune chance à un Xavier honnête (tant qu'Hélène visait que Xavier avoue à tout prix, un Xavier honnête n'avait aucune solution).

Son objectif n'est pas aligné au rêve. Que faire ?

. . . .

Hélène a renoncé à cet objectif sans savoir encore par quoi le remplacer. Pour y revenir après avoir clarifié ses qualités et besoins.

Quelles sont les qualités et besoins d'Hélène ?

. . . .

Qualités : Hélène a qualité à conduire l'entreprise à travers une crise difficile. Elle a qualité à convoquer Xavier, à le confronter à ses questions et à son sentiment.

Mais elle n'a pas qualité à répondre à la place de Xavier. Ni à le pousser dans ses retranchements pour le confondre. Ça, c'est un autre métier que le sien.

Besoins : Hélène avait fantasmé un entretien où Xavier se « mettrait à table », mais est-ce là son besoin ?

Son besoin, c'est de savoir sur quel pied danser avec ses proches collaborateurs, savoir où est l'activité syndicale et où elle n'est pas, sortir du doute et de la confusion. Un besoin de clarté.

Vers quel objectif convergent les qualités et besoins d'Hélène ?

. . . .

Ses qualités et besoins plaident pour qu'Hélène ait un entretien avec Xavier. Elle décide de le tenir. Le prépare.

Quelles sont les qualités de Xavier ?

. . . .

Pour l'instant, elle ne lui en reconnaît pas beaucoup, mais du moins a-t-il qualité à donner des réponses aux questions qu'elle se pose.

Quel l'objectif peut-elle viser pour cet entretien ?

. . . .

Elle a visé d'en sortir en sachant sur quel pied danser avec Xavier.

Comment s'y prendre pour le savoir ?

. . . .

Pour jouer à fond ses chances d'avoir les réponses qui lui manquent, celles de Xavier, elle décide de poser ses questions clairement, une par une (confrontation). En accueillant pleinement, une par une, les réponses – (accommodation). D'avancer avec la réalité de Xavier en donnant des chances à son rêve à elle.

Et elle convoque Xavier.

Qui arrive en annonçant sur un ton de catastrophe une panne généralisée du serveur informatique. Une tragédie, quand toute la production est informatisée. Plus tard, Hélène s'est souvenue que Xavier était coutumier de ces entrées en scène dramatiques.

Normalement, et jusqu'ici, Hélène reléguait ses états d'âmes pour se consacrer au sujet de Xavier, si concret, si urgent.

Normalement, elle jugeait soudain déplacés ses soupçons sur ce collaborateur inquiet pour l'entreprise et engagé dans l'action. Secrètement coupable de l'avoir soupçonné, normalement Hélène obtempérait à l'ordre tacite de Xavier : le libérer immédiatement pour qu'il aille sauver l'entreprise.

Normalement, Xavier quittait le bureau affairé et Hélène, sonnée, s'apercevait qu'elle avait encore davantage perdu la main au moment où elle avait compté la reprendre.

Normalement, elle ajoutait là un nouvel épisode à son feuilleton « mon collaborateur saisit toutes les occasions de prendre le pouvoir sur moi », se jugeait nulle, le jugeait pervers.

En abordant l'entretien avec l'objectif de confondre Xavier, Hélène risquait que, la réciprocité s'en mêlant, ce soit elle qui sorte pleine de confusion, « mangeur mangée ». Et qu'ils plongent ensemble dans ON.

Ça, c'est la norme selon la malveillance.

Au programme : qu'Hélène accumule dans une totale confusion craindre d'être trahie et crainte d'être accusée d'accuser, épuisement de balancer entre l'une et l'autre crainte, tâche impossible de devoir casser un Xavier dont elle a grand besoin.

Quelle direction bienveillante pour Hélène et Xavier ?

. . . .

Hélène a cherché les *réponses de Xavier* pour *ses questions.* Ancrée dans la bienveillance réciproque, elle a ainsi rendu sa chance au présent de Je et Tu. Qu'elle a libérés du pouvoir impuissant de ON.

Alors, quand Xavier a surgi avec sa nouvelle dramatique, il a trouvé au lieu de la confusion d'Hélène la stabilité, le calme, l'aisance d'Hélène. Qui, claire sur son cap, a reçu le secours instantané de la Liberté d'Innover.

Elle se souvient de la facilité avec laquelle elle a répondu, surprenante *et* apaisante[1] : « Assieds-toi, on parlera du serveur après. Parlons d'abord de toi. Je t'ai fait venir pour ça ».

Xavier a tenté : « Le serveur, la production… » Mais Hélène était solide : « Je t'ai demandé de venir pour parler de toi. Tu passes avant le serveur. »

« Tu passes avant le serveur !!! » à ces mots, Xavier s'est assis pour écouter son patron.

Comment à présent formuler sa confrontation dans la coopération ?

. . . .

Hélène a posé sa question la plus importante sans se justifier, sans s'expliquer ni s'excuser, sans la minorer ni la dramatiser, sans aucune fioriture, calmement et bien à plat : « Est-ce que tu transmets des informations de direction au délégué syndical ? »

Réponse indignée de Xavier : « La réponse est évidente ! »

Comment s'accommoder de cette réponse dans la coopération ?

- Insister et énumérer les événements qui justifient la question ?

- Faire machine arrière ?

1. Ces accords de qualités réputées incompatibles : innovant et fiable, excitant et sûr, ici surprenant et apaisant, sont un des signes de la liberté d'innover dans la Stratégie de la bienveillance.

- *Ne rien faire en attendant de savoir quoi faire ?*

- *Autre chose ?*

Normalement, Hélène reçoit là un coup à l'estomac auquel elle réagit en contrattaquant ou en mettant genou à terre. Mais, depuis la trajectoire qu'elle a adoptée, elle est simplement en face de sa propre évidence : elle n'a toujours pas la réponse « évidente » de Xavier. À nouveau, sa réponse est sortie toute seule :

« Je te pose la question parce que la réponse n'est pas évidente pour moi. Quelle est *ta* réponse ? »

Xavier a répondu n'avoir « évidemment » transmis aucune information au délégué syndical.

« Même par étourderie ou par erreur, à cause de votre proximité professionnelle ? »

Xavier a assuré qu'il n'y avait pas d'erreur ou étourderie possible.

Comment s'accommoder de cette nouvelle réponse ?

. . . .

Hélène, qui avait demandé une réponse, l'avait reçue. Elle en a remercié Xavier. Et s'est accommodée de cette avancée rassurante : Xavier s'était engagé formellement à « évidemment » s'interdire de transmettre toute information de direction au délégué syndical, sans erreur ou étourderie possible.

Prise de recul. Est-elle pleinement satisfaite ainsi ?

. . . .

Non. Hélène veut aussi traiter le comportement de Xavier en comité de direction. Mais comment s'y prendre pour le faire sans le manger ?

Comment, sans le manger, confronter Xavier à son comportement général ?

. . . .

Hélène est allée plein nord, encore une fois. Vers elle.

Plutôt que s'adresser au défaut apparu chez Xavier (le manger), elle s'est adressée à sa qualité qu'elle avait espérée. Qualité de Tu.

Elle a confié à Xavier qu'en l'engageant, elle avait adhéré au discours d'un entrepreneur, entrepreneur qu'elle avait vu disparaître.

Et là, tout s'est dénoué dans la lumineuse accélération de la liberté d'innover.

– « Chiche ! Externalisons l'informatique ! »

Qui l'a dit d'abord ? Ils ne savent pas. Ils y ont pensé en même temps, l'un et l'autre ravis de l'idée qui soulageait l'entreprise de deux salaires et permettait à Xavier de réaliser son rêve : finir sa carrière en patron, grâce à la petite structure qu'il monterait avec, pour démarrer, un bon contrat commercial avec Hélène.

La malveillance s'était servie du rêve secret de Xavier pour le mettre, consciemment ou inconsciemment, en conflit avec Hélène.

La bienveillance, reconnaissant une qualité de Xavier que la malveillance avait transformée en défaut, avait fait tinter le rêve. Ouvrant l'accès à une solution bien plus savoureuse pour l'un, l'autre.

Sapere : savoir. Et *Sapidus* : qui a de la saveur. Ces deux racines composent, ensemble, l'étymologie du mot « sagesse ».

Exercice – Je fais quoi ?

Prenez une situation où vous avez l'impression qu'il n'y a que malveillance et mauvaise solution quel que soit le côté où vous vous tournez, où vous n'osez pas bouger de peur de faire encore plus de dégâts, mais où vous vous rendez compte qu'à ne pas bouger, vous vous laissez manger.

– Clarté et bienveillance : revenez à vous, première personne de la coopération, en laissant de côté ceux qui vous perturbent. Que voulez-vous, pas contre l'autre mais pour vous ?

Quel est votre rêve ?

– Si vous bougez, quel est votre objectif avec ce mouvement ?

– Est-ce que cet objectif laisse une chance à votre rêve... et à l'autre ?

– Si oui, gardez-le. Si non, suspendez-le, passez à vos qualités et besoins.

– Avez-vous qualité à bouger ? Jusqu'où votre mouvement est-il légitime ?

– De quoi avez-vous besoin ? Qu'est-ce qui vous est nécessaire, vital ?

– Quel objectif viser à présent dans l'action que vous prévoyez ?

– Dans quelle direction orienter votre conduite pour réussir ?

– Comment confronter plein Nord en vous adressant à Tu ?

SEULE CONTRE TOUS

« *C'est impressionnant de voir comment, quand on prend les choses dans le "bon" sens, elles se mettent en ordre. Et en même temps il faut être vigilant pour rester dans le "bon" sens.*

Je patinais depuis quelque temps et le fait de se reposer, de se demander "de quoi j'ai besoin", a permis que les choses se résolvent de façon évidente. La solution est une évidence, mais c'est d'avoir posé les choses et pris du recul dans la bienveillance qui m'a permis d'être en face de cette évidence », dit Agathe après m'avoir raconté comment elle s'y est prise pour engager une négociation du prix du lait[1] qui l'avait beaucoup inquiétée.

À la tête de sa fromagerie depuis plus de 15 ans, Agathe achète le lait directement aux bergers. Mais le lait se fait plus rare, aussi une importante négociation se prépare. Agathe a choisi d'aborder cela en stratège de la bienveillance, dans la clarté. Elle sait que le tarif va à la hausse et qu'elle est tenue de pratiquer le même avec tous les bergers. Convaincue que la meilleure façon de bien travailler est de respecter les besoins de chacun, elle a convié tous les bergers avec qui elle travaille à une réunion de coopération pour fixer le nouveau prix.

Puis, prenant conscience de la portée de cette négociation beaucoup plus importante que celles du passé, elle a « patiné ».

Puis s'est interrogée sur ses rêve, objectif, qualités, besoins.

Son rêve est clair : trouver le prix de la coopération durable, celui qui assure la pérennité des bergers *et* de sa fromagerie.

Elle est moins claire sur son objectif. Elle a initié cette réunion intuitivement, elle veut dire aux bergers son intention de fixer le prix avec eux et prévoit de les écouter sur leurs besoins. Mais ce ne sont là que des modalités dont Agathe sent qu'elles ne conduisent pas directement au rêve. Entre les deux, l'objectif de la réunion lui échappe.

Quant à ses qualités, elle a *qualité* à conduire la réunion, c'est son rôle. Mais justement ce rôle l'écrase. La réunion approche et Agathe ne voit pas comment la conduire à bon port. Comment

1. Il ne s'agit pas de celle du prix du lait de vache, conduite au niveau national.

piloter la réunion vers un bon accord à partir de ses intentions d'ouverture accommodante, sachant que ses concurrents les autres fromagers – et notamment les gros, qui impactent le marché – augmentent leur prix mais d'un montant inconnu d'elle ?

Si elle s'écoute dans une sorte de *confrontation* intérieure, ce qui émerge, c'est le plan de l'*émotion*. Elle a peur. Peur qu'après son introduction sur la concertation et son écoute attentive des besoins des bergers, tout s'emballe quand on en viendra aux chiffres. Peur de se retrouver le dos au mur, la tête en feu sommée de se prononcer sur un chiffre sans savoir s'il met l'économie de la fromagerie en péril ou s'il fait fuir les bergers et prépare une pénurie d'approvisionnement, ou enfin si c'est le « juste » prix qu'elle cherche. Elle a peur des bergers, peur des autres fromageries avec qui elle est en compétition sur le marché de l'achat du lait comme sur celui de la vente de fromages, peur de faire des bêtises.

Elle se sent seule contre tous.

Que peut faire Agathe, « seule contre tous » ?

. . . .

À ce moment où elle ne se sent pas à la hauteur, plongée dans un environnement malveillant, dangereux et confus où elle risque autant de se laisser manger que de manger, Agathe peut détecter que c'est elle que la malveillance a rattrapée. Et revenir se placer sous le signe de la clarté et la bienveillance.

Comment se replacer sous le signe de la bienveillance et la clarté ?

. . . .

Clarté, Agathe est repartie de la 1re personne de la coopération, elle-même et, *Bienveillance*... a reconsidéré ses rêves, objectifs, qualités, besoins... cap sur ce qui est bien, va bien, répond bien.

Son rêve répond bien, son objectif moins, elle perd pied quand elle considère ses qualités, alors quels sont ses besoins ? Oh pour les besoins, ça répondait bien, très bien même.

Quels sont les besoins d'Agathe ?

Elle a besoin de se rassurer.

Qu'est-ce qui la rassurerait ?

– D'avoir de quoi retrouver ses moyens là où elle a peur de les perdre : quand il sera question de prix.

– De connaître ses limites de négociation. Ce qui dépend beaucoup de ce que font ses concurrents, les autres fromagers.

La mal-veille, qui présentait les bergers comme un bloc menaçant, interdisait d'imaginer desserrer l'échange quand on parlera d'argent, donc de chercher comment le faire. Mais la bien-veille voit surtout des bergers venus trouver un accord avec Agathe. Accord dont personne n'a idée encore, parce que, nombreux et différents, les bergers ont besoin d'argent, mais pas seulement. Aussi la bien-veille est prête à chercher d'autres paramètres que le prix de base pour qualifier le marché, intéresser les bergers et alimenter la négociation. En les cherchant, Agathe a eu qualité à en trouver six ! Six vrais paramètres du contrat, préparés dans le calme avant la réunion, à la disposition de tous pour conduire à un accord.

La mal-veille avait aussi obligé Agathe à considérer les autres fromageries, parce que concurrentes, comme des adversaires. Interdit absolument dans ce cas, à moins d'engager un James Bond, d'espérer savoir ce qu'elles font.

Mais quand Agathe a pensé à elles avec bienveillance, il lui a semblé qu'hormis les un ou deux mammouths du marché, les autres fromageries pouvaient aussi avoir besoin de savoir de ce qui se passe hors de chez elles, et être prêtes à échanger des informations.

La bienveillance pour elle a ouvert à Agathe la possibilité d'une bienveillance pour les autres. De cela est née la possibilité d'une bienveillante réciprocité. Il restait à la transformer en réalité. Liberté d'innover. Agathe a appelé une fromagerie. Merveille, elle a été très bien reçue. Et eu l'impression que son appel provoquait un soulagement aussi de l'autre côté. Progressivement une relation bienvenue est née à cette occasion entre ces fromageries qui se vivaient isolées à l'ombre d'un ou deux géants. Au point qu'un peu plus tard, Agathe qui cherchait du lait a eu la surprise de recevoir un coup de téléphone : « J'ai appris que vous cherchez du lait, je peux vous en trouver. » La balle qu'elle avait lancée lui revenait !

La bienveillance l'avait conduite à croire dans la réciprocité, dans cet espoir elle avait osé, sur un sujet aussi sensible, ce qui ne s'était jamais fait, et la réciprocité qui avait répondu immédiatement faisait un deuxième passage inattendu !

Apaisée de ses peurs, Agathe a repris conscience de ses qualités : en 15 ans de direction de la fromagerie, elle a déjà renégocié le prix du lait. En franchissant des paliers à partir de bases existantes.

Ainsi viser de trouver le juste prix après une accommodation (« je veux de la concertation, de quoi avez-vous besoin ? »), orpheline de confrontation (si elle ignore ce dont elle a besoin), et en une seule réunion, était irréaliste. C'était normal de paniquer à cette idée, normal d'avoir peur. Non que les bergers et les fromageries soient des adversaires ; mais la malveillance, qui lui faisait croire qu'ils l'étaient, dissuadait Agathe de chercher ce dont elle avait besoin (diversité des paramètres constitutifs du « prix », informations sur les négociations alentour) et l'envoyait droit dans le mur.

A satisfaire ses besoins, Agathe avait repris pied sur ses qualités et à reprendre pied sur ses qualités, elle a pu réviser son objectif pour la réunion : pas montrer qu'elle est bienveillante aux bergers. Plus clair, plus en ligne avec son rêve, ambitieux et réaliste.

Quel objectif général viser pour sa réunion ?

. . . .

Elle a visé de « franchir un palier à partir de bases existantes » bien sûr ! Réussir une réunion destinée à établir des bases saines pour les uns et les autres.

Quelles bases établir, quels objectifs intermédiaires ?

. . . .

Elle a visé que la réunion permette à tous de connaître :
– les paramètres possibles du nouveau contrat : ceux auxquels elle a pensé, ceux auxquels pensent les bergers ;
– les besoins des bergers : besoins communs, différents ;
– les besoins de la fromagerie ;
– les mêmes informations sur les négociations alentour ;
– les points sur lesquels tous sont d'accord (en se laissant le droit d'avoir des points encore pas clairs, pas d'accord) ;
– et la nouvelle étape à franchir.

C'était bienveillant pour elle, eux, clair. C'était devenu facile à aborder, facile à réussir. Elle a été très contente du résultat.

« Comment les bergers ont-ils réagi en apprenant que vous vous aviez appelé d'autres fromageries ? lui ai-je demandé.

- Ils ont été très intéressés.

- Qu'est-ce qu'a produit cette réunion ?

- Nous avons décidé d'attendre de connaître les décisions des géants du marché (encore inconnues) pour revoir nos contrats.

- C'était utile de se réunir pour en arriver à ce palier ? »

Son « oh oui ! » contenait son soulagement autant que celui des bergers, eux aussi délivrés de l'isolement et l'inquiétude.

L'alliance de bienveillance et de clarté a fait naître la réciprocité, puis la liberté d'innover (appeler d'autres fromageries) puis conduit Agathe sur la piste bonne pour elle, l'autre *et* les autres.

BON VOYAGE, OU COMMENT PROGRESSER CONCRÈTEMENT

Si je prends le TGV pour aller au plus vite du centre de Paris au centre de Marseille, suis-je désespérée d'être gare de Lyon ? Puis de voir passer le Creusot, puis Lyon,Valence ? Certes non !

Aller se réchauffer au soleil de la Stratégie de la bienveillance, c'est quitter la pluie des « il faut » et des « tu devrais » qui braquent quiconque la reçoit, fût-ce vous-même. C'est lâcher les illusions des « je suis, j'étais bien obligée ». C'est se détacher d'accommodations exagérées, malveillantes pour Je qui, vous présentant comme un /moi prêt à être consommé, excitent le surgissement d'un TU. C'est se garder du tac au tac générateur de confrontations corrosives qui, voyant en l'autre un /toi prêt à être consommé, excitent un TU défensif. Et c'est s'extraire des flous confondants en « ON » enfin, où personne ne se retrouve. Pour plutôt fouler l'espace neuf où Je et Tu sommes attendus, chacun par soi-même autant que par l'autre.

Votre gare de Lyon vers la bienveillance stratégique, c'est peut-être la connaissance de ce qu'elle peut offrir. Peut-être cette lecture.

Vous avez votre billet, montez dans le train : les rives de la Méditerranée ne sont pas la gare de Lyon. Prenez le wagon qui vous plaît, choisissez la première classe si vous le voulez : « Je » retrouvé, par exemple, dans votre parole, donc déjà dans votre pensée.

Acceptez qu'un premier tour de roues vous montre le revers de la ville que vous quittez : cet espace déroutant où vous commencez à voir vos erreurs sans encore savoir les corriger. C'est le tunnel entre Paris et Maisons-Alfort, la zone brune et grise où les rails s'emmêlent et offrent un paysage un peu désolé. Et réjouissez-vous : vous êtes parti !

Au Creusot, vous savez repenser vos paroles et en imaginer de meilleures que celles que vous avez prononcées. Vous savez repenser votre position et vous imaginer mieux situé que ce que vous avez pu faire. Ne vous dites pas « j'aurais pu », encore moins « j'aurais dû » : vous ne pouviez pas, pas encore, donc vous ne deviez rien. Réjouissez-vous au contraire : maintenant, pour une situation comparable, vous avez en poche une idée de ce qui est possible et elle vous servira bientôt. Vous êtes en route ! Regardez déjà comme le paysage s'est adouci, comme ce que vous êtes capable d'imaginer à la place de ce qui s'est passé est plus harmonieux que ce que vous pouviez considérer auparavant !

À Lyon, vous avez eu le temps et l'occasion de repasser plusieurs fois en imagination ce que les situations précédentes offraient d'opportunités que vous ne saviez pas saisir. Vous passez une étape, vous changez de climat : vous voici capable maintenant en pleine action, en pleine dérivée pervertie de la coopération ou mieux, au moment de l'emmancher, de vous arrêter. Et de repartir d'un pied plus confortable et léger : de retrouver Je, inventeur d'une route à marcher avec l'autre. Et de la prendre. Bravo !

À Valence, vous avez réussi à prendre directement, sans hésiter, naturellement (eh oui !) la bonne voie : la vôtre, la piste dans laquelle vous avez de la veine et en offrez à l'autre. D'ailleurs la chance vous a souri. Attention : Valence vous parle de valeur. Respectez la valeur de ce qui vient de se produire. Si l'idée narquoise et malveillante, dévalorisante pour vous que « ça s'est fait tout seul », qu'« il n'y a rien à dire » ou que « je me suis fait du souci pour rien », vient à vous, laissez la passer et repartir d'où elle vient. Car si cela paraît s'être fait tout seul, c'est que vous avez réussi le coup suprême du stratège : vous avez gagné sans combattre. Le mérite vous en revient ou, si votre modestie s'offense de cette vision, le mérite en revient à la façon dont vous avez conduit ce qui dépendait de vous : à la façon dont vous vous êtes conduit. Saluez, enregistrez. C'est Valence !

Vous voici bientôt à Marseille… Il fait beau, vous levez le visage vers le soleil et mmm ! intensément bon.

Continuez tant que tout est bon et, au premier « pas bon » demandez-vous ce qui serait trop beau, trop bien pour vous et aussi pour d'autres…

Bon voyage !

Conclusion

QUATRE FORCES ET UN TERRAIN POUR SURFER SUR LA TRAJECTOIRE HAUTE DU GÉNIE HUMAIN

La réponse du stratège au rêve de l'enfant, du poète et du scientifique d'avoir une vie meilleure dans un monde mieux, peut tenir en six conditions, ou bien trois approches, ou encore un terrain, ou enfin une priorité.

Six conditions : (1) oser miser sur la bienveillance, (2) rencontrer en l'autre cette audace, (3) se voir un avenir commun, (4) tenter l'aventure à chaque rencontre en (5) se gardant de la relation de domination/soumission pour plutôt (6) explorer le territoire illimité de la coopération.

Ou bien *trois approches de l'humain* : (1) viser le rêve et y aligner ses objectifs, (2) reconnaître les qualités et (3) parer aux besoins. Trois approches de soi, l'autre et les autres.

Ou encore *un terrain à habiter* : le terrain stratégique, étroit au départ, où coopèrent les rêves et objectifs, qualités et besoins de l'un et l'autre. Terrain étroit qui s'avère le plus large puisque contrairement au terrain de la domination, de la soumission et de la confusion, le terrain de la coopération ne cesse de s'élargir.

Ou enfin *une seule priorité* vérifiée par les sciences, aimable au poète et qui rend toutes les autres inutiles : centre-toi à cette place connue de l'enfant, place juste, connue ou surprenante où bienveillance, réciprocité, clarté et liberté d'innover, *quatre forces* se rejoignent. Centre là ta veille, pose ton esprit à cette place et ceci, que cette place te soit familière ou nouvelle. Et prends la liberté de surfer longtemps, souvent sur la vague toujours innovante qui se forme alors avec l'environnement venu à ta rencontre.

Ces différentes réponses coopèrent. Commencer avec une c'est rejoindre une autre, la découvrir défrichée déjà, en avoir déjà l'intelligence.

Chacun, auteur de soi-même, jardinier de sa vie peut à chaque instant, semblable au dieu désirant la lumière dans le chaos, commencer un monde à partir de ce mouvement vers soi qu'est son propre désir. Observer alors, mouvement vers l'autre, comment l'environnement y répond. Et s'il voit : « c'est bon », prendre le temps de s'en réjouir et puiser là l'énergie de continuer jusqu'à l'« intensément bon ».

Tôt ou tard dans ce parcours, monte le sentiment d'un premier « pas bon ».

À ce carrefour, chacun est maître de son destin : en danger de se laisser emporter par les « obligations » de la malveillance, capable aussi de proposer, accueillir et entretenir l'option stratégique que la bienveillance tient à sa disposition.

La malveillance oblige à l'enfer des combats où il faut pour que l'un gagne que l'autre perde, pour que l'un jouisse que l'autre souffre.

La bienveillance offre le choix de chercher jusqu'à la trouver, même si elle n'apparaît pas encore, la trajectoire haute : chercher comment « rendre bon ». Cette trajectoire n'est accessible qu'à Je, gagnant solitaire du combat intérieur contre JE/toi, TU/moi ou ON.

« Je » qui cherche et peut trouver comment, avec ce que J'ai et ce que Tu as de ressources, en coopération aussi avec nos environnements respectifs et notre environnement commun, réaliser ensemble ce qui n'était encore qu'un rêve.

À ce carrefour, ce n'est plus aux autres de changer le monde ou de faire ma qualité de vie.

À ce carrefour, plus je me suis engagée dans ma stratégie, plus j'ai vu et trouvé mes chances avec les autres, mes chances alliées à celles des autres.

À ce carrefour à qui je crois personne n'échappe et qui n'est facile à personne, plus les stratèges rencontrent des stratèges, plus grandes sont les chances de libérer le génie humain de se faire respectivement, clairement, ce que nous ne pouvons pas nous empêcher de désirer : « une vie meilleure et un monde mieux »[1].

Paris, Locmariaquer.

1. Alain Souchon, encore.

ANNEXES

FICHES REPÈRES

Attention

Ces fiches ne peuvent se substituer à la stratégie.

Il ne suffit pas de prononcer les phrases types proposées dans l'espace stratégique pour être stratège.
Ces phrases sont même ce que les stratégies malveillantes peuvent le plus facilement récupérer et pervertir : « j'ai dit ça comme dans le livre, donc je suis bienveillant, donc tu dois faire ce que je te dis ».

Ces fiches sont des outils, rien de plus et ces phrases des repères, rien de plus. Leur vocation est d'illustrer l'écart de vibration qu'il y a entre les terrains, sur un certain nombre de réparties fréquentes dans le désaccord.

C'est la vibration stratégique qu'il importe de capter quitte, au début, à en effet utiliser mes phrases, pour le plus vite possible faire chacun les siennes.

Pour savoir où vous êtes sur le terrain des rencontres, écoutez-vous parler, penser.
Que vous dites-vous ?
Que dites-vous à l'autre ?

Fiche 1 : Repères de langage en situation tendue

JE / toi

JE te sais mieux que toi-même
JE te dis qui tu es.
JE t'interromps pour te dire ce que tu vas dire.
JE prétends savoir ce que tu penses, ce qu'il y a derrière tes paroles, actes, silences et omissions.
Je dis que tu es/fais toujours, jamais,

JE sais ce qui est bien et mal
Il faut absolument que tu…,
tu dois, tu devrais…
tu as tort, tu te trompes…
tu es trop, pas assez…

JE t'écrase du jugement des ombres
On (JE te dirai pas qui), m'a dit de toi que…

Je

Nous : Je × Tu

J'expose ma vision
Je te dis les faits sur lesquels je me fonde.
Je te donne mon sentiment, soumets mon hypothèse.
Je précise mon besoin par rapport à un objectif clair.
Et pour toi ?

J'écoute ta vision de la réalité
J'écoute dans ta réponse : les faits, ton sentiment, ton hypothèse, besoin, demande ou question.
Je vérifie que je t'ai bien compris.

Je prends du recul
Je cherche des solutions compatibles avec Nous

toi (surligné) — **Tu**

ON = toi × moi (surlignés)

ON, tout le monde dit que… sait que…
Il faut qu'ON…
Quel idiot je suis, de m'être fait avoir par ce salaud
ON se fait tout le temps avoir
De toutes façons, ON nous raconte que des c…
Il faut absolument qu'ON, ON doit…
On n'y arrivera jamais, d'ailleurs ON voit bien…

TU / moi

Et moi dans tout ça ?
Qu'as-TU fait de moi ?
Que me reste-t-il ?

moi (surligné)

Vous vous découvrez « mangeur » de l'autre ? Traduisez votre pensée en langage stratégique et revenez sur le terrain où les adversaires deviennent des partenaires.

Fiche 2 : Passer du langage dominateur au langage stratégique

JE / toi	Je — Nous
« Tu es un bavard, un séducteur, un rabat-joie, un charlot, un parano... »	« Quand tu parles tant que ça, me fais du charme comme ça, soulignes si vite les inconvénients, fais le fou comme ça, t'énerves comme ça, j'ai du mal à me concentrer pour avancer avec toi. »
« Tu es un menteur, un voleur, »	« Là ce que tu as dit n'était pas vrai, pris ne t'appartenait pas. Comment pourrais-tu t'y prendre autrement ? »
« Tu vas me dire que... »	« Mon interprétation de tes paroles, acte, silence, omission est celle-là. Qu'en dis-tu ? »
« Tu es toujours en retard, tu n'es jamais content ! »	« J'aimerais que tu sois plus souvent à l'heure avec moi, que tu me dises aussi quand tu es content. »
« Tu dis ça ou fais ça parce que... / tu ne dis pas ou ne fais pas ça parce que	« Mon hypothèse quand tu dis ça, quand tu fais ça, est que c'est pour ça : ... est-ce que c'est ça ? »
« Tu as tort, tu te trompes »	« J'ai un avis différent, une autre vision des choses, Je vois le problème sous un autre angle. »

toi — moi — Tu

Fiche 3 : Parades : répondre en stratège au langage dominateur

	Je — Nous Je × Tu
« Tu es un bavard, un rabat-joie, un charlot, parano... »	« Tu le dis, c'est ta vision de moi. »
« Tu vas me dire que... »	« Ça, c'est ce que tu imagines que je vais dire. »
« Je te connais ! »	« Tu as une certaine idée de moi, j'en ai une autre. »
« Tu dis ça ou fais ça parce que... / tu ne dis pas ou ne fais pas ça parce que... »	« C'est ton interprétation de mes paroles, acte, silence, omission : cela vient de toi et t'appartient à toi. »
« Tu es toujours en retard ; jamais content. »	« Il m'arrive d'être en retard ; je ne suis pas toujours content. »
« Il faut absolument que tu..., tu dois absolument... »	« Il faut ça, je dois ça à qui ? Pour que quoi ? Il y a peut-être une autre solution... que justement je cherche. »
« C'est pas ça du tout ! »	« C'est peut-être pas du tout ce que tu veux que je dise, mais c'est ce que je dis. »
« Tu as tort, tu te trompes. »	« Nous ne sommes pas du même avis. »

Comment mener un entretien constructif (à partir de paroles fréquentes et faciles à améliorer)

Exposé du problème à résoudre

Moins performant	*Plus performant*
« Est-ce que vous n'avez pas l'impression/ ne croyez pas que… »	« J'ai l'impression que, je crois que… Et vous ? »
« Vous devriez/on doit absolument… »	« Je souhaite que vous… »
« On a un petit problème : c'est trop lent, cher… Il faut qu'on… »	« Comment accélérer, réduire le coût ? »
« Débrouillez-vous comme vous voudrez »	« Voyez-vous comment vous y prendre ?/ avez-vous des idées sur la façon de procéder, d'avancer ? »
« Je suppose que vous avez déjà… »	« Avez-vous déjà… ? »

Approche du problème à résoudre

Moins performant	*Plus performant*
« Non ! »	« Je ne suis pas d'accord avec ce que vous venez de dire »
« Vous vous trompez, vous avez tort »	« C'est ici que nous ne sommes pas d'accord »
« Je ne suis pas d'accord avec vous »	
« Oui mais je pense que… »	« Oui, ET j'ajoute… »

Vous pensez savoir où est le désaccord

Moins performant	*Plus performant*
Vous interdire le droit à l'erreur, penser que vous savez forcément où il est	Vérifiez : « si je comprends bien, ce qui nous sépare, c'est : »
	Laissez l'autre ajuster
Nier le désaccord	Vous voilà déjà d'accord là-dessus !

Travail à partir du désaccord

Moins performant	*Plus performant*
Se laisser fasciner par le désaccord	Chercher les accords :
Développer pourquoi l'autre a tort	– Les objectifs communs
Expliquer, essayer de prouver que vous avez raison…	– Les besoins respectifs, derrière les demandes
	– Les qualités en présence, sur lesquelles s'appuyer
	– Une solution qui sert et se sert de tout
Laisser jouer la peur	Chercher la motivation

Conclusion de l'entretien

Moins performant	*Plus performant*
« Bon ben… on fait comme ça »	« Est-ce que l'option vous paraît claire ?
« On va essayer »	Êtes-vous à l'aise pour l'expérimenter ?
	Tenez-moi au courant de vos premiers résultats, quels qu'ils soient. »

☞

☞

Réactions performantes sur la parole de l'autre

Il dit :
- « Je ne vois pas comment… » ....
- « J'hésite à… c'est pas évident »............
- Quelque chose d'insolite ....

Vous pouvez reprendre :
- « Justement, comment pourriez-vous ? »
- « Qu'est-ce qui vous gêne ? »
- « Qu'est-ce qui vous empêche ? »
- Soyez curieux, posez votre question !

Rencontre de coopération

Libérez-vous du devoir :
- d'enrober vos propos
- d'amener l'autre à penser comme vous
- d'« essayer de passer un message »
- d'imposer votre vision
- de dénoncer les défauts
- de dire ce que vous ne voulez pas…
  … dire : « je ne te dis pas que… »
  … que l'autre croie : « ne crois pas que… »
  … que l'autre fasse : « tu ne dois surtout pas…
- de trouver la solution
- de faire à sa place

Saisissez votre pouvoir :
- Dites simplement votre position
- Écoutez celle de l'autre
- Élargissez votre vision
- Rapprochez les deux visions
- Isolez le désaccord, nommez-le
- Explorez la zone de coopération
- Laissez venir la solution
- Contractualisez
- Laissez agir

Exercices pour une parole performante

Remplacez par les vrais sujets, le sujet indéfini « on » ou « nous » flou :
- seule force de « on » : il vous échappe
- pour le reste, il est impuissant

Transformez les absolus « Il faut… », « on doit… » :
- ils écrasent, accablent

Conjuguez les sujets avec clarté et sûreté :
- ils vous entendent
- ils sont actifs

Créez des relations, c'est plus motivant :
- « J'ai besoin de », « tu peux »

BIBLIOGRAPHIE

Stratégie

AXELROD R., *The Evolution of Cooperation,* Basic Books, 1984, *Donnant Donnant, Stratégie de la coopération,* Odile Jacob, 1992, réed. 2006 sous le titre : *Comment réussir dans un monde d'égoïstes, Théorie du comportement coopératif*

SUN TSU, *L'Art de la guerre,* trad. NIQUET CABESTAN V. Économica, 1990, trad. AMIOT J.J (1772), Presses Pocket, 1993, trad. LEVI J., Hachette Littératures 2002
trad. GRIFFITH S.B. Oxford University Press, 1963

TSAI CHIH CHUNG, *Stratégies de succès (L'Art de la guerre de Sun Tsu),* Archamp, 1991

MUSASHI M., *Le Livre des cinq roues,* trad. KAUFMAN S.F., Budot, 2000

MARC-AURÈLE, *Pensées*, trad. LEMAIRE P. Hatier, 1951

JULLIEN F., *Traité de l'efficacité,* Grasset & Fasquelle, 1996
La Propension des choses, Seuil, 1992

CASTELOT A., *Napoléon,* Perrin, 1996

GUERRIEN B., *La Théorie des jeux,* Economica 1997

BOURRY D'ANTIN M., PLUYETTE G., BENSIMON S., *Arts et techniques de la médiation*, Litec, 2004

Sciences

JACQUART A., *La Science à la portée des non scientifiques*, LGF, 2003
L'Éloge de la différence, Seuil, 1987

BOGDANOV I. et I., *Avant le Big Bang,* Grasset, 2004

LANGANEY A., CLOTTES J., GUILAINE J., SIMONNET D., *La Plus Belle Histoire de l'homme. Comment la terre devint humaine*, Seuil, 1998

DIAMOND J., *De l'Inégalité parmi les sociétés*, Gallimard, 1997

PELT J-M., STEFFAN F., *La Loi de la jungle*, Fayard, 2003
La Solidarité chez les plantes, les animaux, les humains, Fayard, 2004

Textes mythiques ou sacrés

ESCHYLE, *L'Orestie*, Flammarion, trad. de CHAMBRY É., 1964

Les Paraboles, Berger-Levrault éditeurs, 1930

L'Ancien Testament, Les Éditions du Cerf, 1975

La Bible. Nouveau Testament, La Pléiade, Gallimard, 1971

GIBRAN K., *Le Prophète,* Mille et Une Nuits, 1996

Analyses de textes mythiques ou sacrés

BALMARY M., *L'Homme aux statues, Freud et la faute cachée du père*, Grasset, 1979
Le Sacrifice interdit, Grasset, 1986
La Divine Origine. Dieu n'a pas créé l'homme, Grasset, 1993
Abel ou la Traversée de l'Eden, Grasset, 1999

DOLTO F., *L'Évangile au risque de la psychanalyse*, Seuil, 1982

DUIGOU D., *Psychanalyse des miracles du Christ*, Presses de la Renaissance, 2004

Psychologie

ANSEMBOURG d'T., *Cessez d'être gentil soyez vrai. Être avec les autres en restant soi-même*, Éditions de l'Homme, 2001

SALOMÉ J., *Le Courage d'être soi*, Les Éditions du Relié, 1999

SERVAN-SCHREIBER D., *Guérir*, Robert Laffont, 2003

BERNE E., *Que dites-vous après avoir dit bonjour ?*, Tchou, Laffont 1977, Sand 1970

MARC E., PICARD D., *L'École de Palo Alto*, Retz, 2001

LAROZE C., *L'Art de ne rien faire*, Aubanel, 2002

AIMELET-PERISSOL C., *Comment apprivoiser son crocodile*, Robert Laffont, 2002

SCHUTZ W., *L'Élément humain*, InterEditions, 2006

Survie

RAIOAOA T., DUROY L., *Si loin du monde,* Oh ! Éditions, 2003

SIMPSON J., *La Mort suspendue,* Glénat, 2005

RALSTON A., *Plus fort qu'un roc,* Michel Lafon, 2005

CHABALIER H., *Le Dernier, pour la route – Chronique d'un divorce avec l'alcool,* Robert Laffont, 2004

PEARL M., *Un Cœur invaincu,* Plon, 2003

MÉLIANE L., *Vivre libre,* Oh ! Éditions, 2003

Et aussi...

HENNEZEL de M., *Mourir les yeux ouverts,* Albin Michel, 2005

CONSIGNY T., *La Mort de Lara,* Flammarion, 2006

Sport

TARGET C., *La Préparation mentale. Tous les savoir-faire et stratégies de la confiance et de la réussite*, Chiron, 2003

NOAH Y., *Secrets etc.*, Plon, 1997

ROTELLA B., CULLEN B., *Jouer au golf sans viser la perfection*, Éditions de l'Homme, 2004

JOYON F., *Le Tour du monde absolu*, Arthaud, 2004

HERRIGEL E., *Le Zen dans l'art chevaleresque du tir à l'arc*, Dervy, 2004.

HORN M., *Conquérant de l'impossible. Expédition Arktos*, XO, 2005

MACARTHUR E., *Du Vent dans les rêves*, Offshore Challenges, 2002

Management et entreprise

SEMLER R., *À Contre-courant, l'Entreprise la plus extraordinaire du monde*, Dunod, 1993

COLLINS J., PORRAS J., *Built to last*, HarperBusiness, 1997

COLLINS J., *Good to Great*, HarperCollins Publishers, 2001

PIVETEAU J., *Comment peut-on être manager* ? Insep Éditions, 1983

HERBEMONT d'O., CÉSAR B., *La Stratégie du projet latéral*, Dunod, 1996

DUPOUEY P., *Éthique et formation*, Insep Éditions, 1998

LENHARDT V., *Les Responsables porteurs de sens*, Insep Éditions, 1992

BLANC-SAHNOUN P., *L'Art de coacher*, InterEditions, 2006

REMERCIEMENTS

Je remercie mes parents et « toute la troupe de mes aïeux[1] », ils m'ont donné la motivation et les ressources nécessaires à la production de ma Stratégie Personnelle de Coopération.

Je remercie Nicolas de Rouyn, mon mari, pour la qualité de sa présence et de son soutien au fil de l'élaboration de la Stratégie, puis de cet ouvrage.

Merci à Serge, Jean, Patrick, Hervé de m'avoir permis de rapporter ici certains de nos entretiens. Merci à vous, Marie, Hélène, Agathe, Charlotte Gérand et Amandine, Gwénola Gallois, Martine Volle et Olivier Perrin, pour vos récits.

Merci à Alice d'Orgeval, ma toute première lectrice, à Marie-Charlotte Lavirotte pour sa pugnacité à lire et relire mon manuscrit, à Fanny Barbier, Marie-Hélène Dasse, Nadine Durand, Esther Galam, Brigitte Jedrzejewski, Catherine Laroze, Annie Martinez, Marie Riva, Sylvie Tournand, Antoine Beaussant, François Bourrin, Patrick Claudez, Vincent Corpet, Alain Duluc, Paul Dupouey, Laurent Ribrag, Frédéric Simiand, Christian Target, Gérard Tournand-Valcourt, Éric Landau et Isabelle Euverte, qui, chacun de sa place et à sa façon, m'ont permis de franchir des étapes particulières dans la progression de cet ouvrage.
Et pensées à Sofia Sylvia Zerbib.

1. Merci à Francis Cabrel à qui j'emprunte cette image familiale.

Merci à Pierre Blanc-Sahnoun et Hélène de Castilla qui ont donné à ma stratégie sa chance dans l'édition.

A Christian Havard qui lui a donné le nom de Stratégie de la bienveillance. A Christine Vannier qui lui a offert un logo.

Merci à Alexandre Ribadeau Dumas et Stephen Bensimon qui m'avez accompagnée de vos précieux conseils dans cette deuxième édition.

Merci à Manfred Kets de Vries, Erik Van de Loo, Roger Lehman, mes professeurs dans le programme Consulting and Coaching for Change de l'INSEAD, et à François Delivré et François Souweine qui m'ont enseigné le métier de coach, à Céline Lerenard grâce à qui j'ai eu accès à cet enseignement.
Merci à mes pairs qui ont accueilli ma stratégie, en particulier à la SF Coach Rhône Alpes, l'Association Européenne de Coaching Aquitaine, l'International Coaching Federation France, qui l'ont très tôt reçue en conférence.

Merci à vous, mes clients. Chacune de vos réussites était indispensable à mon projet de publier ce qui me guide quand je travaille avec vous, que vous soyez entrepreneur, dirigeant ou manager dans une entreprise du CAC 40, une entreprise patrimoniale, une administration, une société coopérative de production ou une association.
Et merci à Vincent Lauriot Prévost, VPLP, et Marc Guillemot qui, les premiers, m'ont fait confiance dans le sport de haute compétition.

Merci enfin à vous tous, proches et lointains, qui pratiquez intuitivement la Stratégie de la bienveillance.
Vous m'avez donné confiance dans la possibilité de construire des réussites fluides, excitantes et sereines.
Et parmi vous, un merci particulier à Marie.

Du même auteur :

Réenchanter le futur par la prospective RH, ouvrage collectif sous la direction d'Edgard Added et Wilfried Raffard, Pearson – Village mondial, 2009.

Décryptages, clés de performance de Jean Le Cam dans le Vendée Globe 2008 – 2009, sur jeanlecam.fr.

Secrets du mental, Transat Oséo des Entrepreneurs sur Transat.oseo.fr (news).

Pour en savoir plus ou contacter l'auteur :
juliette@strategiedelabienveillance.fr

901067 - (II) - (0,8) - OSB 80° - FAB - API

Imprimerie Nouvelle
45800 Saint-Jean de Braye
N° d'Imprimeur : 432185F
Dépôt légal : février 2010
suite du tirage : septembre 2010

Imprimé en France